大夏书系·教师教育精品译丛

HIGH-IMPACT
INSTRUCTION

High-Impact
Instruction:
A
Framework
for
Great
Teaching

高效教学：
框架、策略与实践

吉姆·奈特（Jim Knight）◎著

方　彤　罗曼丁　◎译

华东师范大学出版社
全国百佳图书出版单位

图书在版编目（CIP）数据

高效教学：框架、策略与实践／（美）吉姆·奈特著；方彤译 . —上海：华东师范大学出版社，2017

ISBN 978 – 7 – 5675 – 6179 – 3

Ⅰ.①高 ... Ⅱ.①吉 ... ②方 ... Ⅲ.①中小学—教学研究 Ⅳ.① G632.0

中国版本图书馆 CIP 数据核字（2017）第 035766 号

大夏书系·教师教育精品译丛

高效教学：框架、策略与实践

著　　者　吉姆·奈特
译　　者　方　彤　罗曼丁
策划编辑　任红瑚
审读编辑　齐凤楠
封面设计　百丰艺术
出版发行　华东师范大学出版社
社　　址　上海市中山北路 3663 号　邮编　200062
网　　址　www.ecnupress.com.cn
电　　话　021－60821666　行政传真　021－62572105
客服电话　021－62865537
邮购电话　021－62869887
地　　址　上海市中山北路 3663 号华东师范大学校内先锋路口
网　　店　http://hdsdcbs.tmall.com
印　刷　者　北京密兴印刷有限公司
开　　本　787×1092　16 开
插　　页　1
印　　张　18
字　　数　295 千字
版　　次　2017 年 3 月第一版
印　　次　2017 年 3 月第一次
印　　数　6 000
书　　号　ISBN 978－7－5675－6179－3/G·10144
定　　价　58.00 元

出版人　王　焰

（如发现本版图书有印订质量问题，请寄回本社市场部调换或电话 021-62865537 联系）

目　录

第二编　施教实务

第三编　团队建设

前　言

　　我撰写此书耗时超过十年，总的说来，撰写此书的源头可追溯到 1999 年。当时，我和同事获得美国教育部一笔"加速"专项拨款（GEAR-UP GRANT），用此为堪萨斯州托皮卡市贫困学区的中小学做一个教学辅导项目。参加此项目的教学辅导员一开始钻研的是各种"教学内容增益常规"（参见 http://www.kucrl.org/sim/content.shtml），因为教师若借用这些常规，有助于别出心裁且兼收并蓄地传授教学内容。

　　我们使用的"教学内容增益常规"，是在我的同事吉斯·伦茨（Keith Lenz）——他曾在堪萨斯大学任教——指导下开发出来并日臻完善的，凡是与我们教学辅导员合作的教师也觉得这些常规对教学工作有着极大助益。不过，教学辅导员不久便发现，有些教师还需要在课堂管理和团队建设上得到相应的帮助，于是我又开始求教于行为管理领域的领军人物兰迪·斯普瑞克（Randy Sprick），最终我俩和温蒂·仁科、特利西亚·斯盖勒斯、林恩·巴恩斯-舒斯特等学者（Wendy Reinke, Tricia Skyles, and Lynn Barnes-Schuster）合写了专著《课堂管理的辅导》（*Coaching Classroom Management,* 2006），直至今天，我仍然一如既往地汲取兰迪的学识。

　　专著刚刚面世，我去拜访我青少年时代的老师迈克尔·富兰（Michael Fullan），一见面便问他：我若要继续深化对中小学教学的理解，该去钻研谁的书？他不假思索脱口而出的名字是理查德·斯蒂金斯（Richard Stiggins）。因此几天后，我便身在俄勒冈州波特兰市评价培训学院斯蒂金斯的办公室里，当面向他本人请教。这次晤谈后，我和整个团队都潜心于斯蒂金斯等人的形成性评价研究成果，并开始酝酿我们独有的教学辅导模式。

　　为了充实我们的模式，我增加了若干可促使学生专心学习的教学策略。就是在这种边探索边开发的过程中，我们最终创建了一个简明扼要的框架——"四大要素框架"，促使教学辅导员紧紧抓住教学计划、形成性评价、施教实务、团队建设这"四大要素"进行辅导。过去十年，我和整个研究团队苦心竭力，不断构建与"四大要素"衔接配套的更简便、更有效的教学策略、核查表和观察工具。本书概括归纳的就是这种集体创造性劳动的结晶。

　　本书所述内容力图做到深入而浅出，以便大家可以明辨而易行，为此，参与研究项目的教学辅导员实践过书中阐述的每一个教学策略，而他们与合作教师的具体事例亦在全书随处可见。此外，为了得到中肯的反馈意见，我还为书中大多数教学策略编写了效果检测操作手册，并通过网站 bigfour.ning.com 公布发行。迄今为止，100 多个国家的教育工作者访问了该网站，北美和世界各地实施这些教学策略的教师对如何使每个策略更为简便有效纷纷献言献策。

与此同时，我们一边完善有关的教学策略，一边参阅研究"四大要素"的数以万计的文献。我本人参阅的专著就有上百部之多，这些书有的属于教育专业，有的属于非教育专业，但都与"四大要素"有密切关联。例如，我读了六本商业方面的书，它们专谈如何使巧述故事成为贸易双方沟通的根本策略，再如，我还读了约翰·戈德曼（John Gottman）论述人际关系的大部分著作。尽管此类书籍并不与教育有直接关系，但却与教师的工作息息相关，探析的是团队精神、权力运作、人际关系、欢乐幸福等主题，我认为，忽略这些研究成果是极不明智的。有些教育研究人员，如罗伯特·马扎诺、夏洛特·丹尼尔森等凭借出色的研究创建了全面教学模式，凡是出自他们之手的大作我也一一拜读。

但是，我必须申明一点：本书不是写给教育研究人员的，而是写给学校的教育者和受教育者——教师、教学辅导员、校长及其学生的。因此，本书不是专对教育研究文献所做的爬罗剔抉的分析——马扎诺和哈蒂的力作中已见淋漓尽致的分析，在此不必多此一举，虽然撰写本书主要得益于教育研究，但我的审视范围绝不以此画地为牢，过去十年，我读过的教育领域之外的文献，我与数千名教师的合作经历，同样使我深知我收录于本书的各种教学策略足以引导大家走向高效学习。

我撰写本书是力图提供一整套便于使用的教学工具，从而帮助教师胜任他们所矢志不渝的本职工作——培养学生成人成才。无论你是教师，还是教学辅导员，抑或是教育行政人员，我都要督促你放手试用本书中的各项教学策略，并请不吝告诉我完善这些教学策略的主意，因为对我们而言学同样是无止境的，你可发函至 jimknight@mac.com，我恭候您的赐教。

致　谢

俗话说，抚养一个娃要借全村之力，与此同理，写出一本书也要"借全村之力"。不过，就我而言，或许说写出这本书借全城之力更为合适。毫无疑问，本书是群策群力的集体产物，有许多人以其先期研究著述引导我构思写作结构，亦有许多人费时费力协助我将所思纳入得以出版发行的文本，即摆在你眼前的这本书。

本书大部分内容得益于许多相识或不相识的专家学者的研究成果，例如，对于教学计划，我先是经由堪萨斯大学学习研究中心一起共事多年的伦茨才得以初步了解，后又通过威金斯①、麦克泰伊、埃里克森、格拉斯等学者（Grant Wiggins, Jay McTighe, Lynn Erickson, and Kathy Glass）获得更深刻更广博的见识。

我对形成性评价的最初认识，源自我在波特兰市评价培训学院与斯蒂金斯的面谈及阅读其专著《学生参与的学习评价》（*Student-Involved Assessment for Learning*, 4E），后来通过研读他的同事查普伊斯（Chappuis）和其他形成性评价专家，如威廉姆、波帕姆（Dylan Wiliam and James Popham）等人的著作而增长了有关见识。另外，米哈伊（Mihaly Csikszentmihalyi）关于极乐体验（optimal experience）的研究使我领悟到形成性评价重要的缘由。

如果没有我的朋友兰迪·斯普瑞克（Randy Sprick），我不可能写出本书第三编的"团队建设"，其中主要是阐明他创建的各种简便有效的工具。影响我对"团队建设"的写作构思的还有我的同事弗农（Sue Vernon），该领域的其他领军人物如琼斯、王哈利、马扎诺（Fred Johes, Harry Wong, and Robert Marzano），教育外相关领域的研究人员如人际关系专家戈特曼（John Gottman）和参与"哈佛协商项目"的许多沟通专家。

说到我对教学实施的理解，不能不归功于那些以其有效教学研究极大地拓展该领域知识疆域的学者。我尤其要感谢的是马扎诺（前已提及）、丹尼尔森和帕尔默（Robert Marzano,Charlotte Danielson, and Parker Palmer），马扎诺和丹尼尔森使我明了何谓出色教学及如何辨析出色教学，而帕尔默使我深知出色教学有何意义。

上面所提到的是对我写作此书有重大影响的专家学者，其实还有许许多多的人——他们所写的著作、手册、论文——对本书的最后定稿也有着或多或少的影响。写作时我已尽力"饮水思源"：凡是书中提到的教学策略或观点，我都会标明出处。

---

① 对于书中的人名翻译，一般不译出全名，从简便着眼，或译出姓或译出名，但附上姓名原文，便于有兴趣的读者查找有关信息。——译者注

　　写作本书时，堪萨斯大学学习研究中心作为我的"后盾之城"给予我极大的帮助，拉格尔斯和哈顿（Marilyn Ruggles and Carol Hatton）帮我查阅参考文献、笔录访谈内容，绘制各种图表，复核文稿，筹办会议等，没有他们的鼎力相助，本书或许还得多费一两年才能完成；中心的主任迪施勒和前副主任舒马克（Don Deshler and Jean Schumaker）既是良师又是益友，不仅教我如何做学问，还教我如何做人，我像其他亲聆教诲的弟子一样对两位永远怀着感谢之情；中心的研究人员霍克（中心副主任）、布拉德利、布拉瑟 - 霍克、巴尔格仁、斯科尔迪克、哈维（Mike Hock, Barbara Bradley, Lrma Brasseur-Hock, Jan Bulgren, Tom Skrtic, and Susan Harvey）不断促使我深入思考，教会我许多专业知识，帮我更好地理解研究方法论，他们个个都急人之所急、有求必应。

　　我还要感谢教学辅导研究小组的各位同事，里舍恩、哈里斯、霍夫曼、斯凯勒斯、萨默斯、托马斯、伍德拉夫（Ruth Ryschon, Michelle Harris, Ann Hoffman, Tricia Skyles, Bill Sommers, Conn Thomas, and Sue Woodruff）不辞辛劳地通过巡回讲演和咨询，将高效教学的概念传遍全世界。

　　本书表述的思想也是与教学辅导员合作带来的结果，多亏了在堪萨斯教学辅导项目中与我合作的教学辅导员巴尼斯 - 舒斯特、科恩、迪斯尼、邓凯克、埃尔福德、麦克贝斯、帕尔玛（Lynn Barnes-Schuster, Stacy Cohen, Jeanne Disney, Devona Dunekack, Marti Elford, Shelly McBeth, and Ric Palma），我才能构建本书所述的围绕"四大要素"的各种教学策略。比弗顿学区的教学辅导员哈里斯、莱登、麦克米兰、摩尔赞（Michelle Harris, Susan Leyden, Jenny MacMillan, and Lea Molczan）则促使我在此基础上寻求精益求精的途径，另外，我从该学区超级明星研究团队的成员埃斯蒂斯、莱夫玲、米利坎（Sarah Estes, Jeff Levering, and Barb Millikan）身上学到的东西也不少。

　　要感谢"教学频道"的许多人，尤其是总裁沃斯利（Pat Wasley）、负责经营策略和外展服务的副总裁舒尔曼（Andrew Schulman）、编导兼制片本森（Andrew Benson）；当然还要感谢上"教学频道"的令人敬畏的众多教师。

　　还有许多人为这本书的出版尽心尽力，卡尔森（Clinton Carlson）设计了本书漂亮的封面，麦克布莱德（Kirsten McBride）修改和润色了几乎每一页的文字，阿尼森（Jessica Arnesen）审校了定稿的大部分内容才使我能拿出摆在读者面前的版本。科文出版社（Corwin）的同事在制作此书的过程中与我是真正的合伙人，我特别要感谢高级编辑阿尔伯特（Dan Alpert）、责任编辑伯索尔（Melanie Birdsall）、助理编辑阿恩特（Heidi Arndt）。

　　我要特别感谢我的家人，是他们的支持、鼓励才使我坚持不懈地写下去，我的双亲——琼·奈特和道格·奈特（Joan and Doug Knight）——始终如一地给我加油鼓劲，总是说我必定有所作为，我希望本书的出版能对他们有所告慰。我的子女——杰夫、卡梅伦、大卫、艾米丽、本杰明、艾赛亚和卢克（我落笔时刚满月）——总是提醒我要将关注的重点放在构建满足儿童需求的学校。我的妻子珍妮不仅是我的终身伴侣还是我的心灵知己，珍妮，你对本书内容的坚信不疑是最重要的，我希望本书对得起你之信任。

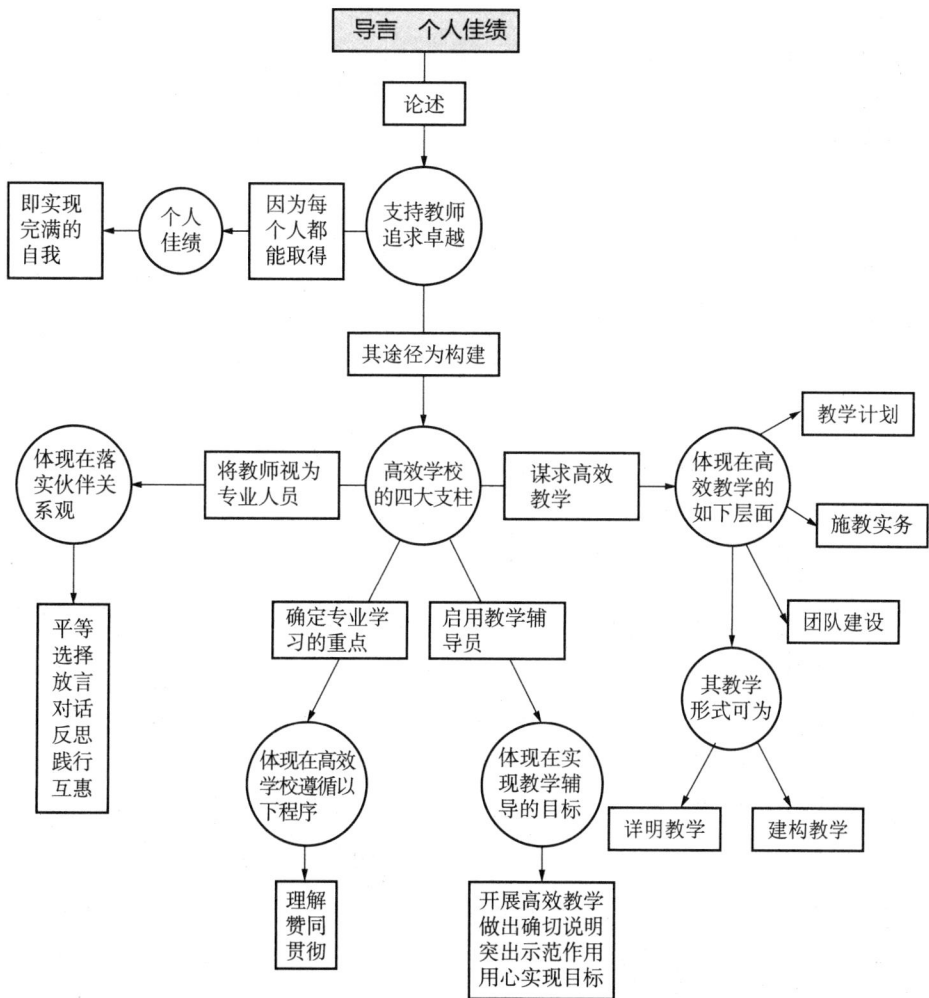

导言·个人佳绩

> 揆情度理，只要人尽其才，悉用其力，在人生的道路上皆可取得个人佳绩。
>
> ——乔治·希恩（George Sheehan）《个人佳绩》（*Personal Best*）

近五年来，我时不时地自诩为"奔跑者"。其实，我跑得并不很快，也不总是按固定的套路锻炼，当然更不限于吃喝那些有益于瘦身健体的食物。不过，我几乎天天都去跑步。

我个人最了不起的跑步成绩是三次跑完马拉松全程，尽管每次都跑得不快。说实话，我跑得太慢了，2011年时还不如一位年已八旬的参赛者——惠特洛克（Ed Whitlock）。他跑完多伦多马拉松赛所用的时间比我跑得最快的这次快1小时40分钟，也就是说，与一个年长我23岁的人相比，我慢了差不多两个钟头。略感宽慰的是，我毕竟还是赶在辛赫（Fauja Singh）的前面跑到了终点，可他参加多伦多马拉松赛时已近百岁。

如此说来，我跑得的确不快，虽然比一般选手肥胖，可我总是系紧鞋带，抬脚上路，撒腿就跑。事实上，我做的不仅于此。我请了一位私人教练帮我编制了如何跑步的基本程式，还到弗曼大学参加跑步进修班，以期增长我对控制饮食、进行交叉训练方面的知识，分清长跑中速度、节奏之间的不同。我一边尝试节食，一边博览群书，同时坚持不懈地跑步——跑在崎岖的深山小径上，跑在蜿蜒的沿海大道上，跑在农舍后的乡间公路上。

现在人们就我跑步问的最多的恰恰是我最难答的问题：为什么要持续不断地跑步？到底为什么？难道想在57岁时刷新自己的跑步记录？或许，但也仅仅是或许，有朝一日我能取得参加波士顿马拉松赛的资格。思前想后我终于明白，很简单：我只是想做得更好。毋庸置疑，我坚信每一个人都有这么一种切身需要——做得更好。谁都对此如痴如醉，欲罢不能。

我是读过希恩（George Sheehan）的作品后才开始思考"做得更好"这种普遍诉求的。这位全世界奔跑者心目中的"桂冠诗人"，在其著作《个人佳绩》（1989）中用生花妙笔令人信服地阐明了跑步的真谛：跑步不仅是一种简单的锻炼形式，更是一条通向更幸福、更真切、更充实人生的途径。对希恩而言，跑步是每个人展现可取得"个人佳绩"的方法：

> 我孜孜以求的不是那种唾手可得的幸福。我的需要、欲求、渴望就是实现完满的自我。如果我锲而不舍地做成预想的事情，如果我持之以恒地创造向往的生活，那么，随之而来的就是幸福。（p.21）

当然，希恩的这些思考不仅适用于跑步，而且适用于任何领域的修炼。瑞恩和德西（Richard Ryan and Edward Deci，2000）所做的个人发展理论研究确证了希恩的信念：人人都力图取得超越自我的成就。研究者发现，不管做什么事，意义和幸福来自促其更上一层楼的奋斗。希恩认为：奋力拼搏以求佳绩这种激励奔跑者一往无前的动机，同样时刻萦绕在专心致志于写作的作家心中，这种人同此心、心同此理的看法不妨视为是对德西等人研究成果的精要概括。希恩写道：

> 一位已写出数部畅销通俗小说的作家说："如果我每次写小说都力图比以前的略胜一筹，我都是在尽我所能写出最好的小说，追求更好才是我写作能力的巅峰。"她是否确实每次写得比以前更好倒无关紧要，举足轻重的是，甚至重逾生命的是，她每次都为写得更好竭尽全力。（p.22）

希恩和德西所说的"追求卓越"同样激荡于优秀教师的心中。一旦教师殚精竭虑地力图使学生获得成长、快乐、能力和学识，这种追求就绝非无关宏旨的小事，而是如希恩所说的"重逾生命"的大事，教师就会为了每一个学生鞭策自己取得一天胜似一天、一课胜似一课的个人佳绩。

鞭策自己奋发有为能带来巨大的回报。我们追求卓越时，就会更深刻地领悟到我们担负的使命，更全面地了解我们所做的贡献，并因在做引以为豪的事而心满意足。教师力争上游时，就会对学生生活施以更加正面的影响，以身作则地鼓励学生踏上为获得个人佳绩而奋斗的征途。

对深知追求个人佳绩"重逾生命"的教师来说，本书就是他们随时随地可用的"工具箱"。

扶持个人成长

如果只是笼而统之地说教师决意追求卓越，也许有人会问，为何有些教师似乎不再对这种追求兴味盎然？为何还有教师对自己的学习机会无动于衷？

许多教师现在不思进取的一个原因是，设计不周的专业学习活动正在给教师去专业化，将教师看作装配线上的工人而非投身于教书育人这项复杂工作的专业人员，从而在实际上阻碍了教师的成长（Knight，2011）。如果我们要办出值得孩子去上的学校，首先要把教师当成专业人员看待。幸运的是，我们能够采取多种亡羊补牢的措施，使人们认为教师是名副其实的专业人员。

高效学校的四大支柱

在以前的著述中，我介绍了这么一种学校，学校所有的教师专业发展活动都对优质教学和学生学习有确定不移的影响——这就是高效学校。在这样的学校，事事被安排得井井有条，教师能够心无旁骛地做力争个人佳绩的大事，由此学生也能够力争自己的个人佳绩。

一所学校要成为高效学校，四大要素必不可少。其一，专业学习活动必须体现出尊重教师的专业素质，使教师成为组织本身专业学习的真正合作者；其二，专业学习活动应该为学校可持续发展确定有目共睹的重点，教师应该与校内各方同心协力地制订本校改进计划，并确保校内的每一个人理解、赞同、贯彻学校改进计划；其三，教师应该得到有力的支持，让他们放手开展各种（通常由教学辅导员提出的）新颖别致的教学活动；其四，教学辅导员、校长、教学主管、教师需要深切认识对学生的行为、态度、专注、学习有深远而积极影响的各种高效教学策略。

本书主要探讨这些高效教学策略，不过，要想落实高效教学策略，对其他因素——我在《教学辅导：改善教学的伙伴关系观》（*Instructional Coaching: A Partnership Approach to Improving Instruction*，2007）和《明明白白的影响：全面改善教学的伙伴关系观》（*Unmistakable Impact:A Partnership Approach for Dramatically Improving Instruction*，2011）两书中已有详细论述——也需了然于胸。总而言之，本书及上述两书提供了循序渐进、环环相扣的教学指南，教学主管可以用来全面地改善教学，从而全面地改善校内儿童（及成人）的生活。

高效学校的四大支柱的详细内容如下所述。

支柱之一：将教师视为专业人员

我曾有幸与美国多数州、加拿大多数省以及世界其他国家的教师共事，凡我所到之处，只要教师真切感到自己受到尊重，自己的主意和经验受到重视，他们就会乐于就教学问题相互切磋琢磨，从而提高教学实效。例如，从 2008 年至 2011 年，我在堪萨斯大学学习研究中心堪萨斯教学辅导课题组（下文简称"堪大学习研究中心"）与其他成员一起，在考察俄勒冈州比弗顿学区的教学辅导时，共同观看了 300 多小时的教学辅导员与教师如何合作的录像。录像中一再显示，这些教育工作者谈论的都是教学上重要的、难解的问题，而且彼此之间的互动洋溢着温馨和煦的气氛，一幅又一幅的画面中，教学辅导员和教师都在进行着弗莱雷（Paulo Freire，1970）所说的"相互浸润人性的对话"。

为何这样的对话富有正面的成效，原因之一是教学辅导员把自己看作是与教师完全平等的对话者。在研究比弗顿的教学辅导时，米歇尔·哈里斯（Michelle Harris）——一位教学辅导员——就深有感触地谈到了教学辅导过程中将教师看作平等对话者的重要性。她认为：

> 在教学辅导中伙伴关系观是**重中之重**，直到我了解了关于平等合作的各项原则，坚信这些原则，并开始贯彻这些原则，我才真正地感到我该尽到本分的工作渐有起色。要想成为一名有效的教学辅导员，我必须坚信我们每个人都是平等的，我总能从他人身上获取教益。（私人通信，2012年8月17日）

米歇尔提到的伙伴关系观，是《教学辅导》和《明明白白的影响》中所述的各种专业学习方法的理论基础。在这两本书中，我论述了七项原则，如果教育工作者想要与自己的同事成为平等的伙伴，就应该用这些原则指导自己的行动。两书中详论的七项原则概括如下：

> 平等。人人既生而不同，但又生而平等。
>
> 选择。虽然几乎每所学校都有某些非要执行不可的计划，但专业教育工作者应该自由地对自己的专业实践作出重要决定。
>
> 放言。对于教师如何参与、设计、落实与己有关的专业学习，应该鼓励教师直言不讳地说出自己的真实看法。
>
> 对话。教学负责人、专业学习开发者、教学辅导员、教师及其他教育工作者，应该进行有来有往的沟通，交换各自的意见。
>
> 反思。专业学习应该包括教师对本人教学实践的"回顾"、"直视"和"前瞻"。
>
> 践行。专业学习应该包含对学习内容的实际运用。
>
> 互惠。每个人都应该在专业学习期间有所获益，而不仅仅是那些"接受"学习的人。

对专业人员居高临下地指手画脚，还非要专业人员惟命是从，这样的做派几无例外地招来专业人员的抵制。因此，恪守伙伴关系观是重要的，正如沙因（Edgar Schein）在《论帮助：如何提出、给予和接受帮助》（*Helping: How to Offer, Give, and Receive Help*，2009）中所阐明的那样："无论是谁，都想别人看重自己的身份与地位，而不管现实中的高低，这是人之常情。"（p.xi）沙因接着写道："当我们与人交谈时，如果对方自命不凡，我们有时会感到忿忿不平。因为，这通常意味着我们宣称的自身价值得不到认可，对方并不认为我们本人或我们的言谈有如我们宣称的那么重要。"（pp.19-20）

沙因还说，一旦受助者感到被放在"低人一等"的地方，而施助者将自己置于"高人一等"的地方，帮助就变味走形，难以为继。不过只要教学辅导员将教师视为平等的伙伴，当作既能够也应该为本职工作作出重要抉择的专业人员，就可扭转这种不平等关系。

要把教师看作平等的伙伴还是必要的。因为，教师从事的是错综复杂的知识工作，而知识工作不可能——正如达文波特（Thomas Davenport）在《以思考而谋生：知识工作者如何建功立业》（*Thinking for a Living: How to Get Performance and Results From Workers*，2005）中所说，"沦为一系列束手束脚的条条框框"。（p.17）书中还描绘了知识工作者的应有形象："知识工作者具备高超的专业才能、受过高深的专业教育、拥有高妙的专业经验，他们的第一要务是创造、传播和应用知识。"（p.10）

教学恰恰是达文波特所说的"知识工作"的典型。既然教师是在用他们的专业学识和才能去创造、传播和应用知识，教师的专业学习就必须确保教师本人有充分的自主权，以便教师能按自己的所思所想去行事，伙伴关系观就是将教师置于能做出自我决策的思想家的地位。

最后，伙伴关系观体现了一个自古流传的道理——你想别人怎样待你，你就怎样待人。如果有人帮助我们改进工作，我们很可能对此事想要有自己的选择，想要有人听听自己的意见，想要自己反思新知识并将此应用到生活中。总而言之，如果施助者尊重我们，信任我们的能力，平等地对待我们，我们就乐于接受帮助。

学校要真正地尊崇教师为专业人员，开展专业学习，就要遵循平等合作的各项原则，将教师看作能够并应该筹划自己专业学习的人员。[①] 不过，平等合作只是建设高效学校的一大支柱，学校还需要清楚地了解本校的现状，确定专业学习的重点，着眼于那些一旦实施就可对学生的学习和幸福产生巨大影响的措施。

支柱之二：确定专业学习的重点

成功而持久的教学变革涉及方方面面，手忙脚乱地急于求成往往欲速而不达。如果学校只是朝三暮四地去追逐一个又一个的教学新潮，学校状况就不会有稳固而持续的改善。要得到可持续性的改善，学校领导人至少有两件事必须做：第一，必须确保专业学习有明确的重点；第二，必须确保每位教师能清楚地说明重点，从而使校内的每个人理解、赞同、贯彻相应的改善计划。我在《明明白白的影响》中提供了一个简便易行的程序，学校领导人可用来实现上述的目的，该程序简述如下。

---

① 关于伙伴关系观的研究，可见 http://instructionalcoach.org/research.——原作者注

理解。为了确保校内每个人充分理解学校改善计划的目标和策略，拟定的计划必须简明扼要，使人一目了然。有时那些冗长繁复的计划常常连执笔人都难以理解，一个计划，我们不理解也就不能执行。我在《明明白白的影响》中曾谈到，那些力图创建高效学校的学校和学区写出别开生面的"一页目标说明书"，里面概括了在未来的某段时期（最长三或四年）学校专业发展的各项目标。

　　赞同。为了确保校内大多数人赞同"目标说明书"中的各项目标，学校领导人应该做两件事：其一，确保每位教师有机会为如何写"目标说明书"提出个人见解，应该组建一个团队去收集教师关于本校专业学习的意见。在有 10 名教师左右的小型学校，所有教师和管理人员都是团队的成员，共同商讨、起草"目标说明书"。因为大部分学校都不止 10 名教师，许多学校有必要成立一个专门的"目标设计组"。

　　"目标设计组"由学校管理人员和一些教师代表构成（大致每 10 名教师产生 1 名代表），教师代表要与其他同事面谈，征求他们对学校改善重点的意见，然后在初次起草"目标说明书"时将教师的各种看法交付公议。

　　另外，为了确保"目标说明书"确实针对的是影响本校师生学习的关键因素，学校领导人应该去听每位教师的课，从听课中应该得出对全校教学现状的总体评定，而不是对教师个体的评估（我们不赞成把教师个体资料公布于众）。

　　指导听课的一个可用工具是 20 分钟高效教学调查表（20-Minute High-Impact Instruction Survey/HI-20），它从本书所说的四个方面来衡量教与学：（1）施教实务；（2）教学计划；（3）形成性评价；（4）团队建设。可从 www.corwin.com/highimpactinstruction 处下载 HI-20 的副本。

　　听完所有的课并问过每位教师的意见后，目标设计组便召开会议，拟定"目标说明书"，使之足以针对听课资料所显示的问题，并真正体现当面征求意见时教师提出的主张。

　　贯彻。一旦"目标说明书"草拟完毕，校长就和校内各教学组开会审议这份目标草案，请教师就是否赞同并愿意贯彻所拟定的目标进行投票。投票必须是匿名的，这样才能使教师无所顾忌地表达自己的真实意图。如果投票结果表明，绝大多数教师赞同并愿意贯彻所提出的目标，该草案就可通过并实施。

　　如果没有多少教师赞同或愿意贯彻目标草案，学校领导人应该请教师明确写出目标草案应做出哪些必要的修改，草案应该不断修改直到成为一份得到人人支持的文本。对那些极力反对目标草案的教师，可邀请其加入目标设计组，这样有助于拟定出一份校内大多数教师乐意倾注心血去执行的目标文本。

　　只有教师理解、赞同，并坚决贯彻专业学习计划，专业学习才能取得成效。教师若无贯彻计划的专心致志，即使参与其中也是心不在焉，敷衍了事。另外，没有哪一位教师会矢志不渝地贯彻一个连自己都不赞同的计划，而教师要赞同一个计划又必须以理解计划为前提。我在《明明白白的影响》中所详述的程序就是旨在确保校内每个人对学校专业计划都有发言权，从而拟定出一份每个人都乐见其成的计划。

当各项目标得到全校一致的确认，随后就要下功夫将目标化为行动，不过这样的举措需要强劲有力的支持，《教学辅导》中所描述的教学辅导员则是提供这种支持的必要人选。

支柱之三：启用教学辅导员

我们许多人在力争个人佳绩的道路上，虽兴致勃勃却又惴惴不安，当觉得唯有自己踽踽独行时尤为如此。例如，教师有必要清楚地了解课堂教学的现状，但或许不知道该收集哪些资料才能反映客观且准确的情况；教师有必要明确某个教学目标，但可能需要他人帮助才能找准合适的教学目标以及测量目标实现的进度；教师有必要熟悉有助于他们达到教学目标的高效教学策略，但他们很可能对有哪些高效教学策略一无所知，对如何用高效教学策略也毫无准备。因此，需要有人帮助他们学习和使用高效教学策略，直到他们对高效教学策略了如指掌，用得驾轻就熟。

教学辅导员就是能够帮助教师实现全面专业发展的人，足以成为教师的另一双手，另一双眼。他们是与教师形影相随的学习伙伴，以平等合作的方式为教师辨识教学目标，提出有待学习的教学方法，解说并示范新的教学方法，时刻关注并支持教师，促使教师在自己的教学中掌握并运用这些新方法。教师在采用新方法时所需要的支持就是教学辅导员这种连续不断的有力支持，加万德说得好："出色的辅导可能是用来提高人的业绩的最有效的干预手段。"（Atul Gawande，2009，p.53）

10 年来，在堪大学习研究中心，我与同事专门研究教学辅导，一直在探讨如何设计、开发、验证有效的教学辅导。我撰写的《教学辅导》，第一次阐述了教学辅导的理论与实践，下面简要地说明教学辅导员该做哪些工作。

确定教学目标。追求课堂教学的个人佳绩，教师必须了解学生当前到底学得怎样，可要做到这一点并非易事。若要如实地弄清课堂教学的现状，教师绝不能贪图安逸，必须有抛弃得过且过想法的勇气。希恩说："安于现状是让人觉得轻松自在，不过，人生就是也应该是一场不断进取的奋斗，一时的舒适总会使我们不舒适，一时的满意总会使我们不满意。"（p.30）真正的学有所得应当求实事求是地评价现状，追求个人佳绩的教师深知这个道理，因此从不会自鸣得意。他们力图清楚地了解当前学生学习的短长，为了学生迫不及待地寻找更好的经验、进行更多的学习来改善教学。

20 多年前，弗里茨（Robert Fritz，1989）曾论及追求个人佳绩的核心是创造性张力。他说个人成长须有两个要素：一幅有关现状的清晰画面；一个激励个人超越现状的目标。弗里茨认为，当我们知道现立于何处并知道将往何处时，就形成了一种唯有通过成长才能化解的张力。圣吉（Peter Senge）在《第五项修炼》（*The Fifth Discipline*，1990）中概括了弗里茨的思想：

> 当我们将愿景（我们期望得到的境况）和现状（不符合我们期望的当前境况）同时并列时，就会产生一种我们称作的"创造性张力"：一种出自要弥合两者差距的本心而导致的将现状转化为愿景的力量。自我超越的要义就是学会在我们的生活中如何产生并延续创造性张力。（p.132）

教学辅导员用以开启辅导进程的起点，是和教师共同造成如弗里茨所说的愿景与现状之间的创造性张力。首先，教学辅导员为了弄清教师的教学现状，要收集各种反映课堂实情的资料。这些资料可以是学生的学业成绩，也可以是采用各种调查法——如用哈佛大学研究人员弗格森（Ron Ferguson）在"三脚架项目"中发明的方法[1]——得到的学生看法，还可以是用（建议常用）各种摄影器材（如 Go Pro，iPhone，iPad 等）在教师的授课现场拍摄的录像（Knight et al.，2012）。

教学辅导员要与教师分享资料，并请他们仔细评审资料。使用录像资料尤为有用，因为我们发现教师（像大多数专业人员一样）通常对自己有什么样的专业表现懵懵懂懂，直到看到自己的授课录像后才能弄得明明白白。

教学辅导员和教师将各种资料评审完毕后，就要确定改善教学的目标。酌情设置的目标可以涉及学生行为（10 分钟内扰乱课堂的行为少于 4 次）、学业（95% 的学生能顺利地交出下课的"退场券"[2]）或态度（95% 的学生将在季度调查中说喜爱读书）。有效的目标是（1）具体的；（2）可预测的；（3）对设置目标的人来说是非做不可的。不过最重要的，正如希思等人（Chip and Dan Heath）所说：最恰当的目标会"一脚踹到你的痛处"（2010，p.76），也就是说，设置目标的人最在乎的就是最恰当的目标。

开展高效教学。教师与教学辅导员确定教学目标后，就要商讨教师可用以实现目标的各种教学策略。为此，教学辅导员必须深刻理解形形色色的教学实践。本书探讨的教学策略分为四个方面：（1）教学计划；（2）形成性评价；（3）施教实务；（4）团队建设。

做出确切说明。一旦商定拟用的教学策略，教学辅导员就要对此从最便于教师操作的角度做出说明，这种说明过程分为两个部分。

首先，教学辅导员讲述新的教学策略时，用语必须浅显易懂，因为教师难以实施自己不懂的教学策略。因此，教学辅导员必须先对讲述的教学策略有深刻全面的理解，然后才能做出使每一个人都能学会、牢记并应用教学策略的说明。加万德（Gawande）对协助

---

[1] 欲知三脚架调查法详情，可见 www.metproject.com.——原作者注
[2] "退场券"指学生在上课时用以完成教师布置的学习任务的纸条或卡片，下课时将此纸条或卡片交给教师，因类似人们进电影院要出示的"入场券"，故反称之为"退场券"，详见后文。——译者注

世界卫生组织的医生与医疗队所作的研究（2009）充分彰显了确切说明的重要性，研究表明，疾病防治一览表中的确切说明足以挽救数十万生命，节省数十亿美元。

其次，只是简单地告诉教师如何实施教学策略往往用处不大，因为这种做法把合作的教师当成了被动地使用教学策略的人，而且，没有哪种教学策略能适用于一切课堂教学。因此，教学辅导员对教学策略不仅要做出毫不走样的说明，还要做出因势利导的说明。换句话说，教学辅导员要说明某教学策略的所有方面，但也要指出此教学策略可以有所变通以适应不同学生或教师的个体需要。当教学辅导员说明某教学策略的方方面面时，可以问问教师，该教学策略能否在哪些地方予以调整以适应学生或自己的独特长处与需要。简言之，教学辅导员信奉埃里克·刘（Eric Liu）所说的妙语："教学这活儿不是削足适履，而是量体裁衣。"（2004, p.24）

突出示范作用。尽管讲解可使教师耳闻教学策略，但教师常常需要目睹教学策略的实际运用状况后才能使自己得心应手（Patterson, Grenny, Maxfield, McMillan & Switzler, 2008）。

因此示范是教学辅导核心工作中不可或缺的一环。一般说来，教学辅导员所起的示范作用，往往是教学辅导员在教师的实际课堂教学中演示某种教学策略。不过，还有其他途径也可起到示范作用。例如，在教室里，只有一名教学辅导员和一名教师在场，由辅导员向教师演示教学策略，或两人互教互学；有些时候，两人一起去听其他教师的课，或这位教师去听其他教师的课，而教学辅导员代其授课。另外，教师观看关于教学新策略的录像，也可起到示范作用。

用心实现目标。将思想化为习惯需要多实践、多反馈、多反思。因此，在教学辅导过程中，当教师试用一种教学新方法时，要经常检测其成效。教学辅导员要收集关于新方法如何运用，学生的行为、学业或态度是否改善的资料；还可收集涉及师生的录像资料、学生意见调查的资料（如从三脚架调查法中得到的资料），或从标准化考试或形成性评价中得到的学生学业成绩的资料（如用退场卷这样的形成性评价形式得到的资料）。

教学辅导员为检测实现教学目标的进度既要收集有关资料，还要为教师提供用以衡量使用的教学策略有何效果的客观标准。如果教学辅导员与教师确定的教学目标是：90%的时间用于学习和95%的学生正确地回答结业测试上的问题，那么，他们就要在实现目标前一直监测学生的实际表现。另外，教师可以对照某种教学效果检测一览表，凭据自己的观点来推断自己实施的某种教学策略取得了哪些效果。

一旦实现了教学目标，如用于学习的时间超过90%，教师能常常灵活而熟练地运用所拟定的教学策略，这时教学辅导员和教师就可以再确定一个所欲实现的教学目标，从而开始另一轮如出一辙的教学辅导进程。

支柱之四：谋求高效教学

正如我在《明明白白的影响》中所说，学校领导人肩负的重任之一是弄清那些事半功倍的实践活动，圣吉在《第五项修炼》中也有类似的解说：

> 有时，轻微而专注的行动，若用对地方，就能带来重要而持久的改进，系统思想家将此称为"杠杆作用"……解决一个难题的诀窍，往往就像是找准了杠杆的最佳支点，那么用最少的力量带来的改变，就会是持久的改变。（p.64）

帕藤森等人（Patterson, Grenny, Maxfield, McMillan, and Switzler）在《影响者：改变一切的力量》（*Influencer:The Power to Change Anything*，2008）中论及成功的变革主导者时也说过相似的话："巨大的影响源自集中地做出几个关键行为。只要凭据最佳支点撬动几下杠杆，甚至积重难返的问题通常也会迎刃而解。找准这些关键行为，你就找到了产生高效的源头。"（p.23）我们对教学辅导的研究也确证了圣吉、帕藤森、西姆斯（Sims，2011）等人的见解，也就是说，谈到教学时，小变革能带来大变样，本书陈述的就是这些以小见大的教学实践。

高效教学的学派取向：详明教学或构建教学？

这里所谈论的高效教学策略在教育学派的归属上是"模糊的"，之所以这样说，是因为不管是建构派的教师还是详明派的教师都可以将其拿来为己所用。但是，如何使用教学策略则因教师服膺不同的教学流派而大相径庭，因此，我先简明扼要地谈谈何谓详明教学，何谓建构教学，再有的放矢地说说它们对使用高效教学策略的教师有何意义。我以前针对上述的论题曾写过一篇长文（Knight，2005），文中的某些观点在这里也有所体现。

详明教学

我创造了"详明教学"这一术语（intensive-explicit instruction/IE, Knight，2005），用以统称别人所说的"直接教学"（Hattie，2011；Roehler & Duffy，1984）、"明确教学"（Archer & Hughes，2011）、"明确的直接教学"（Hollingsworth & Ybarra，2008）和"策略教学"（Ellis, Deshler, Lenz, Schumaker, & Clark，1991）。教师使用详明教学，着眼于提高教学的效率与效果，促使学生全面掌握授课内容。顾名思义，详明教学，一是详尽，因为它包含了确保学生专心学习并主动掌握学习内容的各种教学实践活动（Archer & Hughes，2011; Ellis et al.）；二是明确，因为教师要通过示范清晰地展现原本隐秘的思想（Roehler & Duffy），并在学生掌握学习内容的进程中不断提供详尽的反馈（Hollingsworth & Ybarra，

2009; Kline, Schumaker, & Deshler, 1991）。

教师使用详明教学法目的在于使学生理解、记住并归纳授课内容。使用详明教学法，正如哈蒂（John Hattie）所说的"直接教学"一样："教师决定学习的目的和合格标准，向学生把学习目的和合格标准讲解得明明白白，演示得清清楚楚，通过对学习内容及不断地告诉学生如何将所学的内容融会贯通来评估学生是否学有所得。"（2008，p.206）阿彻和休斯（Anita Archer and Charles A. Hughes）在《明确教学：高效低耗的教学》（*Explicit Instruction:Effective and Efficient Teaching*，2011）中对"明确教学"也有类似的表述：

> 明确教学是有组织有计划有步骤地传授学术性技艺的有效方法。冠之以"明确"，是因为它是一种绝无模糊之处的直接教学法，无论是教学设计还是授课程序都安排得井井有条。明确教学的特征在于有一系列促进学生学习的"支柱"和"支架"：清晰地说明学习新技能的目的和理由来导引学生的学习进程，清晰地解释和演示教学目标，不断利用反馈促使每个学生在学习上扬长补短，直到精通学习内容。（p.1）

建构教学

建构教学的基本信念如两位布鲁克斯（Brookes and Brooks）所说："用已知晓的往事来整合遇到的新事，我们每个人都是以此来认识大千世界的。"（1993，p.4）这种将新信息融入旧知识来克服旧知与新知之间矛盾的个体认知过程，即皮亚杰（Piaget，1954）率先命名的"同化"，皮亚杰认为：

> 个体的任何行为，即使是以前未曾有过的行为，都不能说是一个全新的开始。任何行为总是植根于过去的心理图式，因此会把新的元素纳入已有的认知结构当中。（Glaserfield，1995, p.62）

维果茨基（Lev Vygotsky）在皮亚杰"同化"概念的基础上提出了建构教学的另一个重要概念，即"最近发展区"。根据维果茨基的说法，"最近发展区"囊括"那些尚未成熟但即将成熟的机能……那些明天将会成熟而当前处在萌芽状态的机能"。（1978，p.86）该区是"儿童个体独立解决问题时所达到的实际发展水平和在成人指导下或与更能干的同伴合作中解决问题时能达到的潜在发展水平之间的距离"（p.86）。简言之，该区是一个人的当前智力水平与其潜在智力水平的差距。

建构派的教师采用的学习"支架"，着眼于促使学生发挥在其最近发展区的全部潜力。另外，该派教师力倡讨论与对话，为学生提供各种以旧知合成新知的机会（Mariage，2000）。因此，在建构教学中，教师与其说是专家不如说是诱导者。

两位布鲁克斯为了阐明建构教学，列举出有关的特征。具体地说，建构派的教师：

1. "鼓励和认可学生的自主权和主动性"（p.103）；
2. "当筹划学习任务时，使用认知学术语……"（p.104）；
3. "依据学生的反应来驱动授课进程、改换教学策略和变更教学内容"（p.105）；
4. "先探询学生对所学概念的理解，再阐述自己对这些概念的理解"（p.107）；
5. "鼓励学生参与对话"（p.108）；
6. "让学生有充分的时间对所学内容融会贯通并创造自己的表述隐喻"（p.115）；
7. "通过不断使用学习循环模式来激发学生的天然求知欲"（p.116）。

两种教学流派的比较

在详明教学过程中，教师指导学生得到一个预定的明了对错的结果，教师的目标是，学生在头脑中对所学知识形成的印象应该类似于教师在头脑中的固有印象。相比而言，在建构教学的过程中，教师给学生提供多种机会，使他们将所学内容融入原先的知识之中，教师的目标是，学生应该对所学的知识创建自己的独特印象。

从两派（详明派和建构派）的教学观上看，本书所说的教学策略无一不可使用，但两派教师在如何使用上则会各行其是。例如，详明派的教师会向学生提出许多问题，用提问来检测学生是否掌握了预定的教学内容，建构派的教师则只提出几个问题，通常是为了探求学生的看法，而不是计较其回答的对错。

再如，合作学习在两种教学中有着截然不同的用途。在详明教学的过程中，合作学习用来增强和巩固学生对学习内容的精熟程度，因此学生之间的共同学习，着眼于确保他们完整并精确地理解某些知识；而在建构教学的过程中，合作学习用来促使学生解决复杂的难题、参与对话、自行安排学习进度，因为是学生主导学习，合作学习往往导致多种难以预料的结果。

有些教师坚定不移地拥护建构教学，有些教师则全心全意地支持详明教学，我认为，两种教学流派都可占据应有的一席之地。如果我的教学目标是确保学生掌握我教的内容，如学会语法术语、拼音读字或数学公式，我就会采用详明教学；如果我的教学目标是让学生有机会自己理解所学的内容，如理解一首诗，解决一个问题或写出一篇有个人见解的作文，我就会采用建构教学。

尤其重要的是，教师先要决定哪种教学对自己的学生来说效果最好，然后采用合适的高效教学策略，在本书中我将针对各个不相同的教学流派来说明每一种高效教学策略该在何处使用，又该如何使用。

本书内容的编排

第一编: 教学计划

第一编阐述如何制订高效的教学计划,教师为此可采用的简便易行的策略如下:

1. 提出指向将要学习的基本知识、基本技能和大思想的指向问题;

2. 确定学习评价的对象及评价方法;

3. 制作描绘学习内容的学习导图;

4. 在授课时将问题、评价与示意图合为一体,使每个学生知晓他们学的什么和学得怎样。

第1章:指向问题。解说一种教师用来酌情制定授课目标和内容的方法。此外,指向问题因清晰地说明了教学单元的学习内容也会促进学生的学习。有效的指向问题要表明官方的或通用的学习标准,明确学生应该如何学习和理解学习内容的方法,说明学习内容的重要意义,并显示学习内容中的主要概念、主要观点或知识结构。

第2章:形成性评价。介绍一种简易而有效的设计和实施课堂学习评价的方法。如果使用得当,形成性评价可增强学生的学习专注程度,能使学生看清自己的学习进度,获取使教师了解学生学习现状的关键资料。本章还阐述了8种易于操作的非正式评价形式,教师每天都可用来判定学生是否掌握了学习内容。最后,本章描述了教师如何利用从连续性学习评价得来的资料反思自己的授课过程、评价形式和课堂评价实践。

第3章:学习导图。阐述绘制各种图形(聚类图、思考图、概念图、思路图、知识结构图)的方法,说明教师如何使用各种图形来勾画教学单元的学习内容,描述教师在传授教学单元的全程中应该如何向学生展现学习导图和提出指向问题。此外,本章也告诉所有学生如何使用学习导图来留意关键信息,进行不间断地温故知新的复习。

第二编: 施教实务

第二编介绍五种高效的施教实务,教师可用来激发学生的学习劲头,促进学生掌握学习内容,提高学生举一反三和学以致用的能力。

具体内容如下:

第4章:促思提示。介绍教师如何将视频、照片、新闻、通俗歌曲等作为推动课堂中的讨论、对话和高级思维的催化剂。促思提示是通过利用学生特别感兴趣的媒介和话题来引起学生的注意,因此有利于学生看出新的学习内容与自己认识世界方式之间的联系,在课堂中普及正面的文化规范,营造有益的学习环境。

第5章：有效提问。介绍用以促进学生思考、课堂讨论和对话的各式各样的问题。在直接教学中，提出对错已有定论的封闭式问题，常常最见效果；而在建构教学中，提出可以直抒己见的开放式问题，往往最起作用。本章还区分了涉及知识、技能和大思想这三个层面的提问，并探讨了有效的提问技巧。

第6章：选用故事。描述教师如何利用绘声绘色的故事将抽象的学习与具体的学习相互联系，如何通过耐人寻味的个人往事将新知与旧知相互贯通，如何选用故事来创建积极好学的团体，提高学生对所学课文的兴趣。教师可以利用故事活灵活现地说明所学的重大概念，在故事本来就是课文的构成要素时尤应这样做，学生以后对所讲的课文就会记忆犹新。教师还应该利用故事生动形象地表述学习要点，学生将来对这些重要内容就会念念不忘。

第7章：合作学习。介绍由学生主导而非教师主导的学习。因此，在合作学习中，学生或分为小组或结对就学习内容进行自我教学。教师可以利用合作学习推动各组完成不同的学习任务，如讲解教材、解决问题、集思广益、澄清概念或提出创见。合作学习同样可以用来改换授课形式，激发学生的学习热情，为学生布置学习重要的社交技能的场合

第8章：真实学习。讲述教师怎样为学生设计最适宜的迎难而上的学习任务。有效的挑战性任务应该：（1）符合教学目标；（2）旨在促进真实学习；（3）切合个人实际并有一定的难度（既不太易也不太难）；（4）因人制宜；（5）着眼于发展相应的思维能力；（6）产生有意义的成果。

真实学习也包括体验学习，为学生提供各种领悟自己学习状况的机会，如是否能驾轻就熟地运用所学的概念，是否能毫无遗漏地想起所学的某一现象的具体特征，是否能别有心得地考察原有的思路、观点和行为。

第三编：团队建设

第三编介绍教师为在课堂上创建安全的、欢快的、有作为的学习团队而采用的六大策略。

第9章：构筑关爱学生的文化。阐明为了塑造有利于学生的安全、快乐、健康和学习的课堂文化而采用的各种策略，包括如何共同树立课堂规范、如何对待学生的行为、如何美化课堂的学习环境。

第10章：善用权力而非滥用权力。论述"善用权力"与"滥用权力"之间的区别：前者指教师试图强迫学生遵从各种要求；后者指教师和颜悦色地与学生进行入情入理的沟通，并容许学生作出自我选择，以便促进有意义的学习。

第11章：一定之规下的自由。描述了教师可对学生采用的放手而不放任的措施：一方面鼓励学生异想天开地、无拘无束地品味学习；另一方面，也确立一定规则，促使学生的创造才能结成累累硕果。自由太多会导致混乱，规矩太多会败坏学习。

第12章：寄予期望。解释为何有效的团体建设要始于对学生在学习中应有行为的期望，此外还论述了对学生寄予期望的三个重要方面：对功课学习的期望、对课堂言谈的期望、对课堂举止的期望。

第13章：彰显善行。阐明为了强化学生应有的行为，教师应该怎样留意和赞赏学生符合期望的表现。同时，本章还包括教师如何与学生打成一片，如何培育乐观向上的课堂氛围等内容。

第14章：及时纠错。表明一旦学生有干扰自己或他人学习的举动时，教师如何及时地处理和纠正这些行为。

上述各章都以一幅类似第5章所述的学习导图起头，以便历历在目地勾画该章的要点，此外，各章后面还包括四个共同的专题。

· 化思为行。针对学生、教师、教学辅导员和校长，就如何利用该章的观点来改进教学实践提出相关的建议。

· 行有所思。就如何遵循该章所述的教学策略提出相关建议。

· 小结。在此标题下作出对该章内容的小结。

· 拓展阅读。该专题介绍多种参考资料，以便教师用来开拓学术视野，深刻认识该章所述的大思想与教学策略。[①]

化思为行

对学生

1. 让学生参与制定学校改善目标，其方式或是与学生面谈听取有关意见，或是吸收学生为目标设计小组成员。

2. 使用调查学生得来的资料，如通过三脚架法得来的资料，了解学生的学习现状。

对教师

1. 促使教师追求个人佳绩。

2. 让教师写出力图实现的人生或工作中的个人愿景。

3. 教师为实现已确定的教学目标担当负责。

对教学辅导员

1. 掌握本书所述的各种教学方法，这是教学辅导的重点。

2. 掌握《教学辅导》（2007）所述的各种教学辅导方法

3. 深刻理解《教学辅导》和《明明白白的影响》所述的合作原则、沟通策略、领导方法，从而可进行有效的人际沟通和教学引导。

对校长

1. 要和学区负责人沟通以争取他们支持学校实现既定目标。

2. 在既定目标尚未实现之前能抵住要求实施新方法的压力。

---

① 各章后面的四个专题中，鉴于"拓展阅读"多是列举有关的专著和论文，翻译出来意义不大，就照原文列出有关书名，便于有兴趣的读者"按名索书"。

3. 要和教学辅导员一样，深刻理解并依照《明明白白的影响》所述的合作原则、沟通策略、领导方法，从而可进行有效的人际沟通和教学引导。

行有所思

在高效学校，所有的专业学习都直接导向提高教师的教学实效，促进学生的成长、发展和幸福。要全面考察高效教学策略，可用 20 分钟高效教学调查表（HI-20），此表由 www.corwin.com/highimpactinstruction 线上提供。

小 结

1. 各行各业的专业人员都是在力争个人佳绩的追求中体现人生的意义。

2. 教师力争个人佳绩时学生便可受益，一因教学的改进，二因受教师好学的激励而好学。

3. 教师应接受促进他们力争个人佳绩的专业学习，因此校方的教学安排必须有利于教师的这种专业学习。

4. 在高效学校，全体教职人员都通力合作实现被每名教师所理解、同意并力图贯彻的学校改进目标。

5. 在高效学校，教师可从教学辅导员那儿得到落实既定改进目标所需的支持。教学辅导员协助教师设定教学目标，确定实现教学目标的教学方法，并解说和演示这些教学方法，不断观察和探究教师落实教学目标的实际情况，一直到教师实现教学目标，并能熟练应用新的教学方法。

6. 本书所述的高效教学策略是围绕施教实务、教学计划、形成性评价、团体建设这四大主题来安排写作结构的。我坚信，与四大主题有关的教学策略能最有效地提高教师的教学实效，促进学生的成长、发展和幸福。

拓展阅读

关于"身为专业人员的教师"的书目

Jim Knight's *Instructional Coaching* (2007) and *Unmistakable Impact* (2011).

Thomas Davenport's *Thinking for a Living* (2005).

Daniel Pink's *Drive* (2009).

关于"全校改革"的书目

Michael Fullan's *Motion Leadership:The Skinny on Becoming Change Savvy* (2009).

Michael Schmokers'*Focus* (2011).

Wayne Sailor,Glen Dunlap, George Sugai, and Rob Horner's *Handbook of Positive Behavior Supports*

(2010).

关于"教学辅导"的书目

Jim Knight's *Instructional Coaching* (2007).

Cheryl Jones and Mary Vreeman's *Instructional Coaches & Classroom Teachers:Sharing the Road to Success* (2008).

Robert Hargrove's *Masterful Coaching* (2008).

Stephen Barkley's *Instructional Coaching With the End in Mind* (2011).

Joellen Killion and Cindy Harrison's *Taking the Lead: New Roles for Teachers and School Based Coaches* (2006).

Nancy Love's *Data Coaching: Using Data to Improve Learning for All: A Collaborative Inquiry Approach* (2009).

Lucy West and Fritz Staub's *Content-Focused Coaching* (2003).

Art Costa and Robert Garmston's *Cognitive Caoching* (2002).

关于"教学模式"的书目

Charlotte Danielson's *Framework of Teaching* (2007).

Doug Lemov's *Teach Like Champion: 49 Techniques That Put Students on the Path to College* (2010).

John Hattie's *Visual Learning* (2009).

Robert Marzano, Jane E.Pollock, and Debra J.Pickering's *Classroom Instruction That Works: Research-Based Strategies for Increasing Student Achievement* (2001).

Jon Saphier，Mary Ann Haley-Speca and Robert Gower's *The Skillful Teacher: Building Your Teaching Skill* (2008).

第一编

教学计划

> 你身后要留下的不是铭刻在石碑上的颂词，而是融汇到他人生活中的品行。
>
> ——伯利克里斯（Pericles）
>
> 如果你的所作所为成为一份激励他人多梦想、多学习、多做事、多进取的遗产，那么你就是一位当之无愧的领袖。
>
> ——多丽·帕顿（Dolly Parton）

加拿大安大略省南部多伦多以西约 60 哩（英里旧也作哩，下同）处有一个农场，我从小就是在那儿长大的，一座宽敞的农舍里住着我、父母、祖父母及姑妈。小时候常常是爷爷带我，他在农场干杂活时，让我装模作样地打打下手，做家务时，也让我不离左右，还教导我要喜爱读书和认字。

我 4 岁时，爷爷领着我开始了一项植树计划。爷爷和我顺着砂砾小路走半哩远，来到农场边的一棵大柳树前，从树上剪下一些柔嫩的柳条，然后将柳条插在装满水的瓦罐里，等着柳条冒芽。待柳条长成露出新芽的细枝，就可当作树苗来种植了。后来，农场和爷爷最后落户的小村落谢弗雷德（Sheffield）随处可见我俩亲手栽植的柳树。

那时我当然不可能深究爷爷带我种柳树的用意，可长大后一琢磨，我觉得爷爷是想让我永远怀念他，这些柳树是他死后我可前去近观的植物，从而睹树思人。爷爷走得太早了，我 7 岁时他因心脏病发作猝然离世。

遗憾的是，这些柳树都不得不被连根拔掉，因为有的太靠近篱笆，有的太靠近房屋，结果它们被清除得一棵不剩。我曾有过一时的伤感，不过后来认识到，有没有活生生的柳树并不重要，重要的是经历，是脑海中那些爷爷和我一起栽树的情景。柳树纵然化为乌有，但爷爷却留下了与我相伴终生的遗产——言行。我奋笔疾书的此刻已年满 57 岁，可记忆中的爷爷仍然宛如我 4 岁时见到的模样。

在教学中留下供人受益的遗产，其重要性绝不亚于在生活中留给后人继承的遗产。就像爷爷带我种树那样，教师每天都有机会栽培可在学生心田中扎根的东西，从而塑造学生的思想、情感和人生。我在堪大学习研究中心刚刚从事学习研究时，就对这一点有了切身的感悟。

我主持的第一个研究项目是考察教师向学生寄予厚望有何影响。当时与我合作的教师中有玛丽弗朗西丝·瓦格纳（Maryfrances Wagner），她是堪萨斯城郊外雷顿学区的一名出色的语文教师。有一天，我约她一起就厚望研究交流意见，见面时像往常一样，随意地打个招呼，问她近来过得好不好，未曾想她接口说："今天可真是个好日子。"原来，她收到一封信，寄信人是她教过的女学生，上过她为高中毕业班开的英语课。玛丽拿出信给我看，信头表明寄自一家律师事务所。我现在还记得信中写的一些话：

亲爱的瓦格纳老师：

　　　　您也许已记不得我是谁，不过，12年前我曾上过您的英语先修课。上课期间您问我毕业后打算做什么，我说准备做一名法务秘书，您说不要做秘书，去做律师。嘿，豁然开朗，就在前不久我被提名为我所在的律师事务所的合伙人。我想让您知道，要不是您，就不会有我的今天……

　　这封来信既是瓦格纳老师教学有成的绝妙见证，亦是一名学生感谢师恩的真情流露，足以证明教师确实能对学生产生影响。但我认为会对以前学生产生影响的绝非玛丽一人，凡是教师皆可有此作为。只要教师热爱学习，热爱儿童、青少年，就会对学生的未来产生深远的影响。

　　教师每天都有机会打开学生的心扉，引领他们向往平时根本不会想到的前途，教师凭借自己的教学、自己的信念、自己的作为，潜移默化地塑造着学生的人生。毫无疑问，教师会给每个学生留下遗产，教学就是为学生留下遗产。

　　那么，每个教师面临的一个关键问题是：我想给我的学生留下什么样的遗产？

　　教师每天与学生相伴就是在回答这个问题，他们可通过示范、指导、鼓励、反馈、微笑、建议来传递这份遗产。不过，在考虑留下什么样的遗产时，最重要的莫过于教师坐下来深思熟虑地作出自己的每门课程、每个教学单元、每次课的教学计划。在教师思考教学中哪些该突出，哪些该使学生精熟，哪些该省略，哪些又该深入这些细节时，统揽全局的问题应该是：从现在起之后的十年，我通过教学想要学生念念不忘的到底是什么？制订高效教学计划就是教师回答这个问题的起点。

何谓高效教学计划？

　　高效教学计划包括：1. 创建指向问题，引导学生走向非学不可的大思想、技能和知识；2. 开发形成性评价方式，以便师生能够监测学习进度，并将评价结果作为教师为提升学习效果而调整教学和因材施教的依据；3. 精心绘制学习导图，向学生形象地表明将要经历的学习流程。指向问题、形成性评价和学习导图组成学生学习的结构，使学习的标的和程序一览无余，学生因此能对教学要点以及何时学习要点心中有数。

　　制订高效教学计划的顺序似乎无一定之规。威金斯和麦克泰伊（Wiggins and McTighe，2005）认为，有些教师可以先从学习评价着手，再以精巧的任务分析为基础逆向地制订教学计划。他们写道："逆向设计要求我们在开始制订课程或单元的教学计划时，以教学评价的结果为证据，提出具体实在的教学目的或标准。"（p.19）对许多教师而言，逆向设计意味着制订教学计划要从评价起步，因为他们在未弄清教学中要评价什么之前，也就不能心安理得地提出指向问题和绘制学习导图。

据我的经验看，有些教师则更喜欢把提出指向问题作为制订教学计划的开头。他们说首先必须创建指向问题，因为只有先深入地思考学习目标，才能开发与此匹配的评价方式。还有一些教师愿意最先绘制学习导图，他们说："只有面对尽收眼底的全部教学内容，我们才能创建相关的指向问题和评价方式。"

在如何进行课程开发方面，迄今为止与我携手共事的教师不下数百名，我发现大多数教师都是从指向问题、形成性评价、学习导图这三者中择一作为制订教学计划的起点，而且也各有一套持之有据的理由。我的基本看法是，制订教学计划时，教师应该从他们感到最合适的方面入手，因为从某种程度上说，本来就能以任何方面作为起点，但重要的是教学计划的三个方面要互为表里，相得益彰。（参见下图）

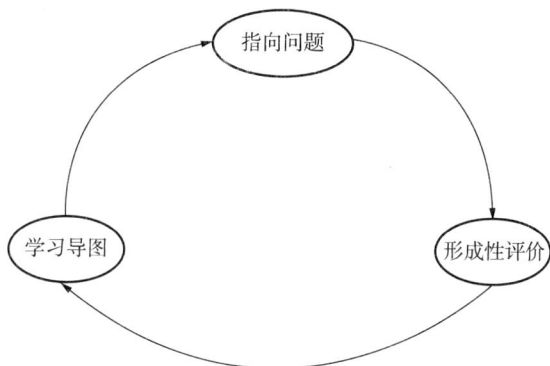

```
        指向问题
       /        \
   学习导图 —— 形成性评价
```

先构思指向问题的教师或许感到这些问题有助于有的放矢地绘制学习导图，而先绘制学习导图同样有助于按图索骥地充实指向问题。另外，教师开发评价方式时——主要工作是先将教学内容按知识、技能、大思想分门别类，并清晰地揭示三者之间的相互联系，再按类别细分为我称作的"各级具体的掌握水平"，然后确定检测学生是否达到这些具体掌握水平的评价方式——也常常会引导他们不断完善指向问题和学习导图。我注意到，教师在为已有的指向问题确定相应的具体水平时，往往意识到不得不改变指向问题，以便更巧妙地暗示出想要学生探明的答案。他们说："如果连我自己都不能回答这个问题，又怎能指望学生呢？"

制订高效教学计划主要是利用构成计划的三要素来表明学生要学什么、如何学的意图。在学习中没有意图，就会犯大错误，戴尔（Wayne Dyer）说过一语道破个中缘由的名言："我们的意图造就我们的现实。"没有意图的人生会糟蹋机缘，因为当感到正在失去最珍贵的东西时，数日、数月甚至数年的时间早已飞逝。教学中同样如此，没有意图的课堂亦是贻误良机的课堂，因为完全把最重要的东西抛之脑后，以时数、日数、月数为计的光阴一晃而过，各种学习机会也消失殆尽。

高效教学计划引导教师深入思考每一个学习机会，从而帮助他们创建有意图的课堂。当教师酌定指向问题时，就会确定什么是学生的必学内容；当教师开发评价方式时，就会确保自己和学生洞察学习成效，教师亦可凭此认识恰当地调整学生的学习；当教师绘制学习导图时，就会思考教学的顺序和学生将学的知识、技能和大思想之间的内在联系。

在第 1 章，我会阐述如何形成指向问题。在第 2 章，我将细致描述教师怎样确定学生必学的知识、技能和大思想；怎样评估学生是否学到了该学的东西；怎样调整教学以确保学生掌握学习内容。在第 3 章，我会解说如何绘制学习导图，教师应该如何将指向问题与学习导图融为一体，使之成为每日的教学常规，从而提高教学水平，尤其是学习效果。

```
                          ┌──────────────────────┐
                          │  第1章  指向问题       │
                          └──────────┬───────────┘
                                     │
                              ┌──────┴──────┐
                              │   着眼于      │
                              └──────┬──────┘
                                     │
                                     ▼
        ┌─────────┐            ╭──────────╮           ┌──────┐       ╭─────────╮
        │相关的    │◄──┤理解├── │ 如何条理   │ ──┤构思├─► │出色的   │
        │理由      │            │ 分明地突   │                      │指向问题  │
        ╰─────────╯            │ 出必学内容 │                      ╰─────────╯
            │                   ╰─────┬────╯                          │
            │                        │                               │
            ▼                   ┌─────┴─────┐                         ▼
```

相关的理由：

通过备教来提高教学质量
使学习优先于教学活动
突出重要的教学内容
为学生提供学习目标
推进形成性评价
推进差异化教学

要认识

╭──────────╮
│ 教学计划   │
│ 的局限性   │
╰────┬─────╯
     │
  ┌──┴──┐
  │   │
  ▼   ▼
╭────╮ ╭────╮
│预定 │ │应变 │
│计划 │ │计划 │
╰────╯ ╰────╯

出色的指向问题：

遵循课程标准
明确知识、技能
明确大思想
选择必学的主题
选择实用的主题
使用恰当的词语
使用易懂的说法
促使学生采用学
习策略、技术手
段、沟通技能

第1章 指向问题

> 凡事预则立，不预则废。
>
> ——孔子
>
> 务必把握你人生旅途中要去的地方，因为没有前进的目标，你将寸步难行，一事无成。
>
> ——米尔恩（A.A.Milne）

埃塞尔·爱德华兹（Ethel Edwards）曾是堪萨斯州托皮卡市数学课程主任，在堪萨斯教学辅导项目中与我一起参与了多项研究课题。她是一位多才多艺的奇女子，既身为数学专家，还当过州政府公务员、学区负责人，不仅是为学生尽心尽力的教育工作者，还是多次完成铁人三项赛（通常为游泳、骑车、跑步三项）的运动员，而且每逢假期仍然照常兴致勃勃地开着跑车与丈夫一起去长途自驾游。

埃塞尔和我共同设计了制订教学计划中的一个环节，即组建我在《明明白白的影响》中介绍过的精学团队（intensive learning teams/ILTs）。精学团队包括所有教授同一门课程的教师，我们最先选定的课程是七年级数学，由此可同心协力地制订教学计划，为某门课程集思广益地筹谋指向问题、学习导图和形成性评价。

第一个精学团队成立后不久我俩就发现，这样的教学群体孕育着独特的魔力。一旦教师可以从容不迫地深入思考教什么，如何教，如何评价学生的学习，他们对执教学科由表及里的认识就像火箭腾空而起那样可以迅疾提高。我们感到，这样的认识越深刻，就越有助于教师进行更有成效、更加精确的教学。只要教师明察秋毫地把握什么是学生该学的确切内容，并能清清楚楚地表明相关的学习目标，学生就能拥有更多的学习收获。[①]

埃塞尔和我所看到的七年级教师集体在为学生设计指向问题和学习导图时的表现，也是教学辅导员所看到的与之合作的教师个体在制订教学单元计划时的表现。例如，珍妮·麦克米伦（Jenny MacMillan）——我们深入研究俄勒冈州比弗顿教学辅导时参与其中

[①] 我曾主持了考察精学团队对教师关于执教学科的认识有何影响的初步研究，有关详情可参见《明明白白的影响》（Knight，2011 年）。——原作者注

的一位教学辅导员——花了大量时间与罗宾·特纳（Robin Turner）共同探讨如何提出指向问题，珍妮所看到的罗宾的表现就同埃塞尔和我所看到的那些教师的表现几无二致。

罗宾之所以要和珍妮共同商讨如何构思指向问题，是因为想要更加明晰自己的教学目标。有一天下午，珍妮特意安排一位代课教师去上罗宾的课，以便罗宾有空和自己一起为某个教学单元，用珍妮的话说，"噼里啪啦地制造"指向问题。确切地弄清要教什么看似是一个易于完成的简单任务，但对教学确实有极大的助益。

在写出各种各样的指向问题后，据珍妮所说，罗宾"看出了知道自己往何处去的妙处"。罗宾本人也察觉到这种变化，对珍妮说："这使我获益良多，因为我感到一下子豁然开朗了，知道我要领着学生奔向何处，知道我想要的到底是什么，我能向学生提出更恰当的问题来引导教学进程，我也能心中有数地查证学生的学习进度。"珍妮说："罗宾对要教什么越清楚，教学重点就越突出。"

如果教师可以共同地或独自地深入思考要教什么的问题，他们的教学，以及随之而来的学生的学习就能有所改进。在《出色教学的起点：制订促进学生思考和学习的计划》（*Where Great Teaching Begins: Planning for Student Thinking and Learning*，2011）一书中，里夫斯（Ann Reeves）揭示了教师制订教学计划的重要性：

> 这是教学中的"掘进工作"：设计教学时要深入地把握教学内容，要深入地考虑学生的学习……绝非仅限于选择教学活动和编写试卷；要使所有教师的教学才能都投向整个教育事业的根基——实实在在的学生学习。（p.8）

有效的指向问题可为学生学习提供清晰的目标，预示某一学习进程的终点和要学习的知识、技能和大思想。总而言之，指向问题引导学生完全理解某个教学单元的学习内容。如果学生能对每个指向问题作出圆满的解答，在这个单元上的学业成绩应为"优"或"良"，因为他们从中证明了自己已经掌握了该单元的知识、技能和大思想。

要把指向问题落实在白纸黑字上，这也促使教师为学生学习制订内容确切和重点突出的计划，由此可以帮助学生更好地理解每个教学单元和每次课的学习要求。有效的指向问题意在推行严谨的教育，但须用通俗易懂的词语，而且每个单元的提问数量要尽可能地少而精。合宜的指向问题是浅显易懂的，但又周全地涵盖了要学的内容。

为何教师应该创建指向问题

指向问题通过备教来提高教学质量。有人曾问迈耶（Urban Meyer）为何他能成为屡赛屡胜的橄榄球教练，这位两次夺取全国冠军的主帅答道："让队员作好充分准备才能打好球，我参加的赛事中还未有哪一场球不是准备最充分的球队胜出的。"球场上如此，课堂上亦然，准备充分才能收获大。只有教师对要学什么，怎么学胸有成竹后，其授课才会重点明确，效率提高，深入浅出，让所有学生一听就懂。

我曾问过教师如何看待教学计划的价值，他们脱口而出的回答通常是："我知道教学计划是要从有益于学生的角度来安排教学内容的，不过真正起到的作用倒是帮助我来组织教学。"教师若有清晰明了的教学计划，人人都可受益。

指向问题使学习优先于教学活动。教师要构思出有效的指向问题，着眼的是学生的学习，从学生的眼光来考虑学生该学什么，而不是从自己的眼光来谋划该给学生开展什么活动或上什么课。威金斯和麦克泰伊（Wiggins and McTighe，2005）甚至认为，看重活动而看轻学习是教师所犯的严重过失之一：

> 活动导向的教学设计犯下了或许可称之为"动手而不动脑"的错误——想用五花八门的活动来使学生有什么真知灼见或深思熟虑，十之八九要落空，因为全凭误打误撞的凑巧。只讲好玩有趣的活动给学生带不来任何的智力发展。（p.16）

高效教学计划始于一个最根本的问题：我想要学生上完这门课后的 5 年、10 年或 20 年铭记在心的是什么？这个问题促使教师弄明白学生该学什么，如何测评学生所掌握的知识、技能和大思想。

指向问题突出最重要的教学内容。在一次具体的课堂中知识、技能和大思想这三者并不是同等重要的。例如，学生正在品读兰斯顿·休斯（Langston Hughes）的一首诗《梦想》（*Dreams*），他们是否准确地记住休斯的生日——1902 年 2 月 1 日——或许无关紧要，但能从该诗结尾的诗行中体悟人生的启示才最有价值，即：

> 紧紧抓住梦想不放，
> 因为梦想一旦离去，
> 生命犹如不毛之地，
> 冰封雪覆一片荒凉。

如果教师备课时考虑不周，就会混淆主次，似乎不管讲什么都得一视同仁。教学计划则可引导教师深入地思考何为精华之所在，从而确保进行重点突出的教学。

指向问题能为学生提供学习目标。指向问题有助于学生的学习，因为它向学生提供了明确的每日学习目标。正如斯蒂金斯（Richard Stiggins）所注意到的："学生能达到他们看得清楚的，觉得有用的任何目标。"（引自 Sparks，1999，p.3）教师在写适当的指向问题和绘制学习导图时，势必要不断明确自己的教学内容。明确的教学内容不仅凸显了教学重点，也使学生学习起来更为容易。学生一旦明白什么是他们该学的东西，就更可能学有所得。

指向问题有利于推进形成性评价。指向问题可视为形成性评价的起点。诚然，深思熟虑是推进形成性评价的不可缺少的环节，可以提高教师创建的指向问题和学习导图的质量。当教师创建指向问题后，确实使形成性评价更便于实施，但精心构思（如第4章所说）的周详答案和具体掌握水平，也对如何创建指向问题和学习导图有指导作用。

指向问题有利于推进差异化教学。当教师给各式各样的学生授课时（近来大多数教师都面临着这种情况），他们必须进行差异化教学，才能满足所有学生不同的需要（Tomlinson，1999）。教师进行差异化教学，就是要使教学内容、程序、结果或学习环境适应每一个学生的独特需要。要使差异化教学恰到好处，其前提是教师要细致地作出教学计划，预先筹谋根据不同的学习需要在何处和怎样去改革教学。

指向问题为推进差异化教学提供了一个最合适的起点。教师创建指向问题后，也就更加清楚了该在何处调整教学，从而确保因材施教，使每一个学生都学有所得。指向问题为考虑在何处和如何开展因人而异的差异化学习奠定了坚实的基础。

教学计划的局限性

制订教学计划，犹如世上的许多事情，并不像看上去的那么简单。表面看来，这是一项轻而易举的任务：先辨识学生的学习需求，再按其需求制订计划，然后测试学生的学习效果，如果效果不好可调整教学。可是说来容易做到难，或如犹太人的谚语说："人忙计划老天笑，人算岂有天算妙。"

循理推想的教学计划或许无懈可击，可落实计划时一旦人开始参与其中，教学就变得更加错综复杂，因为学生的学习进程并不是一条只进不退的直行道。有些时候，一些学生比其他学生更快地掌握学习内容。有些时候，不管出于什么理由，学习都得超出预定的时间。更常见的是，学生之间的学习进度参差不齐，教师老是在为决定如何教而左右为难：有些学生因已熟知教学内容而厌倦，而有些学生则因仍懵懂无知而沮丧。

生活本身会提供可遇而不可求的学习机会，也可能使原本看来面面俱到的计划横生枝节。例如，在2000年乔治·布什（George Bush）与阿尔·戈尔（Al Gore）竞选总统期间，上社会研究课的教师告诉我，学生一反常态地关注起选举团、最高法院及美国政府的其他组成部分的运作方式。如果教师还是按照既定的教学计划亦步亦趋，而不通权达变地利用学生对身边生活应时而起的兴趣，恐怕难以促进学生的学习。

生活中的其他事件也会为充实教学计划而变得举足轻重。一场自然灾害，或许扩展学生对科学的学习；一部新放的电影，可能加深学生对有关小说的兴趣；当下的金融危机则促使学生学习经济学和数学。即使学校中的小事，如食堂中饭菜价格的变动，也能引起一场寻根问底的讨论。

总而言之，尽管教学计划必不可少，教师仍须牢记，联系生活的真实学习远比教学计划重要，有时要把学习导图搁置一边以确保切合时机的学习。教学计划因种类不同而有矛盾之处：一方面，教师有必要预先将一门课程的教学进程安排得井井有条，另一方面，教师在制订某次课或某教学单元的计划时也应知道，若要满足所有学生的需要，若要利用各种宛如天赐之福的学习机会，少不了违背计划而随机应变。

研究企业运营的国际著名学者明茨伯格（Henry Mintztberg，1885）指出企业的战略计划也有类别上的矛盾：一方面，企业必须根据预想的结果制订计划——称之为"预定战略"，另一方面，企业也需要根据形势变化而调整战略——称之为"应变战略"。企业需要预定计划来确定运作的重点，形成协调一致的合力，但也需要应变计划以备不时之需。

哈佛大学商学院教授克里斯坦森（Clayton Christensen）写过一本书《你将如何掂量你的人生？》（*How Will You Measure Your Life*？ 2012），阐明人生中的各种关键决策。书中认为明茨伯格关于战略计划的思想同样适用于人生计划：

> 每种方法（预定的或应变的）似乎都在不甘落后地想赢得我们理智上和情感上的认可，力图在我们权衡轻重时脱颖而出，从而成为我们的实际战略……在我们的日常生活或职业生涯中，不管是否意识到，我们总是或按预定战略或按应变战略来指引人生道路。（p.48）

课堂犹如企业和人生，计划必不可少。一般说来，教师的前期准备越充分，学生的学习成效越显著。不过，执行计划也必须灵活变通，以便兼顾学生中不同个体的需要，抓住日常教学中与此相关的稍纵即逝的学习良机。

尽管周密的教学计划为教学进程提供了一份详尽的"地图"，但教师要时刻准备着：一旦遇到更为重要的学习机会或需要，就要将"地图"束之高阁。

以单元和指向问题为重点

可以从课程、单元和课这三个层面上来制订教学计划。与我合作的数百名教师都曾得益于伦兹（Lenz, Shumaker, Deshler, & Bulgren，1988）等人所撰述的《课程组织常规》（*Course Organizer Routine*），他们据此来为一门课程编写指向问题、确定该教的概念、绘制学习导图、制定具体的教学方案。有些教师说，他们只有看清了一门课程的全貌后，才能制订相关的单元和课的教学计划。

有些人则认为应该以课为单位来制订教学计划，如莫斯和布鲁克哈特（Moss and Brookhart，2011）写道："每次身临其境的课可以使学生在学习上有长进……否则便让人一无所获。"（p.2）我在与教师交往中也发现，有些人确实觉得最有利于自己教学的是执行课教学计划。当然，任何教学都需要某种程度的课教学计划。

不过，我发现，在大多数情况下，教师认为最有用的还是单元教学计划。课程教学计划要考虑的范围太宽，通常要包括一年的教学内容，不如实施和调适单元教学计划来得方便；课教学计划的范围太窄，不足以包容单元所涉及的主题、知识、技能和大思想。如果教师要阐明大思想，要制订能显示知识、技能和大思想之间关联的计划，或许就发现最适用的是单元教学计划。为此，我在本书讨论的是单元教学计划。不过，本节所介绍的制订教学计划的各项策略，也可以用于制订课程教学计划和课教学计划。

威金斯和麦克泰伊所述的经验和我的几乎一样：

> 通过多年来与上千名教师的合作，我们发现，就本书所论的教学设计过程而言，单元是一个便利而实用的切入点。尽管看起来将"旨在理解的教学设计"（Understanding by Design/UbD）用于日常的课教学计划更合乎情理，但我们不主张这样做。因为，每次课过于短暂，难以透彻地阐明大思想、深入地探究关键问题和细致地开展学以致用的活动。（2005，p.8）

和伦兹、威金斯、麦克泰伊一样，我也有所选择，本书着重阐述如何创建指向问题而非教学目标或学习目标。或许有人采用不同的方法，例如，里夫斯着重阐述如何编写教学目标，她将教学目标定义为："关于学生在经过某次课或某单元教学后应该知道什么和能做什么的阐述，这些阐述向学生指出了该课教学所欲取得的学习结果。"（Ann Reeves，2011，p.15）马扎诺在《教学的艺术和科学》（*The Art and Science of Teaching*）一书中也建议教师应该先写出学习目标，"即使该词的确切含义似乎有些难以捉摸"（Robert Marzano，2007，p.17）。马扎诺认为，学习目标是"关于学生将要知道什么和能做什么的阐述"（p.17）。

马扎诺提出应该按下面两种格式中的一种写出学习目标：

学生将能做_____。

学生将理解_____。

莫斯和布鲁克哈特也提倡教师通过创建学习目标来制订教学计划，他们给学习目标下的定义有别于教学目标，如下所述：

> 学习目标在设计和意图上不同于教学目标。顾名思义，教学目标用来指导教学，是从教师的角度来编写的……学习目标则是用学生可理解的语言来描述一次课中欲使学生了解的知识、技能和推理过程。（2012，p.3）

毫无疑问，编写问题、教学目标或结果都能促进学习，不过，就我而言，我认为最好优先考虑指向问题，即学生接触、学习一个单元中的知识、技能和大思想时应该回答的问题。

我自己创建指向问题的做法，得益于伦兹的见解：

实现教学目标的一个有效方法，是将关键的教学结果转换为涉及"大思想"——反映学习内容中精华所在——的一串问题。若要形成这些关键问题，你不妨先问问自己，在你要教的，不管是一门课程还是一个单元或一次课，有哪些确实是所有学生都应该知道和理解的东西。问一问，如何将学习结果转换为涵盖学生必学要素的关键问题？同样重要的是，问一问，有哪些是可将所有信息连成一体的中心思想或大思想？（Lenz, Deshler, & Kissam，2004, p.62）

创建到位的指向问题

教师酝酿一个教学单元中的指向问题、评价方式和学习导图，就像忖度谱一首歌、绘一幅画、写一篇小说那样，是一种创造性活动，要面临的事关成败的机会与挑战绝不亚于任何艺术家。编舞家撒普（Twyla Tharp）在其论述创造力的著作《创造的习惯》（*The Creative Habit*，2005）中描述了她创作芭蕾舞剧时的心境。每当新剧第一次彩排的那天，她会早早地赶到排演厅，这样就可乘着舞蹈演员和其他美工人员尚未到来的空当儿，静静地坐下来，细细地琢磨这阒无一人的创作空间。她写道：

> 对某些人来说，这间空荡荡的大厅象征着一种深刻、神秘、奇妙的宿命：去执行一种无中生有的任务，设法创造出完美而惬意的舞蹈。舞蹈创作时的心情和其他艺术创作时别无二致，犹如作家将一张白纸放进打字机（现在更可能是打开计算机的空白文档），犹如画家面对一幅洁白的画布，犹如雕塑家拿捏一块粗糙的石料，犹如作曲家坐在钢琴边用十指在琴键上面悬空地来回滑动。有些人觉得在这个时刻——创造之物若隐若现的时刻——有一种不堪忍受的极度痛苦，他们迫不得已地站起身来，离开了计算机、画布、钢琴，或去小睡，或去购物，要不然就弄顿午餐，做些家务。对于创作，他们开始拖拖拉拉，忧心如焚，备受苦思不得的煎熬。
>
> 形单影只地置身于偌大的空旷之处，一个人感到的是令自己锐气顿失的卑微渺小。可我的全部职业生涯面对的往往就是这一无所有的空地，我的工作，也是我的天职，一言以蔽之：填补空白是我当仁不让的使命。（pp.5-6）

教师在撰写教学单元计划时，也像其他从事创作的艺术家一样，会有力不从心的无奈，甚至那种江郎才尽、止步不前的恐惧。对这种恐惧，作家和创作研究专家普雷斯菲尔德（Stephen Pressfield，2002）称之为"内阻"，它会使教师迟迟不敢动笔。科因（Shayne Coyne）精要地表述了普雷斯菲尔德关于"内阻"的思想：

> 可将此称为作家的"绊脚石"、画家的"拦路虎"，或人人都会有的"莫名其妙的

精神欠爽"，这种横亘心中的魔障成为毁害我们事业的致命杀手。不管是写作、绘画，还是办企业、搞慈善，甚至是推行已做的小事，都一而再、再而三地遭到我们头脑中那个叽叽喳喳的批评家的阻挠。（2012，p. ii ）

教师要迈出的第一步就是抛开恐惧，埋头深思，去辨识学生必须学习的知识、技能和大思想。写教学单元计划，就像写任何东西一样，拿出一份精彩的草稿，更多是靠编辑而不是靠创作。总的说来，第 2 章有关构建形成性评价和第 3 章有关编制学习导图的内容将有助于提炼任何指向问题。不过，要创建一份出色的教学单元计划，我们必须以某处作为切入点，对许多人来说，这个切入点就是指向问题。归根结底，一份教学单元计划，并不是因为我们认为写得面面俱到就完美无缺了，里面总会有我们自己的误解。倒不如先详尽地写出一份指向问题的草稿，这样我们至少有个起点。我提出下面的建议（见表 1.1）以指引教师去完成创建指向问题时面临的既艰难又重要的工作。

表 1.1　如何创建出色的指向问题

	√
参照全州核心课程的统一标准	
辨识学生必学的知识	
辨识学生必学的技能	
辨识学生必学的大思想	
选择有意义或重要的主题	
选择与个人切实相关的主题	
选用最恰当的字词	
一直使用通俗易懂的用语	
促使学生使用学习策略	
促使学生使用技术	
促使学生使用沟通技巧	

资料来源：*High-Impact Instruction: A Framework for Great Teaching* by Jim Knight. Thousand Oaks, CA: Corwin, www.corwin.com.[①]

遵循州立核心课程共同标准。首先要参照课程标准，尽管一个创意十足的人往往最不愿按州立核心课程共同标准行事。确实，在教学中诚惶诚恐地尾随考试，考什么就教什

---

① 原书中所有的表格都可从上述网站下载，以后不再注明；另外，原书用 "Figure" 统称 "图" 和 "表"。——译者注

么，丝毫不顾及学习应有的重要性、适切性和趣味性，沿着此途只能导致教学"灾难"。不过，对课程标准置之不理同样是不明智的，会冒各种得不偿失的风险：或是不能使学生预先为以后的高年级的学习做好准备，或是重复传授同样的知识和技能而浪费学生的时间。不管对课程标准喜欢与否，因为每堂课不是自成一体的孤岛，熟悉课程标准方能确保学生为学习其他课做好充分的准备，确保授课内容是每个学生都应该掌握的基本学识。

安斯沃斯（Larry Ainsworth，2004）、威金斯和麦克泰伊（Grant Wiggins, Jay McTighe，2005）都曾论述过教师可用来分析课程标准的各种策略。一条主要的策略看起来很简单：当教师深入研读课程标准时会发现，大多数名词用来指知识，而大多数动词用来指技能，因此（按安斯沃斯的建议）教师要细读每条标准和指标，把名词和动词分别打圈标注出来，如此就能更清楚地了解学生需学哪些知识和哪些技能。

例如，教师用选购的课本教代数，就可先细读数学课程标准中的每条标准和指标，然后针对某个指标，找出课本的哪些页有与之匹配的必学内容。不过，教师应该当心，不要过度依赖课本。依我之见，教师，不论是集体还是个体，要按课程标准而不是按课本的内容或章节来创建指向问题。尤为重要的是，教师要深刻理解与自己开课有关的课程标准和指标。

如果教师和教同一课程的同事一起审视每条标准和指标，共同判断那些必教的内容，确定学生复习必学材料（通常包括文章、网站或课本）所需的参考资料，往往就能创建出最富有启发性和最有效的指向问题。在《明明白白的影响》一书中，我介绍了学区如何利用精学团队的过程，同样处理，教师就能群策群力地解析课程标准，从而共同地创建指向问题，开发形成性评价方式，绘制学习导图。

辨识学生必学的知识和技能。在大多数课中都包含着学生必须掌握的某些知识，如必学的词汇、事实、公式、定义等。例如，学生在文学课中要学习"明喻"，知道它是用"像什么"或"如什么"等词句表示比较的一种修辞手段，学生在科学课中要学习动物或植物细胞的各个组成部分，这些知识是学生必学的事实性知识，由此成为学生了解所学内容的基础。

除了必学的知识，学生在上课时还必学某些技能。例如，学生有必要知道如何辨识主要概念，如何转述词句的意义，如何使用"随听随记"笔记软件，如何采用科学方法等，技能还包括其他实践活动，如按照某种策略、程序进行具体操作。

辨识学生必学的大思想。尽管大多数学习内容都包含知识与技能，但最重要的是其中所涉及的主题、概念、内容结构和原理，正如埃里克森（Lynn Ericson，2007）所说，这些大思想是学习内容的核心所在。

学区的课程指南中，除了要写明具体的知识和技能外，还要清晰地写明每个年级和每门学科中必学的概念、通则、原理，这些表述是学生必须深刻理解的在学习中起持久作用的关键思想，学生必学的事实性知识就是为了描述、讨论、解释或分析这些深层面的概念。没有用于佐证的事实性知识，一个人的理解不可能达到概念的层面，但如果我们要有条不紊地发展智力，概念和事实这两种层面必须相辅相成，协调一致。（pp.2-3）

大思想是在一门课程中反复出的原理、主题和概念。一旦学生认识到这些大思想，往往那种对学习一通则百通的"开窍"时刻亦随之而来。大思想的一种类型是概念，在学习研究中心，我的一名同事——巴尔格仁曾对"概念获得"进行了20多年的研究，对"概念"下的定义是："可将事件、思想、主题分门别类的范畴或纲目。"（Jan Bulgren，1994，p.7）这样，"悲剧"一词就是一个概念，因为由此我们可以通过确定一出戏是否具有悲剧的所有特征去学习不同的戏剧；"全等"也是一个概念，有助于我们描述同样大小或同样角度的不同形状。因此，概念像大多数大思想一样，超越具体的一节节课，像"公转"一样可以用于一门课程中许多不同节的课。

大思想的另一类型是内容结构。内容结构是揭示内容中各个部分是如何相互联系的模式。一旦教师教会学生洞察内容结构，学生就能更好地整理、记住和应用这些内容。以此类推，理解文本结构有助于学生理解文本，理解内容结构有助于学生更好地理解内容。

《梳理常规》（The Order Routine，2004）的作者斯坎伦（David Scanlon）认为有四种对理解内容最重要的结构：描述型、顺序型、对比型和解决问题型。看出描述型结构的学生能将错综复杂的资料纳入条理分明的脉络当中，识别顺序型结构有助于学生理顺"事件"或"情节"等内容，对比型结构可帮助学生通过查寻概念或观点之间的异同来加深对其的理解，而解决问题型结构则促使学生构思各种备选方案，并从中选定有可能解决问题的办法。

大思想的另一独立而重要的方面，是指超越某一教学单元特定内容的态度、情感或生存方式。例如，德威克（Carol Dweck，2006）坚信，"虚怀若谷的思维定势"会比"固步自封的思维定势"带来更辉煌的成就，而戈特曼断言，由每个单独的情感互动而形成的每种情感关系都属于大思想。因此，教师在创建指向问题时有必要从更深和更广的方面来考虑大思想。

要深刻地理解知识、技能和大思想之间的区别，我们可以分析一下，这三者是如何用于鉴赏常入选诗集的一首诗，即庞德（Ezra Pound）的《河边商人妇：一纸家书》（The River-Merchant's Wife：A Letter）。[1]

妾发初覆额，折花门前剧。

---

[1] 该诗实为庞英译李白所写的《长干行》，田其英译转为汉译，这里只译庞德所译的诗名，其余照抄李白原诗。——译者注

郎骑竹马来，绕床弄青梅。

同居长干里，两小无嫌猜。

十四为君妇，羞颜未尝开。

低头向暗壁，千唤不一回。

十五始展眉，愿同尘与灰。

长存抱柱信，岂上望夫台。

十六君远行，瞿塘滟滪堆。

五月不可触，猿声天上哀。

门前迟行迹，一一生绿苔。

苔深不能扫，落叶秋风早。

八月蝴蝶黄，双飞西园草。

感此伤妾心，坐愁红颜老。

早晚下三巴，预将书报家。

相迎不道远，直至长风沙。

知　识

要欣赏此诗，读者需要具备某些知识，最起码要知道如何读出诗中的字词。假设读者已具备了这种基础知识，仍需其他知识来帮助他们全面理解该诗。例如，他们知晓某些文学术语，如"感情误置"——艾布拉姆斯将此释义为："描述诗中情感的常用手法，即将人的特征赋予无生命的自然现象，且比之拟人化的手法用得更为随意。"（M.H.Abrams，1971，p.268）——就有益于更好地理解庞德如何使用意象来表达情感。如果读者还理解庞德关于意象派运动的思想，并知道这些思想推动了利用清晰的意象传递意义的诗歌创作，那么就对体味庞德在诗中所用各种意象而显露的旨趣奠定了更坚实的基础。

技　能

要更深刻地读懂这首诗，有赖于某些专门的技能。首先，读者应能将精炼的诗句转换为可理解的记叙性语言，并能看懂和描述诗中依次出现的各种情节。其次，读者还得认准庞德在哪儿用到了如上所述的"意象"和"感情误置"等作诗手法来体现该诗的要旨。用心的读者还能看出，例如，"哀猿"与"深苔"是反映该妇人内心状态的外在形象。

大思想

如果对该诗的分析仅止于知识和技能方面，那么阅读该诗所能获得的真正愉悦就大打折扣了。正如埃里克森所说："高明的教师会从情感、创意、智力等方面吸引学生，在教学过程中激发他们深切而旺盛的求知欲。"（2007，p.6）要做到这一点，教师有必要引导学生探究大思想。教师可以让学生探寻该诗的深意，要求学生思考该诗对维护各种各样的情感关系有何启示，尤其是要扪心自问，担心失去一个人是否就不能全心全意地接受其他人，诸如此类的反思能使学生更深刻地了解自己对各种情感关系的担心和希望。或者开展课堂讨论，探究用间接的表现手法（在此诗中是"意象"）所创作的艺术作品是否比平铺直叙的作品更能打动人心。

当教师对诗中的大思想弃之不顾时，读一首诗不过是一件要尽快完成的单调任务，舍掉其中的大思想，也就舍掉了学习中的欢快、热情、人性和知识的深度。当然，如果读者不能认读诗中的字词，不能通过解析文本来应用知识，也不可能进行有意义的学习。知识、技能和大思想是学习中不可或缺的方面，教师创建指向问题时必须同时考虑三者。

表明学习的意义、重要性和切实性。有些指向问题针对了课程标准中明确规定的知识、技能和大思想，却令学生不胜其烦，也不能产生大多数家长希望其子女所得到的学问。如果我们想让学生专心致志地埋头学习，他们就得了解为何对当下的内容非学不可。确实难以使每堂课都与每个学生的需求挂钩，但怎样强调学习要联系学生的实际也不过分。中小学生就像成人一样，想要知道为何要学某内容，让学生明白学习内容的重要性及其切实性就能极大地激发学生的学习动机。

对学习什么从意义、重要性和切实性上加以权衡，也就为筛选教学单元的内容提供了一个重要的"过滤器"，从而决定哪些内容可以选入，哪些内容可以被排除在外。如果教师都不能说明为何要教某些内容，那么这些内容或许就不应该教。同样，当教师关注学生的生活与其学习之间的联系，他们就能促使学生深刻理解所教的内容，更易深入浅出地解说复杂的概念以促进理解。

已有大量证据，尤其在称为"社会性发展理论"的研究领域（Ryan & Deci，2000）的证据表明，一旦学生能够看清学习内容与个人生活之间的关联，最能调动学生学习的积极性。为此，教师要精心设计使学生了解如何学以致用的学习经验与学习活动。

采用通俗易懂的用语。提高学生学习积极性的另一途径是写出易于理解的指向问题。指向问题有时写得过于抽象或超越了学生的阅读水平，有时写得又模棱两可，学生不理解的问题就无助于他们的学习。要创建学生可理解的指向问题，教师首先必须对所教内容明察秋毫，然后用浅显的语言来表述深邃的学问。

选用最恰当的字词。教师书写指向问题时，如何遣词造句非常重要，他们选用的字词应能最精确地描述学生必学的技能、知识和大思想。从某种程度上说，挑选恰当的字眼也是考虑学生如何去听懂的问题。政治媒体研究专家弗伦茨（Frank Luntz，2007）这样说道：

选用的字眼正确、合理甚至俏皮都不够。成功沟通的关键是要了解听众当前的所思所想，使自己的奇思妙想一下子就能打动听众的心。你说的话，人们听了甚至觉得比你自己觉得的还真切可信。（p.xiii）

里夫斯关于书写教学目标的建议同样可看作是为书写出色指向问题而出的好主意。里夫斯说：写出的教学目标应该是以学生为中心，集中于学生必须要做的事情，用主动语态；以思考为中心，从道理上讲清学生要学会做什么事情；专业化而非口语化，精确地说明学习结果，尤其要选用最合适的动词。要使指向问题有的放矢，提高其精准度，就应该周密考虑学生的认知水平，选用与此契合的措辞。

融入学习策略。教学生如何学，其重要性绝不亚于教学生学什么。许多教师为了帮助学生获取，牢记，应用知识、技能与专业见解，对各种学习策略倾囊相授。30多年来，堪大学习研究中心的研究人员一直致力于开发和确认着重于改善学生合作学习的策略。教师教这些策略时，可让学生学《释义策略》（*The Paraphrasing Strategy*, Schumaker, Denton, & Deshler，1984）以提高阅读理解能力，学《首字母记忆策略》（*The FIRST Letter Mnemonic Strategy*, Nagel, Schumaker, & Deshler，1986）以增强记住一系列事实的能力，或学《造句策略》（*Sentence Writing Strategy*, Schmaker & Sheldon，1985）以改进文从字顺的写作能力。如果学生能熟谙各种学习策略，就可觉察到提示他们何时及如何使用这些策略的蛛丝马迹，而指向问题恰包含这些线索。

融入技术手段。大多数课堂教学的一个重要目标是教学生如何使用各种技术手段，例如，写论文的学生要学会使用"Evernote"软件来梳理调研时搜集的资料，或使用"Inspiration"软件在草拟阶段绘制思路图，还可鼓励学生在"Facebook"上与同学共创安排合作学习的网页，或使用"PowerPoint"制作用于专题讲演的幻灯片。

融入沟通技能。学会如何与同学有效互动是一种重要的技能，许多学生是在教师的传授下学会了如何倾听、如何发现共识、如何使用客观标准去解决冲突、如何与同学建立和睦关系，并给予与人为善的积极反馈。指向问题可以提示学生在学习过程中何时及如何采用这些沟通技能。

将指向问题、形成性评价、学习导图融为一体

按照上述的建议提出指向问题，只不过是制订高效教学计划的开始。说实话，如果教师仅止步于创建指向问题，而不考虑使用形成性评价和学习导图，他们的教学计划或许难以深入到学生必学的知识、技能和大思想。

高效教学计划中这三项缺一不可，而每一项对另外两项有制约作用。形成性评价可确

保指向问题严丝合缝地对接课程标准，学习导图可确保环环相扣的完整学习内容。另外，高效教学计划的每一项亦包含可以用来改善指向问题的各种策略。例如，我在本书第 1 章介绍了一种五步法，就可以用来创建出色的指向问题。

关键问题是，指向问题、形成性评价和学习导图要水乳交融，全面地反映构成一个有效教学单元的知识、技能和大思想。只有教师透彻地了解学生有必要学什么，为何必学不可，如何学以致用，才能使自己的教学重点突出、条理分明。对重点和条理心中有数，教师就可较为轻松自如地从事自己最重要的工作——给自己的学生留下终身受用的遗产。

化思为行

对学生

1. 考虑让学生在单元教学之初参与拟写必不可少的指向问题，其方式之一是让学生寻找他们认为的教学中有趣的地方。虽然大多数教学内容是由课程标准确定的，但学生可以就如何学起来有趣及用什么方法学发表自己的看法。

2. 与学生一起检验初拟的指向问题，以确保选定的指向问题明确易懂。

对教师

1. 考虑将选定的指向问题贴在教室墙上，以便学生随时都可看到。

2. 经常提及选定的指向问题，使学生有许多机会组织自己的答案。

3. 一有可能就要和同事共同完善和深化拟定的指向问题。

对教学辅导员

1. 使用书中的指向问题核查表，与教师共同创建指向问题。

2. 努力站在学生的角度来审视指向问题，评述指向问题。

3. 向学生展现指向问题，以便弄清这些问题对学生来说是否清晰和有趣。

对校长

1. 考虑和学区负责人一起提倡，经常召开全学区教授同一门课程的教师大会，以便赴会教师共同拟定教学单元的指向问题。

2. 给予本校教师与同行拟定指向问题的时间。

行有所思

管理人员到教师的课堂去听课时，应该努力寻找与下面两个问题有关的证据：

教师对这个教学单元有没有制订教学计划？

教师是否说明这次课与教学单元计划之间的必然联系？

威金斯和麦克泰伊曾建议要向学生询问以下问题来弄清教学计划对学生的学习有何影响。校长、教学辅导员、教师可在计划中的学习过半时向学生询问这些问题，任课教师也可让学生填写带有这些问题的退场券，从而弄清学生怎样认识自己的学习：

你正在学什么？

为何学这项内容？

为何要你学这项内容？

学这项内容今后对你有何帮助？

这项内容和你以前所学的内容有何关联？

你如何表明你已学会这项内容？（p.7）

小　结

1. 教师创建指向问题，常能促进学生的学习。因要创建指向问题，教师必须精心备课，正确地强调必学内容；突出学习而非花哨的活动；设立师生共同奋力实现的学习目标；有利于因人制宜地进行差异化教学。

2. 计划教学内含一个矛盾，一方面，教师需要预先制订详细的教学计划，另一方面，教师也需要随机应变地调整教学计划。

3. 创建有效的指向问题，需考虑：（1）遵循课程标准；（2）认准学生必学的知识、技能和大思想；（3）体现所学的重要性；（4）体现所学的切实性；（5）使用恰当的字眼；（6）易于理解；（7）辨识可用的学习策略；（8）辨识可用的技术手段；（9）辨识可用的沟通技能。

拓展阅读

Keith Lenz and others' *Course Organizer Routine* (2004), *Unit Organizer Routine* (1994), *Lesson Organizer Routine* (1993),*Teaching Content to All: Evidence-Based Inclusive Practices in Middle and Secondary Schools* (2003).

Grant Wiggins And Jay McTighe's *Understanding by Design* (2005).

Lynn Erickson's *Concept-Based Curriculum and Instruction for the Thinking Classroom* (2007).

Ann Reeves's (2011) *Where Great Teaching Begins: Planning for Student Thinking and Learning* (2011).

Moss and Brookhart's *Learning Targets: Helping Students Aim for Understanding in Today's Lesson* (2012).

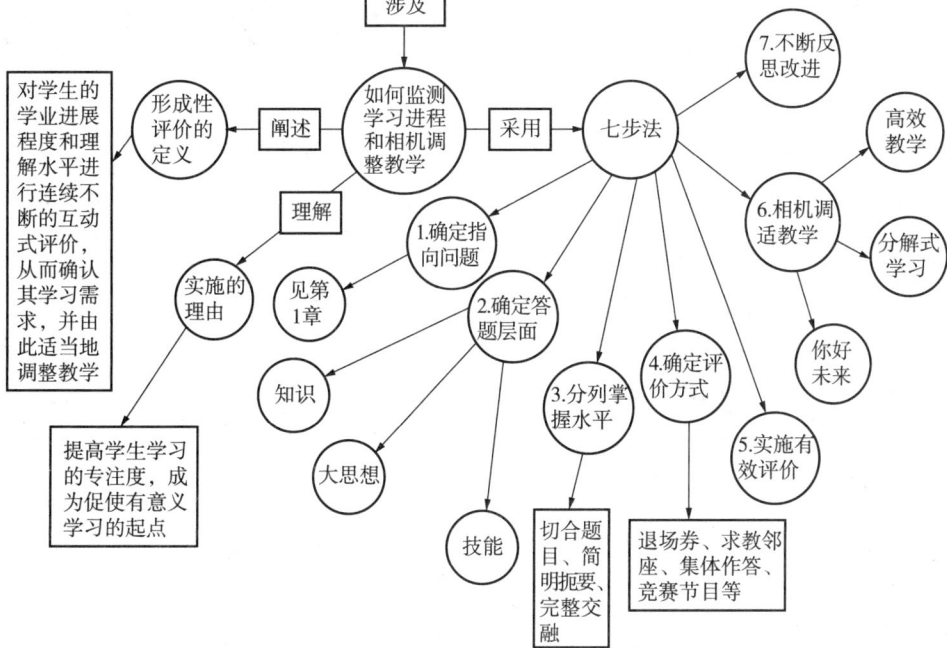

```
                    ┌─────────────────────┐
                    │ 第2章  形成性评价    │
                    └─────────────────────┘
                              │
                         ┌────────┐
                         │  涉及  │
                         └────────┘
                              ↓
┌──────────┐  ┌──────┐  ┌────────┐  ┌──────┐  ┌──────┐
│对学生的  │  │形成性│  │ 阐述 │  │如何监测│ │ 采用 │  │七步法│
│学业进展  │←─│评价的│←─│      │←─│学习进程│→│      │→ └──────┘
│程度和理  │  │ 定义 │  └──────┘  │和相机调│ └──────┘
│解水平进  │  └──────┘            │整教学  │
│行连续不  │                      └────────┘
│断的互动  │           ┌──────┐
│式评价，  │           │ 理解 │
│从而确认  │           └──────┘
│其学习需  │   实施的
│求，并由  │←  理由
│此适当地  │
│调整教学  │
└──────────┘
```

- 第2章　形成性评价
- 涉及
- 如何监测学习进程和相机调整教学
- 阐述 → 形成性评价的定义 → 对学生的学业进展程度和理解水平进行连续不断的互动式评价，从而确认其学习需求，并由此适当地调整教学
- 理解 → 实施的理由 → 提高学生学习的专注度，成为促使有意义学习的起点
- 采用 → 七步法

七步法：
- 1.确定指向问题 → 见第1章
- 2.确定答题层面 → 知识、大思想、技能
- 3.分列掌握水平 → 切合题目、简明扼要、完整交融
- 4.确定评价方式 → 退场券、求教邻座、集体作答、竞赛节目等
- 5.实施有效评价
- 6.相机调适教学 → 高效教学、分解式学习、你好未来
- 7.不断反思改进

> 不要对我抱怨说孩子不想学，有时，孩子不想学的只是大人非要他们学的东西……不过一旦他们尝到学习的甜头，就越学越想学……我们得找到一个使孩子学而不厌的办法。
>
> ——理查德·斯蒂金斯（Richard Stiggins）

在作比弗敦学区教学辅导这个课题研究时，我们和参与其中的教学辅导员常常探讨相关的问题，教学辅导员米歇尔·哈里斯（Michelle Harris）总爱谈及与她合作的教六年级科学和数学的教师萨拉·兰顿（Sarah Langton）。米歇尔会绘声绘色地描述萨拉上课时所营造的好学向上的氛围，讲到萨拉如何润物细无声地感染学生。米歇尔说，萨拉是一位能不着痕迹地将课堂教学紧密衔接的教师。例如，在让学生参与一项合作学习活动之前，萨拉先教学生不要"先入为主"，然后示例演示，再叫学生做相关的场景练习，这样学生在整个活动中就乐意听取意见，积极配合。米歇尔说："萨拉的提问技巧超过我所见到的其他教师，与萨拉合作使我获益良多。"

"萨拉非常非常关心学生，尤其是对那些学习上有磕磕绊绊的孩子，她是真心实意地想帮助他们。"或许就是因为丢不下对学生的万般牵挂，米歇尔解释说，萨拉才"如饥似渴地寻求各式各样的教学（新）方法"。萨拉看重与教学辅导员合作的机会，力图在教学上更上一层楼。对于像萨拉这样教学艺术非凡的教师，教学辅导就是让她自己悟出精益求精的途径。

米歇尔录制了萨拉上课的过程，请萨拉观看自己的教学视频，从而找准她想通过教学辅导来改进的地方。萨拉当时教的是从未上过的一门新的科学课程，这使她倍感"焦虑"，因为她还没想好如何上每一节课，也不知学生对这门课的反应，而且上这门课的学生的构成也带来挑战。米歇尔说："上课的孩子有 26 个，英语水平有高有低，有的是刚学英语，有的得参加个别化教学计划，有的阅读能力不低于高中毕业生。"

萨拉和米歇尔先分别看视频，然后再共同协商确定教学辅导的目标。米歇尔说："一经讨论就很清楚了，要改进教学她要的是形成性评价——她需要知道学生的学习现状。"

萨拉教这门科学新课程前设定了宏大的学习目标，但这些目标写得并不有利于学生的日常学习，非常宽泛，对确定每节课或每个单元学生必学什么根本起不到指导作用。于是萨拉和米歇尔决定，要周密地分解每一个学习目标，精确地规定每天学生必学的内容，并创建简易的"理解"考察方法以了解学生是否掌握了相关的知识、技能和大思想。她俩商定采用如下所述的退场券作为非正式评价方式，并按萨拉的主意将学生评价结果评为三个等级：优，良，中。

萨拉搜集学生非正式评价信息的第一天就发现有五名学生未能掌握学习内容，米歇尔说："萨拉一下子就为此犯愁揪心起来"，她不断地问我："我该怎么办？我要为这五个孩子做什么？"

萨拉和米歇尔协商后决定，萨拉可以向全体学生形象地说明对教学内容的透彻理解是什么样子，具体做法就是讨论某些被评为"优"的学生的答卷。萨拉用实物投影仪展示了某些学生的答卷（盖住作答学生的姓名），然后询问学生得"优"的答卷具备什么样的特点："你觉得这份答卷有何值得你留意的地方？为什么这是一份得'优'的答卷？"

对高质量作业的讨论有益于所有学生，米歇尔说："先是有一些学生得优，随之有许多学生得优……最终百分之百的学生都能得优，整体成绩的提高往往源自这些讨论。"

萨拉曾用形成性评价来弄清学生是否掌握了学习内容，曾用学生的回答得失来作为制订教学计划的基础，从而使学生更易获得学业的成功。学习评价帮助萨拉认识到，还可找到更好的途径来确保学生掌握所学的内容，并指引她，用米歇尔的话说："更深刻地思考教学内容。"

米歇尔说："如果教师对学生学得怎样不摸底，他们就只是徒具形式地教，如果教师对学生要学什么不摸底，他们就只能照本宣科地教。"萨拉用学习评价作为其日常教学的常规，就时时刻刻对学生学得怎样、学到多少心中有数。现在，萨拉上每节课前，都会"坐下来潜心琢磨，我这节课要达到什么具体的教学目标，怎样确切地知道学生学到了什么"。米歇尔说："萨拉也给孩子让她知道他们每天学得怎样、学到什么的机会。"

学习评价之定义

萨拉践行的几点质朴的想法恰好对应形成性评价的基本成分：（1）教师知晓学生学得怎样；（2）教师确保学生知晓自己学得怎样；（3）教师使用从评价中所获资料改进教学以确保学生掌握学习内容。形成性评价现有数个定义，因我认为经合组织（OECD）的所述言简意赅，故此采纳，即形成性评价是"对学生的学业进展程度和理解水平进行连续不断的互动式评价，从而确认其学习需求，并由此适当地调整教学"（Looney，2005，引自Wiliam，2001，p.38）。

那么，形成性评价可看作是教师用以明确他们要教什么并且判定学生对所授学得怎样的各种策略。教师将从分析形成性评价结果得到的看法作为调整教学的基础，找到使学生学会所教内容的最佳方式。另外，形成性评价亦是师生双方监测学生学业精熟程度的一种方法。

为何使用形成性评价？

我们只要看看孩子如何玩电子游戏，也就大体了解了形成性评价的重要作用。正如大多数家长所说，孩子一逮到玩电子游戏的机会，玩到深更半夜还不舍得放手。孩子（还有许多成人）虽说是在"玩"游戏，但聚精会神的专注度可谓百分之百，而这就是地地道道的"从做中学"。

为何人们如此痴迷于电子游戏？当《酣畅淋漓：极乐体验心理学》（*Flow：The Psychology of Optimal Experience*，1990）的作者米哈利（Mihaly Csikszentmihalyi）来堪大学习研究中心与我们讨论他的"快乐"研究时，我领悟出其中的缘由。

米哈利在来访期间曾解释说，快乐的关键在于是否能引发学生全部身心的专注，当一个人物我两忘地沉浸于一项活动中，就会感到更加愉悦欢快，也就更加全力以赴——由此产生了一种极乐体验。他进一步阐述道，那些引人入胜的活动——他所指的"极乐体验"——通常具有同样的结构性要素。择要言之，"极乐体验"源自对人们原有的技艺水平提出了恰如其分的挑战。令人爱不释手的活动既不能太难，否则令人沮丧；也能不太易，否则令人厌烦，让人跃跃欲试的最佳点处在比原有的技艺水平略胜一筹的位置。

他还说，"极乐体验"也来自以目标指向并随时全面反映接近目标实情的活动。例如，人们之所以乐于玩高尔夫球或电子游戏，就因为这些活动对人们原有的技艺水平提出了恰当的挑战，并能为人们提供了解接近目标实情的即时反馈。

为何人们对电子游戏不忍罢手？根据米哈利的研究，主要原因是电子游戏都设置了明确目标，也使玩家获取反映他们逼近目标实情的明确反馈。玩家随时随刻都确切地知道自己想要做什么，因为他当前得到的分数确切地表明了离目标的远近。玩家对电子游戏乐此不疲，还有一个同等重要的原因，即在于电子游戏的构造方式。大多数电子游戏按难度序列分成若干级别，第一级最容易，随后难度逐级提高，这种多级结构可确保玩家总是在最适宜自己的难度上玩游戏——稍稍高出自己当前的技艺水平。

如果一款电子游戏既无明确的目标，也无明确的计分，还在玩家已掌握的难度级别上一成不变，即不必迎接更难一点的挑战，那么，这款游戏的"引人入胜"从何谈起呢？这样的游戏很快就会被玩家弃之不顾，因为玩起来没劲无聊。对许多学生来说，上学岂非正像玩这种枯燥无味的游戏？学习上既无明确的目标，也少有对学业进展的反馈，还总是维持同样的难度水平。

采用形成性评价有利于教师大幅度提高学生对学习的专注度。因为，形成性评价就是这么一种方法，若用此法，教师就要阐明学习目标，经常给学生提供反映其接近目标实情的确切反馈机会，并据此不断调整学生的学习难度，使之常常处在因人制宜的挑战水平上。形成性评价虽说不可能将上课学习变成玩电子游戏，但确实可让教师采用游戏设计者维持玩家专注度的同样策略。

米哈利关于"快乐"的见解，恰恰就是斯蒂金斯论及评价何以激发学生学习积极性的看法。斯蒂金斯博士是美国形成性评价方面的顶级专家，专题论述等身，其中包括堪称经典的专著《导论：学生参与的学习评价》(*An Introduction to Student-Involved Assessment for Learning*, 6th Edition, 2011)。在俄勒冈州波特兰市评价训练学院，我曾向他当面求教。他说的和米哈利不谋而合："我们如果不能使学生坚信，学习目标通过加把劲是可实现的，学生就会打退堂鼓……若反馈只是显示我没实现目标，那会使我得出我没有能力实现目标的推论，既然无能为力，那就干脆放弃，不再努力。……我要做的就是设法使学生坚信努力的价值，坚信一份努力一份成功。如果我不能使学生有这样的信念，帮助学生就无从谈起。"

斯蒂金斯的这番话或许还指出了采用形成性评价的一个更为重要的理由：它能增强学生"我行"的自信心。如果学生能每天得到反映自身学习进步的反馈，并从中看到这种进步的确切证据，他们就更有信心来完成学校的各项学习任务。进步振奋人心，因为给人希望。

哈佛大学研究人员阿玛拜尔和克拉默（Teresa Amabile and Steven Kramer）发现，工作的进步是人们形成如两人所说的"视工作为命脉"的态度，并是维持长期工作绩效的最重要因素。两人曾主持一项较大规模的定性研究，涉及"三个行业和七个公司中26个项目组的238人"（2011, p.5），得出如下的结论：

> 工作的进步会触发人们的诸如满意、高兴甚至欢欣等积极情绪，使人们树立成就感和自信心，形成对本职工作甚或工作单位的正面看法。这样的想法和感知（伴以积极情绪）会使人们干劲十足、全神贯注地做事，而这是不断取得出色工作业绩的关键。（p.68）

阿玛拜尔和克拉默将人们不断体验到成功，甚至"小胜"称为"渐进原理"，该原理也可被用于上学的儿童身上。如果学生每天都获取"小胜"，确实看到证明自己点滴进步的证据，就会更积极主动地迎接难度更大的学习挑战。

斯蒂金斯在《学生参与的学习评价》中也持同样见解：

> 如果要使学生相信自己，他们首先要体验到某种可信的（可认可的）学业成功，成功的大小通过真实而严谨的学习评价结果反映出来。小小的成功能成为点燃学生自信

心的星星之火，从而激励学生更加努力。如果这种努力带来更大的成功，学生在学习上的自我形象就开始朝积极乐观的方向转变。我们的目标就是要加固这种良性循环……只要学生形成正面的自我形象，他们终归能够不畏失败而赢得巨大的成功。（p.45）

形成性评价可带来多重好处：其一，利用了"引人入胜"的技巧，妥帖地设置目标与反馈、难度与技能，可以显著地提高学生对学习的专注度；其二，遵循了人们经历多次小胜就会更加努力的渐进原则，可以激发学生力求学业成功的积极性；其三，让教师看到自己学生的学业进步，由此对教师也可起到巨大的激励作用。

萨拉看到学生取得的良好成绩，尤其是看到以前与"成功"无缘的学生也表现不俗，感到特别高兴，她从中同样得到鼓舞自己的力量。她的教学辅导员米歇尔说，虽然萨拉一直就是能干的教师，形成性评价还是促使她不断改进教学："相信自己的教学能力和了解孩子实际学到什么，两者并不是一回事。萨拉深知这一点，另外对自己的能力更有信心，因为她知道自己的学生确实学有所成。萨拉想让每个人都突飞猛进，她是一个不断进取的学习者，她的学生同样如此。"

为了实施促进学习的评价，米歇尔指导萨拉采用一种高效教学七步法，每个步骤的详情可见下文。

确定指向问题

推行高效教学计划，通常以确定指向问题（参见第 1 章）为开端。据我的经验，许多教师首先要弄清教什么，才能确定评什么，为此教师需要采用第 1 章所述的策略来创建教学单元的指向问题。

以问题而非评价为起点，这与许多人的倡议截然相反。他们认为应以评价为先导，其思路是：如果不先知道评价什么，又怎能提出清晰明确的问题呢？我认为，有些教师这样做确实奏效，那就大可照此而行。我的建议是，推行高效教学计划的起点，应以任课教师觉得最顺理成章的地方为宜，但必须从三要素中择其一为执行高效教学计划的开端。每个要素（指向选题、形成性评价或学习导图）都会促使其他两个因素去粗取精，从而确保单元教学计划周全地涵盖学生必学的知识、技能和大思想。

确定答题层面

一旦确定了指向问题，教师要揭示这些问题的答案。如何揭示答案有多种方法，教师大都是按某种教学目标分类学中的认知层面写出详尽全面的答案，或是按布卢姆的分类（Bloom，1956）——知识，理解，应用，分析，综合；或是按安德森等对布卢姆的修正性分类（Anderson，2001）——记忆，理解，应用，分析，评价，创造；或是按马扎诺的分类（Marzano，2001）——知识，梳理，应用，综合，分析，生成，当然还可依据一些其他的分类。

教师在思忖如何写一个词时，对其属于何种认知层面也有多种想法，伦兹（Lenz，2004）提出了一种实用的简化分类法：

> 多年来我们在与教师的交谈中发现，他们觉得，布卢姆划分的六个层面重复交叉太多，用起来繁杂琐碎，因此我们将认知目标分类调整为习得、操控、概括这三个层面。习得对应于布卢姆的知识与理解，操控对应于应用、分析与综合，概括对应于评价。（p.57）

参与堪萨斯教学辅导项目研究的教学辅导员、教师和其他教育工作者则采用前面第2章介绍的三个层面，即知识、技能和大思想。正如埃里克森（Lynn Erickson）在《面向思考型课堂的概念本位课程与教学》（*Concept-Based Curriculum and Instruction for the Thinking Classroom*，2007）中所说，教学必须针对认知的这三种层面，因为学习必然涉及学生必须学习的知识、必须掌握的用以完成学习任务的技能、必须明了的学习中的主题、概念、模型以及"豁然贯通"的主线。

教师是否采用布卢姆、安德森、马扎诺、伦兹的分类，全凭个人或团队决定。但无论如何，教师必须依据某种认知分类的层面框架来提供每个指向问题的答案。如果教师都不能清晰地解答自己的问题，其教学就会缺乏重点，使教学在旁枝末节上浪费学习时间。另外，教师在回答问题时，也可确保自己的问题确实是可回答的。我在指导教师解答自己的问题时，常常看到教师会发现自己创建的问题——因为没有明确地指向必学的内容——根本无法解答。

为避免陷入这种困境，我建议教师以"纲要"的形式解答每个问题。这一方式既可为教学单元及其各堂课标出教学重点，也为第三步——分列掌握水平——设置一个起点。如何解答指向问题可见表2.1。

表2.1　解答指向问题的示例

指向问题		怎样才能识别一个句子中的主语与动词
解答的层面	知识	学生必须知道主语与动词的定义。
	技能	学生必须能够找出主语与动词。
	理解	学生必须理解（1）文从字顺必将使他们在生活中获得许多想要的东西；（2）识别主语和动词对于编辑、探究正确的写作，并确保清晰、正确的写作有重要意义。

分列掌握水平

解答所有指向问题后，接下来教师要确定评价答案时涉及的各个成分，这些成分我称之为"具体掌握水平"，其形式是以明确的措辞指向学生必学的知识、技能和大思想的句子，每个具体的掌握水平亦表示一个可单独评价的项目。

教师概括地阐明学生必学的知识、技能和大思想后，就应该写出简明扼要的句子来说明解答指向问题时的每个成分（参见表 2.2），即要分列有关的具体的掌握水平。完整地列出各项具体的掌握水平也就形成了指向问题的完整答案。

表 2.2 "具体掌握水平"核查表

具体掌握水平要	✓
切题……从某一侧面回答了指向问题	
鲜明……包含某种明确的看法	
完整……写出完整的句子	
简短……尽可能言简意赅	
易懂……让学生一目了然	
交融……与所有其他各项掌握水平共同构成对问题的完整答案	

通过审视"怎样才能识别一个句子中的主语与动词"这一问题的各种答案，可以加深对"具体掌握水平"的理解。

这一问题的每种答案都包含着各项具体的掌握水平，当教师对各项掌握水平胸有成竹时，就确切地知道要教授什么，要评价什么。

第一种答案涉及知识，即学生应该必知的主语和动词的定义，包括以下具体的掌握水平：

1. 主语是表明句子在谈什么的名词。
2. 名词是指某人、某处、某事或某种思想、某种性质的单词。
3. 动词表示某种心理活动、肢体动作或某种状态。
4. 状态动词常被称为连系动词，包括动词 "to be" 的各种形式：am, is, are, was, were, been, being 以及 become。
5. 状态动词不表示动作。

第二种答案涉及技能，即学生应该必会的找到主语和动词的各项技能，包括以下具体的掌握水平，其可表述为：

找到句中的主语和动词，学生有必要——

    1. 首先找出句中的动词。

    2. 然后查看与动词相关的是"谁"或"什么"，从而找出主语。

第三种答案涉及大思想，即文从字顺能使学生在人生中获得很多想要的东西；识别主语和动词对于编辑、探究正确的写作，并确保清晰、正确的写作有重要意义，有以下具体的掌握水平：

    1. 一旦明确自己想要什么，就更可能得到什么。

    2. 明了主语和动词的概念非常重要，凭此可理解句子结构、完型句子、标点符号使用、主谓一致等句法规范。

    3. 主动语态是将句中的主语置于动词之前，明确地表明做什么的主体。

    4. 被动语态是将句中的动词置于主语之前，通常不明确地表明做什么的主体。

通过列出各项具体的掌握水平，可以加深教师对其必教内容的理解，也促使教师不断地修正自己的指向问题和学习导图。一旦列出各项掌握水平，既为教师的教学计划提供了清晰的主线，也为学生学习设置了明确的目标。另外，每项掌握水平亦为下面谈到的评价确定了重点。

确定评价方式

坚决拥护形成性评价的人常以各种不相同的形式讲下面的笑话：有位母亲回家后看到丈夫和儿子在前院，儿子坐在地上，身旁有一辆崭新的自行车。母亲问："你俩今天在干什么？"父亲抬头笑着说："我教艾赛亚骑自行车。""哦，艾赛亚，"母亲问，"那你怎么不骑车呢？""哎，我教了，"父亲答道，"可他没学会。"

当教师对其所教有关的掌握水平心中无数，也就搞不清楚自己的学生到底学得怎样，冒的风险有点像闹笑话的父亲："我教了，可他没学会。"对此改进的方法是用各项具体的掌握水平来确定有关的知识、技能和大思想，评价学生达到掌握水平的高低，如有必要，调整教学以确保学生精通所学内容。

为此，教师可针对每项具体掌握水平确定合适的评价方式，表格（表2.3）显示出一个如何组织评价的思路。

表 2.3　掌握水平评价表格

1. 指向问题	
2. 具体掌握水平	3. 评价方式

利用该表格，教师在第一部分写出某个指向问题，在第二部分列出有关的各项掌握水平，在第三部分列出针对每个具体掌握水平的评价方式，以考查学生是否达到了每个掌握水平。评价学生学习的方法多种多样，检测学生是否学有所得的常用"学懂检查"有以下几种方法。

退场券。教师在上课时安排学生可在下课前完成的费时短的作业，通常学生将作业写在纸条或卡片上，下课时将其交给教师，就像要在影院门口交入场券一样。作业可以是一项书写任务，或是要学生简答的一个问题，有些教师把退场券用作每次下课的常规。教师可以布置不限时完成的作业，如"关于这个专题，就你们所知能写多少就写多少，直到听到下课铃"，这样能确保学生上课时始终全神贯注于学习。

白板。教师向学生提出问题或布置作业，要求学生把自己的回答写在白板上，然后让所有学生同时高举白板。如果发现有相互矛盾的回答，教师就可因势利导，如说："看来我们这儿有不同的意见，那就讨论一下，看能否得出共识"，借机开展一场澄清是非的课堂讨论。

回应卡。教师使用回应卡的方式类似使用白板，回应卡可以是一面写着"是"另一面写着"否"的索引卡片，也可以是画着交通信号灯的图片，红灯表示"否"，即"我不懂"，黄灯表示"我拿不准"，绿灯表示"是"，即"我懂了"。教师可以向学生分发表示同样意思的红色、黄色、绿色的索引卡片，也可以创建表示其他意思的卡片。上课时学生可针对老师提出的问题举起回应卡，来表示自己的理解程度。

点击器。不少公司出售各种可"点击"的电子产品，便于学生即刻回答问题并把答案直接送进教师的电脑里。使用这样的点击器，教师可以立刻发现学生答案的对错，也可以通过投影仪或智能显示板展现学生的各种答案。

翘拇指、垂拇指、摇拇指。如果教师没有智能显示板或点击器，不妨因袭老办法让学生用其拇指。教师应该先向学生讲明：翘拇指表示"我懂了或赞同"，垂拇指表示"我不懂或不赞同"，而将翘起的拇指横向地来回摇动则表示"我拿不准"。

求教邻座。学生完成一项学习任务后，教师可要求他们与邻座的学生对照答案，看看这些答案是否一致。如果一致，学生就"翘拇指"，如果不一致，学生则"垂拇指"。这个简便的方法有助于教师清楚地知道学生学得怎样。

释义转述。教师要求学生口述刚学过的内容，但用的词语不能是学习时所听到的和读到的，教师用此法可以评价学生对所学内容的理解程度。

集体作答。教师将学生分成若干小组，分组时要遵循本书第7章谈合作学习的各种理念，用集体作答可以检测各组学生对所学内容的理解程度。教师给各组安排的作业，可以是一个要完成的任务、一个要回答的问题、一个要记住的术语或其他作业。教师应该先讲明，小组中每个人的学习责任是"我为人人，人人为我"，对小组任何一个成员的检测评判，就是对全组的检测评判。这样，组内的所有学生都有必要确保组内的每一个人都熟悉学习内容。

思考—结对—分享。教师给结为对子的学生布置一个先要个人独立完成的相同作业，然后让他们将完成的作业相互对比，辨别其中的异同之处。有时候，教师会促使学生参考搭档的解答来修订自己的答案，然后全班传看各个搭档的答案。关于这种学习结构，详见本书第7章内容。

随机提问。先告诉全体学生准备回答问题（开放式问题或封闭式问题），然后对所有学生或针对某一类学生（如按"高水平者""一般水平者"和"低水平者"）随机提问。一些教师可以说："我要点那些看来对此最无兴趣的学生回答问题"，一些教师可以从棕色包里掏出写有学生姓名的纸片，或将学生姓名写在冰棍棒上随机抽出。教师用提问检测学生对学习内容的理解程度，可采用本书第7章所述的各种提问技巧。

烫手山芋。教师先向某个学生提问以检测其对学习内容的理解程度，如果答对了，这个学生可向另一个学生提出另一个问题，提问的学生必须知道该问题的正确答案，从而可以判断答题学生的对错。有时由学生挑选答题者，有时由教师挑选答题者。

举行"球赛"。教师负责将全班学生分成两个"球队"，如绿队和蓝队，学生进哪个球队，或由学生自选，或由教师指派。在提问前，教师在白板上画出一个（足球、冰球或篮球）球场，并说球赛就要开始，并在球场中间画出一只球。

球赛的规则很简单，如果某队答对一个题，教师就擦掉原来的球，再画出一只靠近对方防区的球，如果某队队员答错一个题，那么画出的球就移向自己的防区，如果球画入某队防区，那就是该队答错了而对方答对了，表示对方"进篮"或"进门"得分。教师也可按上面所说的"烫手山芋"的程序来举办"球赛"。

示意图形。在本书第 3 章我谈到学生可以画出各种示意图形来勾勒或显明自己学到的知识、技能和大思想。教师可让学生创建由斯坎伦（David Scanlon，2004）所述的描述图、序列图、问题解决图、对比图等，凭此能恰当地检测学生对学习内容的理解程度，因为在大多数情况下，学生不理解学习内容，也就画不出正确的图形。

书写作业。可以用多种书写作业来检测学生对学习内容的理解程度，如让学生写一篇读后感、写出几个句子简答一个问题、给某作家写信、写一份投诉书、编写小故事来说明一个已学的概念等等。在马里兰州，所有的学生都要写创意简答（Brief Constructed Responses/BCRs）来表明自己已学的知识和认知水平。

竞赛节目。教师对电视上的热门竞赛节目稍加改编就可使用，如《危机重重》《谁想成为百万富豪》《幸运大轮盘》《家族世仇》等。教师将全班分成若干竞赛小队，让每个队在竞赛前先观看有关节目。

漫游"画廊"。正如本书第 7 章所说，在实施合作学习时要将学生先分成各个小组。各个小组的学生在海图纸上绘制出海报，这样便于在教室里排列展示。海报应表明该组学生已学到的知识，如海报上可以列出几个要点，再配上一幅画、一个隐喻或一个示意图。各小组创建海报后，再将学生重新分组，新组成员中必须包括一个原先绘制某份海报那组的学生。然后让各小组在教室里巡回，依次观看每份海报，由新组中创建海报的学生向其他学生解说海报中的内容。

四个角落。通过学生在教室内的走动，可以快速地验明他们是否了解某项知识，"四个角落"就是这么一种方法。教师问学生一个问题，然后要他们依据自己的答案走向教室内的某个角落。例如，教师出一道多项选择题，把四个角落分别划定为"A、B、C、D"。

上课铃作业。为促使学生做好上课准备，教师会在学生进教室时布置一项可短时间完成的任务。任务可以是一项书写作业，一道常识问答，一道学生可在学习日志上作答的问题，或其他形式的。教师有必要让学生明确地知道，上课铃一响，他们就要着手完成任务。教师可以给学生完成任务的充裕时间，然后收齐学生完成的作业，并就作业进行全班讨论。有些教师把上课铃作业当成每次上课前的定例。

小测验。教师常用多项选择、正误判断、填空、简答等题型来检测学生的学业表现，这些小测验可以结合上述的各种评价方法使用。

可用的评价方法不可胜数，至关紧要的是选对能精准地测评具体掌握水平的方法。此外，要使评价起作用，评价结果必须向师生双方清晰地显示出学生学得怎样的实况。最后，最合适的评价方法还要看是否使用方便，实施快捷（见表 2.4）。

表2.4 "优质评价"核查表

非正式评价	✓
清楚地向学生表明他们学得怎样	
清楚地向教师表明学生学得怎样	
使用方便	
实施快捷	

怎样利用上述的具体掌握水平评价表格来评测学生对学习内容的理解程度,对此要有进一步的了解,不妨再回到我们关于主语和动词的问题,表2.5就是针对这个问题——如何将表格填写完整的一个示例。

表2.5 掌握水平表格填写示例

1.指向问题	怎样才能识别句中的主语和动词?
2.具体掌握水平	3.评价方法
主语是表明句子谈什么的名词	上课铃作业和回应卡
动词是表明某种心理活动、肢体行为或某种状态	上课铃作业和回应卡
状态动词包括动词"to be"的各种形式,如 am, is, are, was, were, been, being, become。	退场券
找到主语和动词,学生必须先找到句中的动词,然后确定"谁"或"什么"与动词相联系,从而找到主语。	求教邻座

实施有效评价

形成性评价的确蕴含着多种好处,但只有实施起来真正起作用才有意义,教师可以采用一些具体措施来提高评价的实效性(见表2.6)。

表2.6 实施有效评价的核查表

实施有效评价,着眼于	✓
确保所有学生回答问题	
形成集体回答问题常规	
要求学生解说答题缘由	

实施有效评价，着眼于	✓
采用有效的提问技巧	
鼓励学生大胆回答问题	
看懂非语言表现	
营建从错中学的氛围	
绘制学生学业进程图	

确保所有学生回答问题。既然形成性评价的主要目的之一是获取准确清晰的学生学习现状，教师就要确保收集所有学生的相关资料。这一点，若学生使用某种纸笔形式的评价（如小测验或退场券）较易做到，但若采取让学生当堂回答的方式（如回应卡或白板）则较难做到。有鉴于此，在大多数情景下，下面谈到的策略就非常重要。

形成集体回答问题常规。所谓集体回答问题常规就是教师要求所有学生在课堂测试中每次回答问题时都采用统一的方式，如都用回应卡、白板或翘拇指。阿彻和休斯（Anita Archer and Charles Hughes，2011）建议，教师应先让学生知道倒数3、2、1后就要回答问题，然后给学生一个信号或一个手势，如将手往下一放。每个学生应在看见手势的同时一齐回答问题。

诸如此类的预制式教学并不适合每个教师，但适用于那些凡事都讲定例的教师。上面的答题常规有几点长处：其一，通过倒数，教师使处理信息慢的学生有更多的时间去思考自己的答案；其二，通过使所有学生一齐回答问题，学生难以偷瞥邻座同学的答案再做回答，既然每个学生都不是模仿其他同学做出回答，教师对所有学生知道与不知道什么的真实情况便一目了然；其三，使每个同学同时回答问题，教师可增强学生对学习的专注和努力程度。大家一起做某事，往往形成一种激励人人奋力而为的氛围，通过集体回答来检查对学习内容的理解程度，亦会产生一种在合唱或群舞等集体活动中所体验的那种让人人有劲拼命使的驱动力。大多数学生都乐于接受同时一齐回答问题这个主意。

要求学生解说答题缘由。当学生按其是否理解学习内容来答题时，往往会有各自不同的答案，这就提供了一个绝好的学习机会。学生中有了不同的答案，教师可以要求学生解释自己的回答从何而来。例如，教师可以说："看来我们这儿有了不同的回答，那么谁来说说为什么自己做出这样的回答？"一般说来，经过课堂讨论，学生不必从教师那得到指导就可相互纠正各自的误解，但有时教师则必须指导学生去深化正确的理解。

采用有效的提问技巧。本书第5章所述的所有提问策略都应该被加以采用，从而确保有效的形成性评价。因此，教师在提问和实施"学懂检查"时要当心不要泄露答案，当学生答错时，要采用联想启发策略（既要鼓励和肯定学生每一个答案的可取之处，也要求学生进一步澄清自己的答案或叫其他同学扩充或纠正某些答案）。

鼓励学生大胆回答问题。教师若想培育学生的某种行为，就需要对此给予不同寻常的关注，"学懂检查"给教师提供了许多机会可对学生的有益行为给予积极反馈和强化。积极反馈着眼于学生的努力而非智力，心理学和组织行为学的有关研究表明，积极反馈的效果至少比消极反馈高出五倍，关于此问题可详见本书第 13 章。

看懂学生的非语言信号。进行"学懂检查"的最简单的方法之一是注意学生的非语言信息。学生在答题时如果眉头紧锁、目光游移、抓耳挠腮、摇头晃脑等，则表明学生不理解当下的学习内容。如果学生频频点头、面含微笑、手舞足蹈（如在空中晃动拳头等）、坦然直视等，则表明学生理解学习内容。

非语言信号非常重要，因为可向教师提供确证和反证学生口头或书面答案的额外信息。如果教师看到学生答题时两眼熠熠发光，就会更加确信这个学生掌握了有关内容。如果非语言信号表明学生对所学茫然无知，这就提示教师需要给学生增加复习和练习的时间。不过，教师应该晓得，许多学生懂得如何做出取悦教师的行为，其中之一就是对所学不懂装懂。因此学生的非语言信号本身并不是足以评定其"理解"的充分证据，还应采用本章所述的"学懂检查"的其他方法。

营建从错中学的氛围。阿德勒（Alfred Adler）曾这样谈到人生中错误的重要性："不要怕犯错，犯错改错是学会人生的唯一门径！"阿德勒的话同样适用于课堂，真才实学大都源自于犯错和冒险。要采用本书第 9 章论及的各种方法，教师有必要营造使学生不怕犯错的氛围，使他们知道犯错是学习中必不可少的一环。

要营造从错中学的氛围，教师必须不断强化学生的自身努力，不断阐明冒险在学习中的重要性。另外，教师务必不要讥讽嘲笑那些答错的学生，因为错误的答案乃是真知灼见得以进入的窗户，爱因斯坦曾这样说："一个人，永不犯错亦永不创新。"

绘制学生学业进程图。便于学生监测自身学业进展的一个简单方法，是为他们绘制类似图 2.1 所示的表明其学业成绩的进程图。学生从进程图上可清楚地看到自己怎样取得节节拔高的学业成就，正如在电子游戏中获得的积分一样，由此可激励和鼓舞学生为学业的上进而做出锲而不舍的努力。

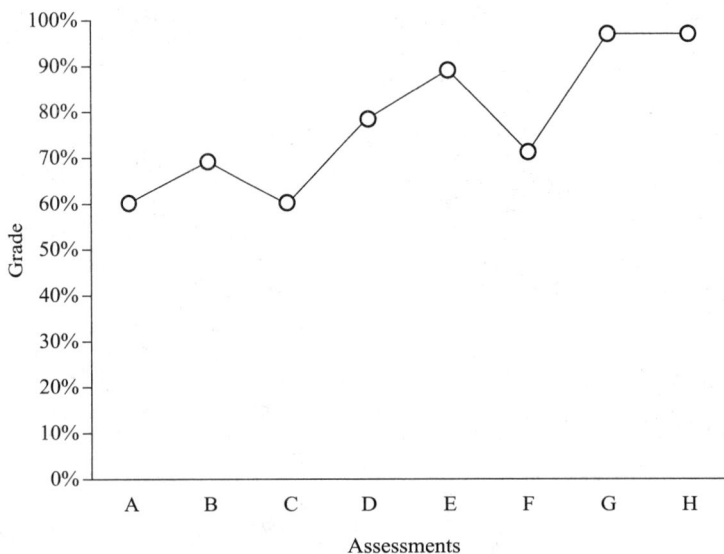

注：竖轴为"评价等级"，横轴为"评价次数"。

图 2.1　学业进程图

相机调适教学

当萨拉第一次看到对学生的形成性评价结果时，被她的教学辅导员米歇尔形容为"心烦意乱"，因为她不知如何帮助那些未学会所教内容的学生。或许采用形成性评价的教师面对的最大挑战就是：如果学生没学会，我该怎么办？值得庆幸的是，要促进学生的学习，教师其实有多种改进教学的措施。

高效施教策略。本书的第 4 章至第 8 章，阐述了教师可用来促使学生关注、掌握和运用学习内容的五种高效施教策略，每种策略亦可视为发挥独特作用的增强学习效果的方法。例如，选用故事可用来帮助学生掌握学习材料中的复杂概念或提供与之匹配的现实事例；促思提示可用来向学生提出须由自身动脑动手的解题过程方可获取真知的问题或提出有利于拓展和体味某项知识的问题；合作学习则可用来向学生提供与其他同学一起应用新知或从多种视野考察学习内容的机会。

其他高效施教策略亦可用来去开辟强化学生学习的各种途径。例如，真实学习可用来开展体验所学概念的具体活动；有效提问也可指引学生深入理解所学内容。当教师意欲提升学生的学习效果，应该最先考虑的是如何运用五大高效施教策略（促思提示、有效提问、选用故事、合作学习和真实学习）。不过除此之外，如何应用多种教学策略，也是值得斟酌的。

高效组团策略。如果理解核查表明学生学无所得，教师就该考虑如何应用本书第 9 章到第 14 章所述的团体建设策略来组建最体贴学生的团体。教师和教学辅导员可以共同合作去确定有效学习时间的量度或要求学生自报对学习的关注程度。如果学生对学习三心二意，那么改进学生学习的第一步就是确保各种教学方法都要用来提高学生的学习专注度，如何增加有效学习时间可见本书的有关论述。

教师也许想要得到一个均衡表扬或批评学生多少次的量度。正如本书第 13 章所阐明的，在课堂上往往得到这种令人啼笑皆非的结果：如果教师花大把时间去纠正学生的捣乱行为，教师对学生的注意（尽管意在制止学生的捣乱行为）实际上却在"怂恿"孩子们更加闹腾。许多学生念念不忘的就是如何吸引教师的注意，既然得到教师注意的唯一方法是调皮捣蛋，那就奋力地胡闹吧。

如何在课堂上与学生心意相通，教师最先要反思的是他们自己鼓励学生、联系学生的方式或在课堂上运用权力的方式（参见第 10 章）；其次要考虑的是他们是否清楚地表明了并一以贯之地强化了对学生的期望（参见第 12 章、第 13 章和第 14 章），是否真正地创建了最体贴学生的学习团体（参见第 9 章）。形成性评价是整个教学辅导过程的出发点，调适教学以满足学生的学习需要，既要有高效的施教策略，也要有如下所述的各种辅助性教学策略。

引入多重示范。对有些学生来说，要学有所成，需要教师对各种教学活动先行示范以供仿效，这其中包括"我来做"（由教师表明如何做某事）、"我们来做"（由师生共同做某事）、"你来做"（由学生独自做某事）等形式。阿拉巴马大学的研究人员埃利斯（Ed Ellis）认为在"你来做"之前需添加一个"你们来做"的环节，即学生独自做事前和一个搭档共同做某事（参见表 2.7）。

表 2.7　我来做、我们来做和你（你们）来做

我来做	✓
复习先前的学习内容	
说明今日的学习内容为何重要	
告诉学生他们需要做什么	
说出自己的教学思路	
解决学习中的相关问题	
采取各种攻克学习难点的方法	
纠正前次上课中产生的各种错误	

我们来做	✓
询问学生准备如何学习当下内容	
点出几名学生解说如何完成当下的学习任务	
要求学生说明自己的学习思路	
综合学生的答题答案（用联想与启发法）	
用表扬鼓励学生做出进一步的努力	
评价学生的理解程度（用回应卡等快速评价法）	
如有必要重新施教	

你（你们）来做	✓
让学生独自学习	
给予简要的启发式反馈	
给予及时的反馈	
若学生未掌握学习内容，分辨其产生的各类错误	
筹谋如何在下次上课中纠正各类错误	

　　教师经常采用"我来做、我们来做和你（你们）来做"这种教学手段，以确保学生娴熟地掌握完成相关学习任务的各种技能。采用这种手段应当予以重视的要点有三：一是教师要舍得花时间，务必亲身向学生确切地演示他们要学习的技能；二是教师务必领着所有学生一齐操练有关技能，以便确保每个学生知晓如何应用有关技能；最后，教师务必给学生独立完成学习任务的机会，并在其进程中适时给予反馈，从而确保学生切实掌握完成学习任务的有关技能。

　　细分教学内容。当"学懂检查"表明学生学会所教内容，教师可采用的调适措施是考虑将所含的知识、技能和大思想分解为较小的部分，以便于学生分别掌握各个部分。例如，正在教学生如何写出段落的语文教师，就可决定主要教如何写出主题句，而不涉及段落写作的所有事项，然后可决定先教授如何分辨主题句的各种类型，再分别教授如何写出各类主题句。

　　研讨学生课业。萨拉帮助学生更好地理解所学内容的主要做法，是向他们展示学生答题的各种答案。萨拉先用实物投影仪显示各种答案，然后要求学生讨论一份高水平的答案具备的特点。这个方法可用于各种学科教学，如在语文教学中，教师正在教学生关于写作中如何使用语态的知识，他们就可先向学生展示由学生写出的各种文本，然后要学生从中弄清何为有效使用语态的写作标准。

提供有效反馈。20多年前，克兰在学习中心主持过的一项开创性研究结果表明：一旦教师确定学生功课中各种犯错的类型，并对此给予详尽反馈和示例说明如何改错来推动学生进一步学习，学生就可获取更为丰厚的学习成果（Frank Kline，1991）。此后，不少人对反馈进行了一系列研究，从而不断扩大和深化我们对反馈的认识。

《教育领导》（*Educational Leadership*）学刊的最近一期（"反馈"，2012）总结了许多出色研究人员取得的研究成果，现在对我们了解"有效反馈"的特点颇有用处。

其一，许多人认为，有效反馈应朝向学生在意的目标。正如布鲁克哈特所说："如果学生不追求某种学习目标——或不知道或不在乎什么是学习目标，反馈就根本不起作用。"（Brookhart，p.28）；威金斯也写道，有效反馈要符合如下要求：一个人必须有目标，采取实现目标的行动，获取行动中与目标相联系的信息。（Wiggins，p.13）

其二，大家一致公认，有效反馈看重的是客观资料，而不是接受反馈学生的看法。威廉姆说："有效反馈……着眼于眼前的任务，而不是接受者的自尊。"（Dylan Wiliam，p.34）

其三，许多人认为，有效反馈在学生完成某项任务后应该尽早地发出，及时性非同小可。另外，正如尼科尔斯所说："挤出时间与学生一对一地讨论有关的课程、功课、学习上的长处与短处、难解之处和有趣之处等，这对顺利开展教学是非常划算的。"（T.Phillip Nichols，p.73）

其四，有效反馈如威金斯所说是可操控的："有效反馈是具体的、明确的、实用的，可以提供可操控的信息。"（p.14）

另外，有效反馈应该易于理解（Wiggins），有明确的标准（Brookhart），聚焦于最重要的信息（Chappuis），关注学生易犯的错误类型（Fisher & Frye），促使学生独立思考（Chappuis），指引学生清楚地看到今后改进学习所应采取的步骤（Brookhart）。

不断反思改进

在教学单元的授课过程中，教师应该不时地静下心来思考该用什么样的指向问题、具体的掌握水平和评价方式。经常思考以下六大问题有助于教师看清自己进行的形成性评价中哪些是有效的，哪些是无效的。

我的指向问题是否对准了关键的学习内容和课程标准？

授课时若不能针对州级核心课程共同标准所规定的知识、技能和大思想，学生就难以为其后阶段的学习做好准备。此外，若不遵循课程标准，学生的学习成果亦难以通过测量学业成功的外部指标（如标准化测验分数）反映出来。因此，教师应该考虑如何提炼教学单元中的指向问题以便对准其必教的内容。简言之，教师扪心自问的首要问题是，是否教对了必教的内容，是否有必要调整指向问题以确保聚焦最重要的学习内容。

我为使指向问题更加有效是否可以适时改变指向问题？

第 1 章列出的创建有效指向问题的核查表中提出了创建有效问题的若干建议，教师在初次酝酿指向问题时应该参照这些建议，不过在某一单元教学结束时，也应该审视原先提出的问题以发现是否有可改进之处。教师应该考虑这些问题是否针对了该单元中所有必学的知识、技能和大思想，是否促使更多的学生关注自己如何更好地学习，关注如何使用技术提高学习成效。教师还应考虑这些问题是否有助于学生看清该单元的学习内容有何现实意义，如何与现实生活相联系。

我采用的评价方式是否测准了该评的事项？

教师必须确保他们的评价手段确实测量了意欲测量的东西。例如，要求学生举起红色、黄色或绿色回应卡来表示他们是否懂得分数乘法，这和要求学生实际解答分数乘法题不是一回事。与此类似，要求学生写下死记硬背的关于主语和动词的定义，也不意味着学生就能真正地分辨主语和动词。

学习评价中要评价态度、觉知、知识深度、知识应用，需考虑的一个常见问题是要评价什么就用评价什么的方法。如果教师要评价态度，他们就要设法确定学生对学习内容的想法，而不是学生是否熟悉学习内容。要学生回答"是否有信心掌握学习内容"这个问题可获取关于学生态度的有用信息，但凭此信息教师并不能了解学生是否熟悉了已教的内容。

弄清学生对知晓学习内容的迫切性同样有利于改进学习评价方式，教师尤其要考虑学生是想透彻全面地掌握有关知识，还是只是想知道如何获取知识的途径。当今，互联网和其他地方提供了五花八门的海量信息，或许对学生来说，会找信息比会记信息更重要。因此，选择的评价方法，也有必要反映出这种区别。

另外，任何一位教师都会告诉你，学生记住某种知识并不意味着可以运用该知识。如果教师确实想要弄清学生是否可以学以致用，那就应该创建和采用可测量学生是否能够应用所学的评价方式。

我是否能够监测所有学生的学业进展情况？

实行的形成性评价是否有效，应该看是否惠及所有学生。教师必须考虑他们的评价方式是否可获取涉及全体学生的资料，这一点在用提问做"学懂检查"时尤其不可掉以轻心。因为少数学生提供的几个正确答案易于给人错误影响：所有学生都熟悉了所学内容。有效的评价结果描绘的是所有学生学习进展的全貌，而不只是几个学生的学习状况。

我的学生是否清楚地知道自己的学习进步情况？

形成性评价是教师必不可少的教学利器，因为从中获取的资料可作为调整教学确保学生掌握所学内容的基础。不过同样重要的是，形成性评价结果亦可向学生表明他们的学习进步程度，阿玛拜尔和克拉默所说的"渐进原理"对在校学生的重要性起码不亚于在职成人。

如果教师感到学生并不清楚地知道自己的学习进步情况，就应该考虑是否增加评价的频率，以便学生随时得到有关的反馈。另外，教师还应促使学生自己绘制类似本章前面所述的"学业进程图"。

评价方式该不该融入好玩且有趣逗乐的成分？

埃里克森（Lynn Erickson）告诫我们并非所有的学习都"好玩"："我不反对学生在学习中体验到好玩，好玩毕竟是一块吸引孩子的磁石。我只想说自己的一得之见，即有些东西极为难学，与好玩毫不沾边，但同样有种叫人恋恋不舍的吸引力，一旦攻克难关弄懂弄通就会令人洋洋得意。"（p. ix）

不过，好玩仍然是一个值得追求的目标，因为好玩有利于增强学习中的专心、愉悦、内在动机和欢快——这些也都是要实现的有内在价值的目标。形成性评价用得有效，一定是有不少好玩的地方。如果学生用游戏表演来回答问题，通过画示意图、玩新奇的球赛来表明自己的学习所得，他们肯定是乐不可支。事实上，对任何学生来说，只要答对一道题就够乐半天了。

如果学生看起来并不喜欢当下的评价方式，如果要学生拿出白板会引来啧啧抱怨，教师就有必要思考如何调整现行的评价手段。一般说来，使学生"乐享"评价的最简易的方法是采用各不相同的"学懂检查"方式，并在使用时相机变换形式。如果教师轮流采用数种不同的评价方式，不断触发新颖别致的学习体验，学生就会兴高采烈地去上课，而正因其兴致勃勃，学起来就获益良多了。

化思为行

对学生

1. 让学生分辨和知晓优质学习，其做法之一可如萨拉那样向学生展示优质学习的范例，二可要学生解说高水平学习成果的特征。一旦学生积极主动地分辨"优质学习"，他们就很想要证明自己学习的质量。

2. 让学生分辨和知晓各种评价方法。向学生说明评价目的是确保每个学生都知晓自己学得怎样，请学生提出如何评价自己学习的建议。

3. 让学生评价各种评价方式，让学生以匿名方式来评判自己的学习进步情况，请学生提出如何改善评价手段以获取更多有用信息的建议。

对教师

1. 考虑采取一种"不留学习空当"的政策，就是说，对所教的内容，如果没有确定相关的具体掌握水平和评价方法，就不要去教。

2. 抽时间和其他教师，尤其是和教同一门课的教师合作，相互交流、相互学习各自的评价方法。

3. 下决心和教学辅导员合作，以便掌握和应用各种"学懂检查"。

4. 时时扪心自问："我对学生学得怎样清楚吗？我的每个学生对自己学得怎样清楚吗？"

对教学辅导员

1. 当与教师共同实施形成性评价时要充任"儿童代言人"的角色，既然作为儿童代言人，就要仔细考察评价过程的一切环节，以便发现有些不太清晰或令人糊涂的地方，发现后要请教师予以澄清。如果自己对评价过程有任何不清楚之处，一定要就此与教师进行沟通。

2. 使用自己的智能手机或数码相机实录教师上课时如何使用各种评价方式（如回应卡、垂拇指或翘拇指等），从而创建有关的视频库。当然，在实录或播放视频前一定要得到有关教师的许可。

3. 复制任课教师的"具体掌握水平表格"并保留其副本，将副本拿给其他教师审看，以便发现其他教师是如何解决评价问题的。

4. 找学生面谈，听取他们对形成性评价和学习的看法，请学生具体说说什么是学习的助力、什么是学习的阻力，谈谈他们所受到的各种评价方式有没有用。

5. 写"学习日志"，里面记录当学生学无所得时你如何帮助任课教师改进教学。

6. 深刻理解本书所述的所有教学策略（以及其他教学策略），从而当教师需要改进教学促进学生学习时，可向他们提供得当的支持。只有教学辅导员与教师密切合作，帮助教师改进教学以确保所有学生学有所得，最有效的教学辅导才会应运而生。

7. 寻求一个教学辅导专业团体（线上的或线下的），从中发现别人是如何改进教学以适应学生的不同需求的，可先从推特群"非教学辅导"起步。

对校长

1. 促使学区负责人成立如《明明白白的影响》所述的"精学团队"，在这种团队中，教授同一门课的教师可以同心协力地制订高效的课程教学计划。

2. 引导全校教师或教师团队就形成性评价展开讨论，确保全体教师都理解和掌握常用的教学评价术语，如"指向问题""具体掌握水平""我来做、我们来做、你（们）来做"等。

3. 力争留有教学计划外的时间，从而使教师有机会创建指向问题、学习导图和具体掌握水平。不论教学这种"知识工作"多么令人繁忙、令人感慨，对教师来说需要有额外的时间来仔细斟酌如何制订高效教学计划。

4. 在校内"教师专业发展日"举办教学评价展，教师可用大幅海报的形式来展示自己创建的"具体掌握水平表格"。

5. 使教学评价成为日常讨论的一个话题，也使教学评价成为学校的会议、专业团体或其他聚会的一个长久议题。

6. 在与教师交谈中，要向教师询问指向问题、具体掌握水平的情况。

7. 使学习评价成为学校改善目标的一个组成部分，有关论述可见《明明白白的影响》第2章。

行有所思

1. 弄清教师有没有在教室张贴"指向问题"和"具体掌握水平"。

2. 弄清教师有没有在授课时用各种方式进行"学懂检查"。

3. 弄清教师进行课堂"学懂检查"时是否所有学生都同时做出反应。

4. 弄清对学生的检查是否能确切地反映学生的学习进步情况。

小 结

1. 卢尼（Janet Looney）将形成性评价定义为"为恰如其分地确定学习需求和调整教学，对学生的学习进展和理解水平进行经常的、互动式的评价"。（引自 Wiliam，2001，p.38）

2. 形成性评价能促进学生专心学习，就学习进展提供的反馈能增添学生的希望。

3. 形成性评价得来的资料是改进教学的起点。

4. 本章所述的形成性评价包含下列七个步骤：

（1）确定指向问题，

（2）确定答题层面，

（3）分列掌握水平，

（4）选择便捷的非正式评价方式，

（5）有效地使用各种评价方式，

（6）调整教与学，

（7）反思使评价有效或无效的因素，据此修改指向问题、评价方式和教学计划。

拓展阅读

Richard Stiggins's *Student-Involved Classroom Assessment,3rd Edition*(2001), and *Student-Involved Assessment for Learning*, 6th Edition (2011).

Jan Chappuis's *Seven Strategies of Assessment for Learning* (2009).

James Popham's *Transformative Assessment* (2008).

Dylan Wiliam's *Embedded Formative Assessment* (2011).

Douglas Fisher and Nancy Frey's *Checking for Understanding: Formative Assessment Techniques for Your Classroom* (2007) and *Better Learning Through Structured Teaching: A Framework for the Gradual Release of Responsibility* (2008).

```
                        ┌─────────────────┐
                        │ 第3章  学习导图 │
                        └─────────────────┘
                                 │
                            ┌────────┐
                            │  论述  │
                            └────────┘
                                 │
  ┌────────┐                    ○
  │ 课前图 │          ┌──────────────────┐                    ┌──────────┐
  └────────┘          │  如何创建表明    │                    │ 如何创建 │
         ↖   ┌──────┐ │  知识、技能和    │ ┌──────┐           │ 学习导图 │
    ┌───────┐│ 界定 │←│  大思想的图形    │ │ 熟知 │→          └──────────┘
    │ 学习  │└──────┘ │  组织者          │ └──────┘                 │
    │ 导图  │         └──────────────────┘                    ┌──────────┐
    └───────┘           │      │    │     ┌──────┐            │ 囊括     │
         ↙          ┌──────┐ ┌────┐ ┌────┐│ 创建 │           │ 展现     │
  ┌────────┐        │ 理解 │ │对比│ │知晓│└──────┘           │ 组织     │
  │ 课后图 │        └──────┘ └────┘ └────┘    ↘              │ 简明     │
  └────────┘           │       │      │    ┌──────────┐      └──────────┘
                       │       │      │    │ 高质量的 │
                       ↓       ↓      ↓    │ 学习导图 │
                  ┌──────┐ ┌──────┐ ┌──────┐└──────────┘
                  │ 相关的│ │学习导│ │学习导│      │
                  │ 理由 │ │图类型│ │图组成│      ↓
                  └──────┘ └──────┘ │部分 │
                     │        │     └──────┘
                     ↓        ↓        │
                                       ↓
```

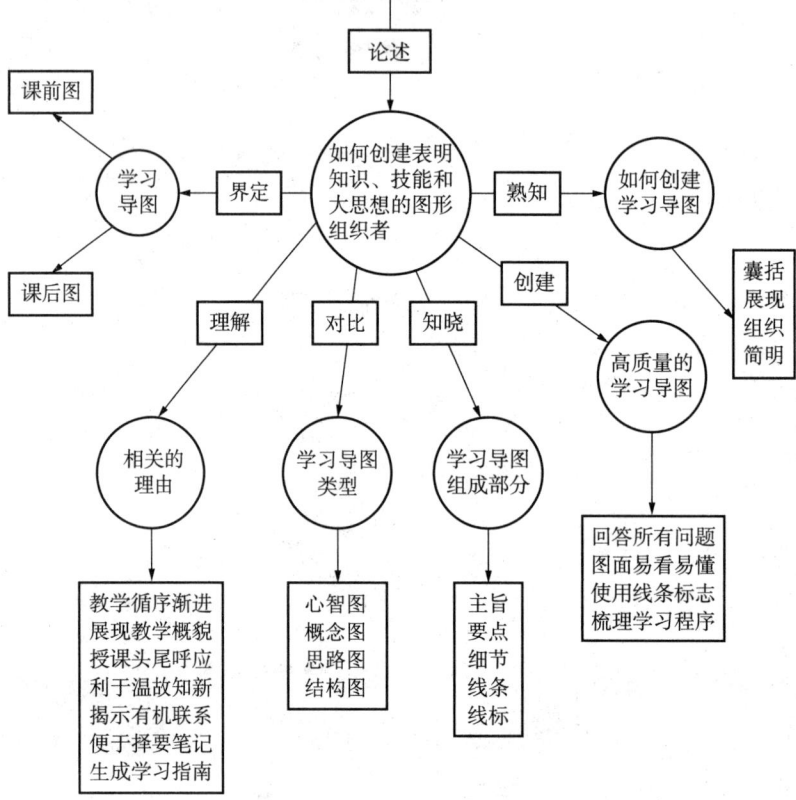

相关的理由：
教学循序渐进
展现教学概貌
授课头尾呼应
利于温故知新
揭示有机联系
便于择要笔记
生成学习指南

学习导图类型：
心智图
概念图
思路图
结构图

学习导图组成部分：
主旨
要点
细节
线条
线标

高质量的学习导图：
回答所有问题
图面易看易懂
使用线条标志
梳理学习程序

> 一张精确的地图既是一种实用的工具，也是一条带你瞬间飞向远方的魔毯。
>
> ——无名氏

我曾在加拿大落基山脉的腹地——阿尔伯塔省的山城贾斯珀——生活过几年，那时我 20 多岁，年轻力壮，感到那儿是天底下最让我钟情快意的地方。看到四周的崇山峻岭，登临主峰绝顶的豪情壮志时时涌上心头。一到周末，我便赴偏远的山峰去登山，平时工作之余，则到近郊的悬崖练攀岩。

有一次，有位朋友和我结伴去攀登安德罗梅达山，那可是一堵高耸于哥伦比亚冰原之上的雪壁冰墙，必须先徒步穿过一大段冰原方可登山。横跨冰原时，我俩腰间缠绕着相连的绳索，手中紧紧攥着冰镐，以备谁不慎跌进冰窟窿中的不时之需。

我的伙伴边走边用冰镐在前面点点戳戳，就像拿探雷器在雷区探路的工兵。突然，他发现一个冰窟窿挡住了去路，满以为可以一跃而过，便要我把绳索放松 15 英尺后就腾空一跳，可没想到竟坠落冰洞之中。下跌的势头之猛，瞬间我就感到绳子紧绷起来，我急促地舞动冰镐，试图在他砸向洞底前悬吊住他的身躯。

我将冰镐的粗端嵌入地里，然后拼命地拽住绳索，可放开的 15 英尺刹那用完，随即拖着我以令人毛骨悚然的速度划过冰面。有位用望远镜监察我俩穿越冰原的公园管理员后来说，我在冰面上一掠而过的样子就像是在滑水。谢天谢地，我总算及时地止住两人不由自主移动着的身躯，我的伙伴借助攀登冰山的用具返回地面。

对不祥之兆素有研究的人，或许会把我的伙伴掉进冰洞一事看作那天肯定是我们多灾多难的日子，可我俩执意不改初衷。事实上，两小时后我们就开始爬山。快到山顶时，我们就遇到黑压压的云海雾涛，站到峰顶也看不到几尺开外，更让人揪心的是，瞧不出下山的路。我俩在弥漫的浓雾中东跌西撞地摸索了一阵，感到再往下走冒的风险太大，于是决定在一处岩架上把自己系在岩石上过夜。

度过了一个不眠之夜，睁眼一看，晴空万里，山色壮丽，可不知自己身在何处。我俩当时又累又冷，食物所剩无几，而且毋庸置疑的是，我们迷路了。因为我们总得找到一条返程的路，就决定顺着山边往下走，最后落脚在一条峡谷中。早上 8、9 点时，我们看到一架救援直升机从头上飞过，可它根本没有发现我们，此时此刻，一想到迷路就越发令人担惊受怕。

我们盲目地在峡谷中缓缓走着，巴望着找到一处能引导我们走出去的"地标"。几十小时后，我们走到了谷端的峭壁边上。往下 1000 多英尺处有一大片平展的冰原，我看出明显带有萨斯喀彻温冰川的特点。我一确定就是该冰川后，顿时如释重负，因为我们走过冰川就可上公路，再不会迷路了，可以回家了。

十有八九，你的人生中也有过几次迷路，体验过迷路时的感受。一旦迷路，就会感到无能为力，不知该往哪儿走，徒然地绕圈圈。有时人们迷了路，就轻易认输，不再寻路，眼巴巴地等着有人找到自己。不爬山的人也会迷路，许多学生在学校也常迷路。就像我和朋友在安德罗梅达山中迷了路一样，学生在"学山"中迷了路，茫然四顾不知身在何处，也很可能轻易认输，干脆弃学。

避免迷路的办法之一当然是查看地图。如果我和朋友记得带上一幅地形图，一看就可识别那条峡谷，确定出口，找到回家的路。地图是了不起的助人旅行的工具，学习导图同样是了不起的助人学习的工具。学生凭借学习导图学起来就会不走弯路，还轻松从容。

学习导图

学习导图是教学活动的图形组织者，用以突出某课、某单元或某课程中必学的知识、技能和大思想。该图勾勒了学习内容中最重要信息和不同部分之间的联系，成为先行组织者（课前的学习引导）、后行组织者（课后的学习总结）和生成性学习指南（在每次获取新知过程中由师生共同充实的学习辅导材料）的视觉提示。

本章着重阐明如何用学习导图来描绘教学单元中必学的内容，当然学习导图同样可以用来梳理和描绘一次课、一门课程的必学内容。学习导图是传递教学信息的平面图形，其信息通常包括：（1）主旨，一般是教学单元的名称；（2）要点，一般写入各种图形，如椭圆形、长方形、正方形、星形等；（3）细节；（4）线条，用来表示图中各部分之间的联系；（5）线标，用来说明主旨和要点之间的关系。我的同事伦兹——曾与人合著《单元教学组织者范例》（*Unit Organizer Routine*, Lenz, Bulgren, Schumaker, Deshler, & Boudah, 2005）——让我初识学习导图，还建议图中要包括对主旨的解说文字。

我提倡创建两类学习导图：一为课前图，通常只包括主旨、释义和论证性的细节（参见图 3.1）；一为课后图，随着教学进程不断充实（如添加细节），直到单元教学结束时才可完成绘制（参见图 3.2）。

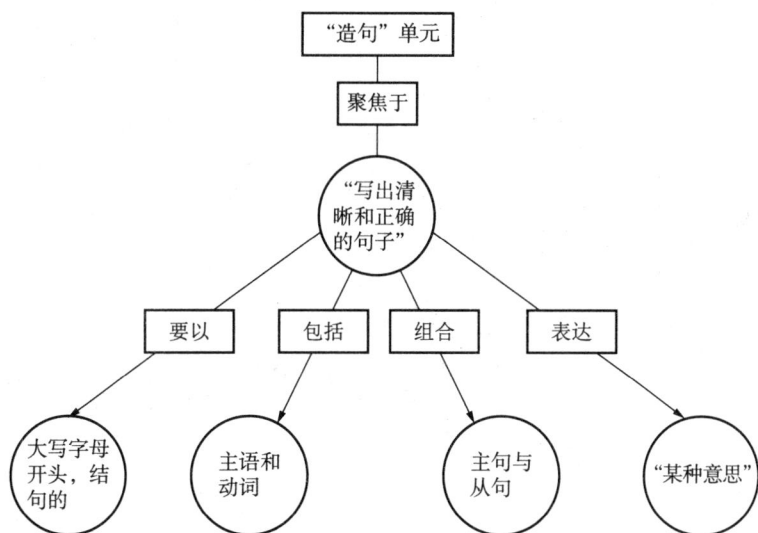

图 3.1 "造句"单元的学习导图示例——课前图

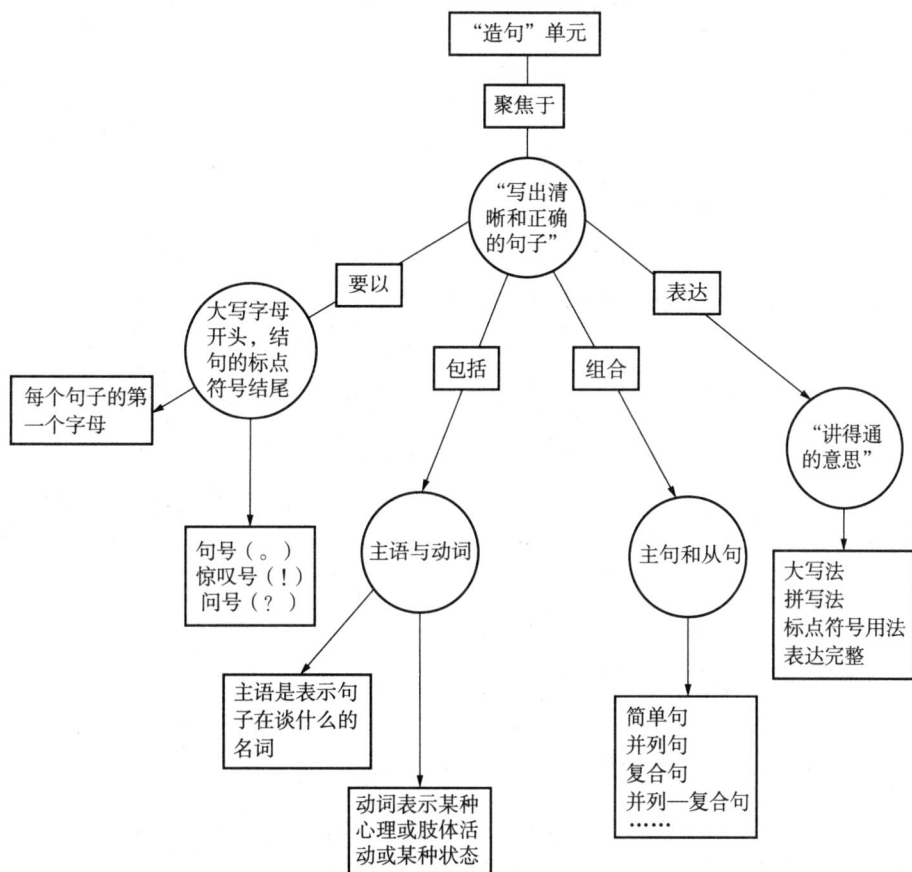

图 3.2 "造句"单元的学习导图示例——课后图

就像登山者使用的地形图，学习导图也要指明学习中自成一格的"地形"，即学生必学的知识、技能和大思想。学习导图要向学生突出学习内容中最重要的信息，提供循序渐进的教学"路标"。

为何学习导图有用？

学习导图使人一目了然。罗姆在《餐巾纸的背面：用画图支妙招解难题》（*The Back of the Napkin: Solving Problems and Selling Ideas With Pictures*）一书中讲了创建美国西南航空公司的传奇故事，而视觉学习在其中立下头功。

> 赫布·凯莱赫（Herb Kelleher）曾是新泽西州的律师，他觉得妻子的老家德克萨斯州地广人稀，像是一个可以大大拓展业务空间的好地方，于是举家迁往圣安东尼奥。
>
> 1967 年的一天中午，凯莱赫来到鼎鼎有名的圣安东尼奥俱乐部，帮助当事人罗林（Rollin）准备关闭其经营惨淡的航空公司所需的最后几份文书。可罗林并不想就此与民航业一刀两断，他拿起一支笔，在餐巾纸上画出一个三角形，在三个顶角处写下圣安东尼奥、休斯顿和达拉斯，向赫布说出一个怪诞的想法——一个四年后孕育出西南航空公司的想法。
>
> 与其经营只为小城镇服务的小型航空公司，为何不能开办专为大城市服务的小型航空公司呢？事实上，德克萨斯州的繁华都市不也就是三个吗？由于航空公司只开通飞往三个城市的航线，其经营就不必完全按照德克萨斯州民航管理委员会的规定亦步亦趋，可以通权达变地腾出大批用于经营的资金。此外，航空公司的航班飞往达拉斯几近荒废的洛夫机场，也给达拉斯的公司职员提供了非常方便的上下班通道。
>
> 赫布赞同罗林的想法主要基于两点：一是怪，二是妙，而体现其怪其妙的在于草草几笔的简图揭示了两人当晚决定创办公司的基本运作原则：开辟飞往连接大城市之间的短程航线；避开大型的中转机场；尽可能选择小型的辅助性机场起落。一张餐巾纸、一个好主意、一家盈利的航空公司。（Dan Roam，2008，pp.120-121）

或许没有餐巾纸背面上的简笔画，他们也会创建西南航空公司，但大量证据证明，如罗林那样的草图表达的视觉信息可以让人一下子就心领神会。梅迪纳——西雅图太平洋大学大脑与应用学习研究中心主任——在其著作《惟脑是从：职场、家庭、学校中心想事成的十二项原理》（*Brain Rules:* 12 *Principles for Surviving and Thriving at Work, Home, and School*）中概括了研究成果："视觉或许是学习任何东西的最最合适的工具……简言之，提供的信息越是直观，也就越易识别和回想。"（John Medina，2008，p.233）学习导图就是通过图显示学生的待学内容来促进学生的学习。

学习导图展现教学全貌。用过学习导图的教师说，把一个单元的所有教学内容尽收眼底，有助于作出因材施教的决策。他们能够从头至尾地监察教学全程，从中精准地确定促使所有学生学习的教学调适措施，正如一位参与专题研讨会的教师所说："学习导图让我对全部教学内容一览无余，对该教什么，如何教就更心中有数了。"

使教师受益的同样使学生受益，一个单元的所有教学要点显示在一张纸上，学生一看就明白哪些已学过，哪些有待学，从而可以预估掌握其中的知识、技能和大思想后该怎么做，要花多长时间。学习导图还是大多数学习活动，尤其是用于日常上课的现行组织者和后行组织者的视觉参照物。

学习导图维持教学正道。我曾采访过十几名用过学习导图的教师，他们异口同声地表示：他们喜欢用学习导图，因为该图使他们始终走在教学正道上。有了学习导图，等于每天都在提示什么应该教授，什么应该强调，许多教师对我说，这样的提示是非常有用的。

学生同教师一样也感到这种好处，就像绘制道路交通图一样，学习导图依次画出每次课中将要学的各处要点或概念。教师每天常用学习导图，学生就会了解已学和待学的是什么，对许多学生来说，以这点作为继续学习的铺垫是完全必要的。

学习导图规范授课始末。许多研究结果表明，人们最初与最后接触的信息最易记住，研究这种现象的心理学家将此称为首因与近因效应（Atkinson & Shifrin，1968;Ebbinghaus，1913; Glanzer & Cunitz，1966; Murdock，1962; Terry，2005）。

就课堂教学而言，这意味着一次课的最初几分钟和最后几分钟对于引导和强化学生的学习极为重要。不少证据表明，先行组织者和后行组织者之所以能促进学生的学习，也是部分地在于首因与近因效应（Lenz，1987; Marzano, Pickering, & Pollock，2001）。学习导图是一幅完整的单元教学图，可帮助教师从最有利于学生学习的角度出发，精心安排授课首尾的教学活动。

学习导图具备复习机制。教师授课从头至尾展现学习导图，学生就可按图索骥，使自己知晓是否掌握了该学的东西。在本书第4章，我提供了许多教师促使学生按图复习的方法。不管学生是个人还是集体使用学习导图，都可从按图复习中获益良多。

学习导图揭示相互联系。我在堪大学习研究中心的同事伦兹，想找出学业岌岌可危的学生（下称"学危生"）有哪些共同特征，他发现许多学危生不能看出学习内容中知识、技能与大思想之间的联系。这些学生之所以在学业上苦苦挣扎，因为他们每天所学的或要费力承受的似乎是不相连属的散装杂物。因此，教师对其所教要精心梳理，使学生能看出知识、技能和大思想之间的有机联系。

学习导图就是用来揭示学习内容中各部分之间的联系，本书所有的学习导图都用文字清楚地表明了这种有机联系。例如，图3.3就用线标"体现于"来揭示身势语言、尊重和细节之间的联系。

尊重

见之于

身体
语言

注视　　倾听　　询问

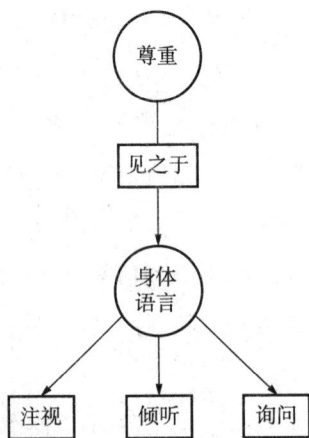

图 3.3　理解"尊重"之学习导图

教师绘制明确地显示学习内容中各部分联系的学习导图，并在教学过程中指出各部分如何联系，就能帮助学生看清这种联系。

学习导图改进听课笔记。学危生通常不能完成做听课笔记的复杂任务。有些诊断出有学习障碍的学生，难以分辨主要信息与次要信息，受此困扰，对教师所教的，或是什么都记，或是干脆不记。另外，在学生的学习能力参差不齐的课堂中，如何帮助记笔记慢的学生，对教师也是一个严峻的挑战。如果教师按大多数学生都能跟得上的进度教学，那有些学生势必跟不上；如果教师留下使所有的学生都能记笔记的足够时间，那将使教学丧失紧凑性，有些学生势必因感到无聊而分心。

学习导图提供了一个可步步为营的记笔记的支架，从而满足学生各自不同的需要。虽说学习导图不能取代听课笔记，却为所有学生确定了可共同参照的模板，引导学生记下学习内容的有关信息，再经教师的指点，就能确保记下最重要的信息。在学生能力差异巨大的课堂，教师可创建填写空格的学习导图，这样学生可以快速地绘制出完整的地图。

学习导图用作学习指南。在某些学习场合，教师会在单元教学结束的前几天，发给学生一些准备结业考试的学习辅导材料。学习导图也起到类似的助学作用，但它的创建是随着整个教学进程的推进而由学生不断补充完善的，而不是在授课即将结束时才发放的。由于整个教学过程中学生都少不了与学习导图互动（如写出课堂笔记、参与讨论与活动、进行预习、复习与总结、实施学习检查、了解学习的重点与脉络、创建自己的学习导图等），学习导图成为学习中的主心骨。由上可知，一幅随着教学进程而生成的学习导图，比教师在单元教学结束时发放的学习辅导材料，对学习的指导作用更为重大和深远。

学习导图的类型

许多学者谈到要把绘制示意图作为必学的一项本领，本章介绍的典型图样有聚类图（Rico，2000）、心智图（Buzan，1993; Margulies，2001）、概念图（Novack，1998）、思路图（Hyerle，2009）、内容结构图（Scanlon，2004），而且每种图样自有其有用且有趣的绘制方法，我先简述这些绘图方法（参见图3.4），再谈如何创建学习导图。

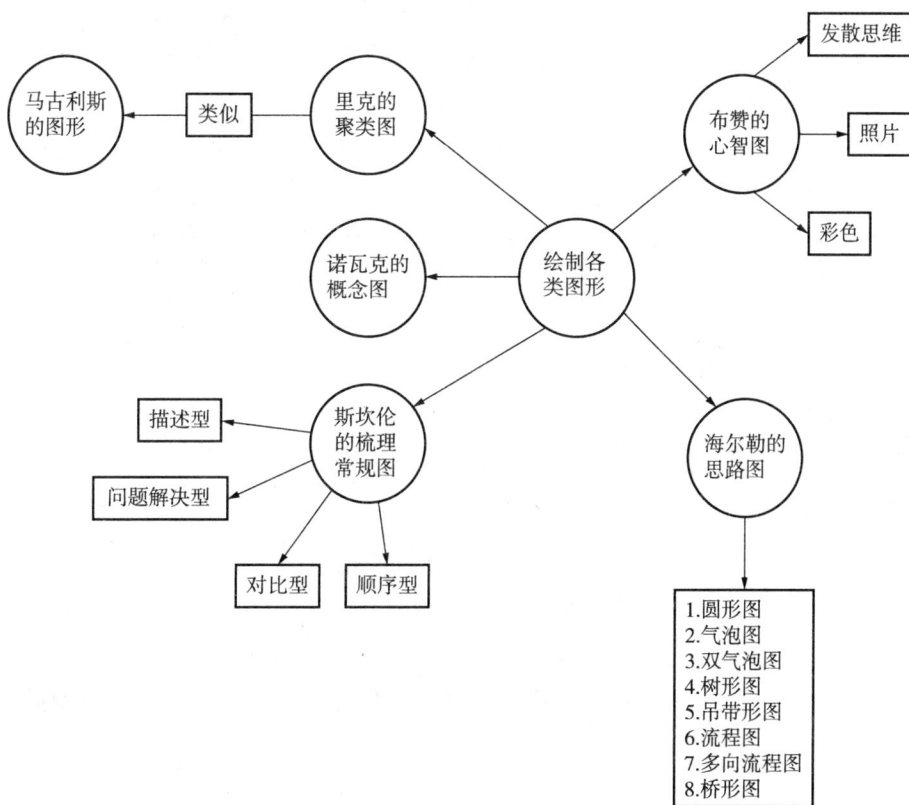

图 3.4　图解各种绘图思路及其图形类别

心智图。里克在其《返朴归真的写作》（Gabriel Rico，*Writing the Natural Way*，2000）、马古利斯在其《描绘内心世界》（Nancy Margulies，*Mapping Inner Space*，1991）、布赞在其《心智图册》（Tony Buzan，*The Mind Map Book*，1993）都颇具匠心地介绍了心智图的绘制方法，里克还将"聚类图"作为写作过程中不可缺少的一环。心智图最简单的形式，就是从一页纸上表示主要概念的中心向外扩散到要探索的各个方面而形成的文字网络或配以文字的图形网络。

在我看来，聚类图或心智图有点像用来集思广益的气泡图。自从20多年前初读《返朴归真的写作》（原文如此——译者注）之后，我就将里克的"聚类图"用于几乎每一次的写作计划（参见图3.5）。布赞的心智图则更为精细，配以相片和颜色，常常用于记笔记。

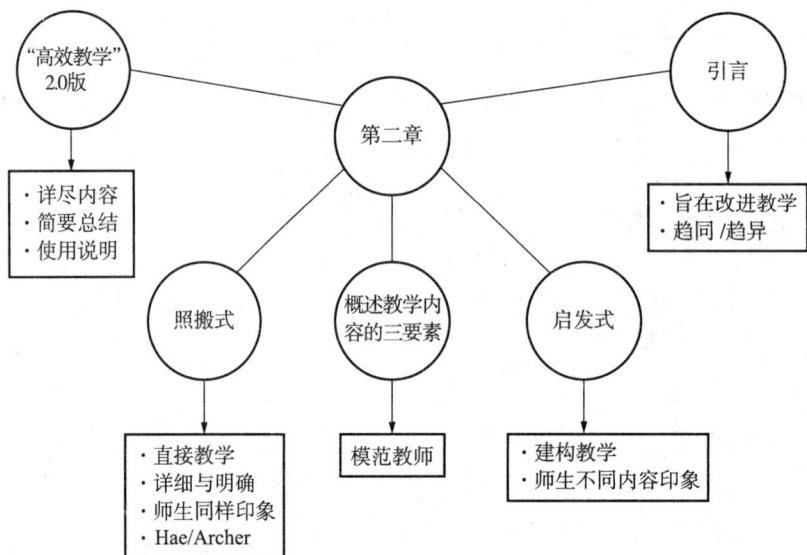

图 3.5　用于"写作构思"的聚类图

概念图。概念图由诺瓦克最早开发出来，其构造是按层面表述概念，并用线标揭示各层概念之间的关系（参见图3.6）。诺瓦克认为："概念图是阐述知识的工具……应该从上往下看，是从居顶的上位概念（一般概念）伸向居底的下位概念（具体概念），同时用连线显示图中各概念之间的关系。"（Joseph Novak，1998，pp.4-5）

思路图。思路图由海尔勒首创，着眼于揭示可提高人们思维能力的认知过程。海尔勒深信，人人有着同样的认知过程。他写道：

　　就像世界各地的人们都有着诸如喜爱、欢乐、痛苦等相同的情感模式，那人人也具有相同的基本认知过程。例如，来到这个世界的每个儿童要生存下去，都要学会如何弄清事态发展的前因后果、如何给接触到的观念和事物分门别类、如何将事物化整为零或化零为整、如何进行因果推理和类比推理。（David Hyerle，2009，p.119）

海尔勒介绍了用于提高学生思维能力的八种图形（参见图3.7）。

1. 圆形图。根据什么背景确定某个事物的概念？

2. 气泡图。此事物有哪些属性？

3. 双气泡图。此事物与彼事物有哪些异同之处？

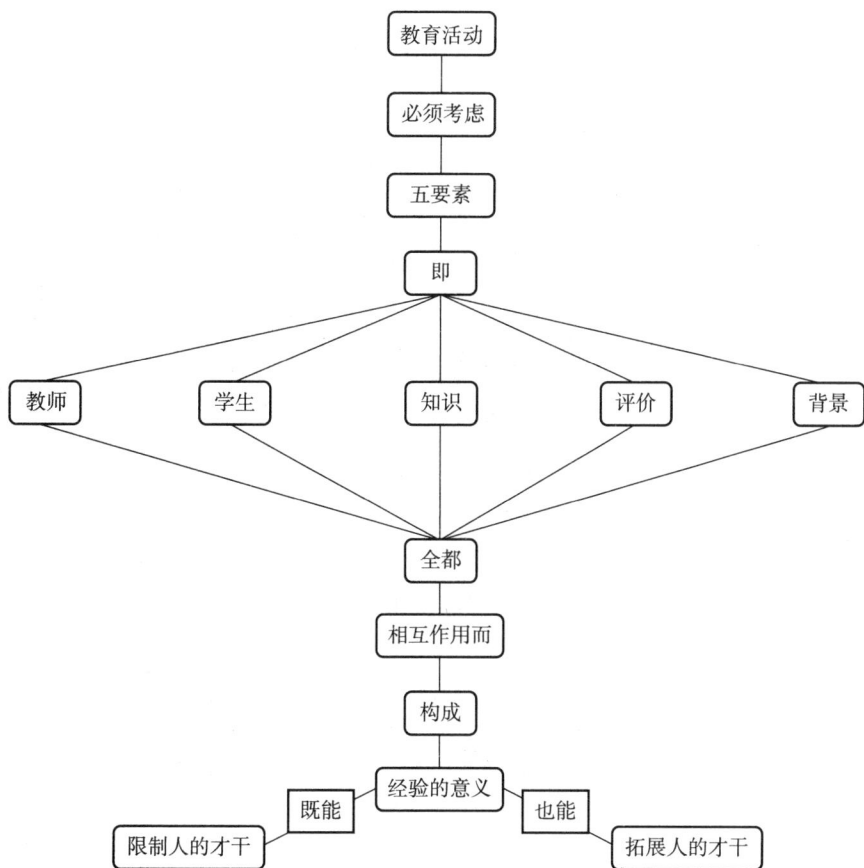

图 3.6　构成教育活动五要素的概念图

4. 树形图。如何给不同的事物分类？

5. 吊带形图。一个完整的事物由哪些部分组成？

6. 流程图。什么是事态发展的顺序？

7. 多向流程图。什么是事态发展的原因与结果？

8. 桥型图。不同概念之间是否有可类比之处？

梳理常规图。斯坎伦在如前所述的许多学者开创性研究的基础上，提出了自成一格且合理有效的"梳理常规"（Scanlon, Shumaker, & Deshler，2004），教师可据此帮助学生确定重要的信息，并采用四类图形组织者——顺序型、对比型、解决问题型、描述型——梳理相关的信息。

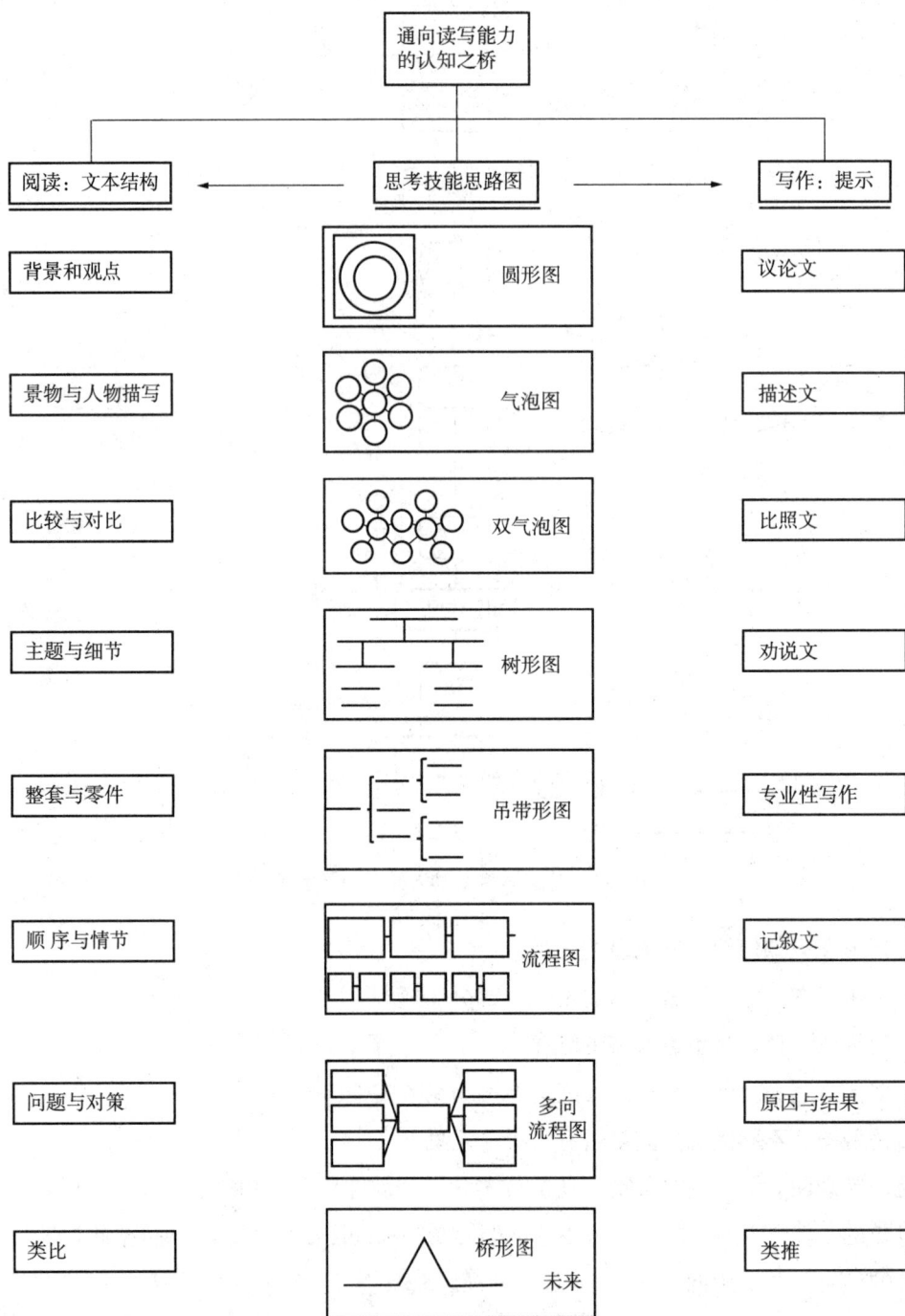

图 3.7　通向读写能力的认知之桥

顺序型。将某种事态的发展、某个程序的步骤或其他信息纳入渐次展现的模式。例如，可用"年表"记录在某一历史时期内依次发生的重大事件，表 3.1 就是用年表来展现民权运动中依次发生的重大事件。

高效教学：框架、策略与实践
High-impact Instruction

表 3.1　顺序型图例：民权运动

民权运动	
1954-	布朗控告教育委员会诉讼案
1955-56-	罗莎·帕克斯与蒙哥马利城罢乘公共汽车
1957-	小石城取消学校种族隔离的风波
1960-	入座运动
1961-	自由乘车
1961-62-	奥尔巴尼城的抗议活动
1963	向华盛顿进军
1963-64-	伯明翰城的游行
1963-64-	佛罗里达州圣奥古斯丁市的抗议活动
1964-	密西西比州的自由之夏
1964-	通过《民权法》
1964-	密西西比州的自由民主党和马丁·路得·金博士获得诺贝尔和平奖
1965-	塞尔玛市与《选举权利法》
1968-	马丁·路得·金博士遇刺

　　对比型。以对比的方式组织信息易于看出不同事物的异同，常用的对比图是表格式的，用来突出不同概念、人物、地段、物体等的相似或相异之处。例如，比较摇滚乐队和合作学习小组的相似点，可以从众所周知的信息中发掘出对合作学习小组的新认识（参见表 3.2）。

表 3.2　对比型图例

合作学习小组		摇滚乐队
主持者、计时者、记录者	角　色	吉他手、歌手、鼓手
人人参与	合　作	人人表演
学习成果	目　标	演唱会
享受学习的乐趣	理　由	享受音乐的乐趣

　　问题解决型。这是揭示内容结构的又一常用图形，其构造是先确定一个问题，随即提出解决这个问题的各种看法，然后权衡各种看法的利弊，最终择优选出一个解决办法。表 3.3 中，学生就如何解决自己不能及时完成课外作业这一问题，分析了各种看法的利弊。

表 3.3 问题解决型图例

问　题	看　法	利与弊	解决办法
不能按时完成课外作业	不管它	利：方便 弊：有碍我的课业合格 　　我会焦虑 　　我会郁闷	
	问家长	利：家长易于找到 弊：家长很忙 　　我得晚饭后做作业	问课后辅导老师
	问课后辅导老师	利：自由自在 　　老师熟悉教学内容 　　我不必在家做作业 弊：我得放学后做作业	

描述型。或许这是最常用的揭示内容结构的图形，其构造是以中心思想为主轴，辅以支撑其中心思想的细节与事例，表 3.4 就是阐明关于逗号用法六大规则的描述型图例。

表 3.4 描述型图例 ①

正确使用逗号的六大规则	Cut off introductory material（隔开引介语） *As the sun set, he dreamed of perfect sentences.*
	Organize them in a series（列举事物） *My dog, cat and parrot are happy to see me.*
	Mark off nonrestrictive modifiers（标示非限定修饰语） *My car, the one with all the bumper stickers, needs a tune-up.*
	Mark off quotations（标示引语） *He said, " This could be the beginning of a beautiful friendship."*
	Add independent clauses（添加从句） *I love to run, but I'm very slow.*
	Sort every material（理顺日常语） *Lawrence, KS* *Dear John,* *1,000*

---

① 因英语与汉语的逗号用法有所不同，另外原图上谈规则的各句首字母构成英文单词"逗号"的复数（COMMAS），译文难以体现，故用法规则和例句抄录原文。——译者注

学习导图的组成部分

聚类图、心智图、思路图、概念图、内容结构图等的构造方法各有千秋，学习导图博采众长来表现某教学单元学生必学的内容。如图 3.8 所示，学习导图一般包括：（1）主旨（通常是教学单元的名称）；（2）主旨的释义（通常是对单元内容的解说）；（3）要点（常被写进椭圆形、长方形或星形之中）；（4）细节（要点的例证）；（5）线标（表明学习导图中各部分之间的关系）。

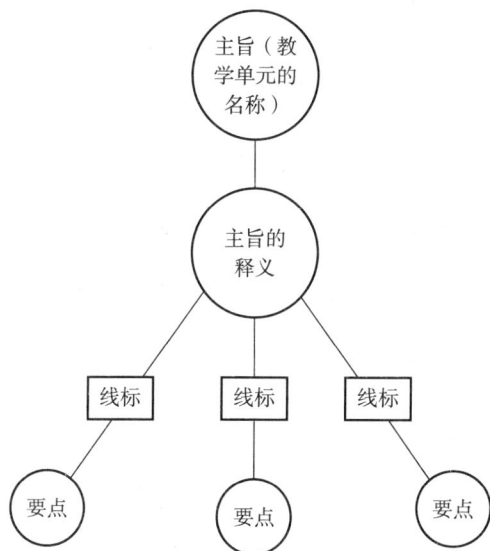

图 3.8　学习导图的组成部分

优质学习导图的特点

如前所述，学习导图实际上是两幅图：一是"课前图"，教学单元授课的第一天就要拿出来；另一是"课后图"，随着教学进程而不断绘制直至教学单元授课结束。

虽然教师在授课第一天通常只需展现课前图，但他们在授课前也该预备课后图。教师创建了全面完整的学习导图，就能预估教学单元的每个必教部分要花多少时间，也能借助学习导图开展差异化教学。另外，教师创建指向问题和实施形成性评价时，也有助于他们全面地了解教学单元中学生必学的知识、技能和大思想。

为了使学生有效地使用学习导图，教师通常要求学生拿出一张纸，一面写上指向问题，另一面附上学习导图。学生既可以在空白纸上手绘课前图（后面写指向问题），也可以在教师分发的"缺漏"导图上填补空缺。这样，学生与学习导图互动就成为贯穿单元授课全程的学习出发点。

　　要实现高效教学，教师必须绘制高质量的学习导图，不过，做到这一点亟须教师的创造性。例如，拘泥于教学内容的教师往往在绘制学习导图时举棋不定，因为他们觉得执教学科的每个部分都令人着迷，想在图上囊括一切细节，也颇为自信地认为，学生有必要对其所教照单全收。不过，信息提供的多就意味着学生记住的少，威金斯和麦克泰伊（2005）将此做法称为"全覆盖取向"，认为是可以贴上这种标签的教学方法，即"想要成效高，全凭教与考"。他们写道：

　　　　（全覆盖取向）……是这么一种教学方法，即学生逐页地死啃课本（或教师按讲义照本宣科），试图在一个预定的时间内贯穿所有的事实性材料。全覆盖就像旋风式的欧洲旅行，完全像一部老电影的名字《若是星期二，必到比利时》，旅途中只管马不停蹄地赶路，而无视任何重要的观赏目标。（p.16）

　　不过，与此对立的另一极端也会阻碍学生的学习。对教学内容轻描淡写或教学要求放任自流的课程或单元教学，因为不能激励学生勤奋努力，也就不能激发学生的真实学习。如果教师稀释教学内容，使学生所学杂而不精，那么学生就不能进行真实的、有意义的学习，更糟糕的是，这样做等于教师剥夺了学生焕发学习潜力的机会。

　　教师可选的第三条道路是绘制不损害教学内容严谨性和深刻性的最简要的学习导图。这里"简要"是绘图追求的目标，《论简要》的作者詹森说，"简要即力量"，是"一种删繁就简的艺术"（Bill Jensen，2000，pp.1-2）。教师有可能绘制出名副其实的"最简要的学习导图"，即推动绘制既严丝合缝又化难为易的教学地图。绘制简要的学习导图，可遵循以下所述的几条简则。

　　解答所有的指向问题。一幅学习导图，若不能为学生在学习评价上取得佳绩做好准备，则会被弃之不用，教师需要创建可为所有指向问题提供圆满答案的学习导图。如何出色地解答指向问题，可采用多种策略。教师应该对学生必学的知识、技能和大思想了然于心，做到胸有成竹。如果教师从形成性评价着眼可为指向问题确定各层面的具体掌握水平（参见第 2 章），那就完全明了学习导图应该包括什么内容。

　　其他策略也颇有用处，有些教师先用"便利贴"解答指向问题，然后通过搬用便利贴来草绘学习导图；有些教师通过与同事商讨指向问题及其答案弄清学习导图上应展示的内容。

　　上述种种策略的好处，在于促使教师深刻地理解某教学单元的知识、技能和大思想，重点突出地上好每次课。关于如何创建简要的学习导图，本章后面还会进一步说明。

　　绘制简明的学习导图。绘制"简而不陋"的学习导图要做到以下几点：首先，课前图只包括教学单元的主旨或名称、主旨的解说和各要点，课前图展示教学内容的"气泡"最好不多于七个；其次，课后图应该限于一页，要求将所有内容汇集于一页，会迫使教师克制创建面面俱到的学习导图的冲动。一幅人人叫好的学习导图，内容应是全面的，而不是繁杂的。如果教师感到不能在一页纸上显示某单元必教的所有内容，反而更有可能去芜存菁地挑选教学重点。即使创建一页纸也促使人们深思，詹森在《论简要》中引用了身为首席信息主管格林（Kent Green）对"一页文件"的评述，也足以说明一页图对师生的助益：

> 编制一页文件促使人们聚焦于重点……如果你确实能将一切实质内容——不是本该删除的旁枝末节——纳入一页，这就意味着一页文件及其编制过程促使你思考了什么是你最想要的东西。如果你能将文件的页码仅限于纳入人们必须做出自我解说的内容，亦能促使他们最先思考什么是要力图实现的东西。这一点非常重要。（pp.52-53）

使用表明联系的线标。概念图的创建者诺瓦克建议，借助线标用一两个词来说明不同概念之间的联系："关联词必须确定两个概念之间的关系，使之读来如同有效的陈述或命题。"（1998，p.228）参与我们俄勒冈州比佛顿研究项目的教学辅导员詹尼·麦克米兰（Jenny MacMillan）发现，创建学习导图的最便捷办法，就是用关联词写出将主旨释义与各个要点联系起来的句子（参见表3.5）。

表3.5 关联词示例

通 过	包 含	分 析
确定于	扎根于	肇始于
处 在	创 建	梳 理
导 致	涉 及	总 是
奠 基	体 现	生 成

创建学习导图会促使教师深入思考，如果教师不能确定写在线条上的关联词，就需要更加仔细琢磨图上要点与细节的联系。在一次小组座谈会上，詹尼谈到其与合作的教师如何绘制学习导图："她先写出她认为是表现教学单元主旨的句子，然后我们绘制与句子意思匹配的学习导图，即从中衍生几个表示教学内容的气泡，也就是我们的教学重点。她很喜欢这样的绘图方法。"

按教学顺序依次制图。虽然并非每幅学习导图都要这样绘制，但按照某单元的教学顺序依次制图有不少可取之处（参见表3.6）。制图时通常要先确定反映教学顺序的各个要点，如根据前面的"造句"单元课前图，头几节课应该讲解起始句的大写字母和结句的标

点符号，随后几节课要讲解主语与动词，继之以讲解句子结构的几节课，最后是讲解使用
COPS（大写、意义、标点、拼写）修改策略的几节课。

表 3.6　优质学习导图核查表

优质的学习导图……	✓
解答所有的指向问题	
有仅含主旨、主旨释义和各要点的课前图	
有仅有一页的完整的课后图	
以线标显示图上各部分的联系	
按照一个单元的教学程序加以绘制	

绘制反映教学程序的学习导图便于教师纵观某教学单元的内容，但在有些情况下，如
在整个教学中要反复讲解某个关键主题或概念，其他的制图模式或许更为合理。无论如
何，如何绘制促进学生学习的最佳学习导图，归根结底要靠教师自己的专业决断。有鉴于
此，对教师的帮助莫过于让他们了解可以创建的各种学习导图。

如何创建学习导图

无论在何种教学计划过程中，每个人都要找到适合本人的绘制学习导图的最佳途径。
我在本书其他地方谈到，整个教学计划过程包括三个组成部分：写出指向问题、绘制学习
导图、确定形成性评价方式，而且各部分相辅相成。

我曾和数百名教师合作，或与教师团队或与教师个人共同制订单元教学计划，从中发
现如表 3.7 所示的五个步骤，这几个步骤非常有助于创建学习导图。

表 3.7　创建学习导图的五个步骤

1.	确认必须纳入图中的知识、技能和大思想
2.	展现一切必学信息，将所有必学信息写入便利贴，并以一览无余的方式公之于众
3.	组织信息，将必学信息井井有条地纳入图中
4.	连接信息，使用线标表明必学信息中的有机联系
5.	优化导图，通过增删合并必学信息去粗取精

确认知识、技能和大思想

学习导图指明教学单元中学生有必要牢记的最重要信息，因此创建学习导图的出发点是囊括教学单元的所有必学信息。这一般涉及确定指向问题的答案，在本书第 2 章中，我建议通过划分具体掌握水平，即阐明教学单元中学生必学的知识、技能和大思想的短句来得到指向问题的答案。许多教师感到，划分和改进具体掌握水平有助于确保学习导图囊括所有重要信息。

教师的教学依据，不管是用于形成性评价的具体掌握水平还是以其他形式列出的知识、技能和大思想，都要考虑单元教学中可参考的所有资源。这意味着教师可能要查阅的东西很多，如与教学单元或教科书有关的课程标准、供学生阅读的书面材料、有关的网站、全国或全州的通用课程、学区课程以及可用于制订单元教学计划的其他信息。"确认"这一步要做的是先审视可能影响单元教学的一切信息，再从中确定学习导图的各个细节。

展　示

一旦查明并审阅过所有的教学资源，第二步就是将有关的一切信息写入便利贴。每个事实、技能、概念、主题应该分别依次记入一张张便利贴，然后摆放在可供人一览无余的地方。对教师而言，最佳展示处是悬在教室前面的白板。罗姆（2008）就如何直观地展示信息提出过类似的主张，认为让人对学习导图的所有成分一目了然是极其有用的。

> 搜集到所需的一切信息后，就该将其展现于一个有目共睹的地方。这样的做法似乎人人都懂而不屑一提，因此常常遭人忽视，可这是综观外部信息的最有效方法——汇合一切所需的信息，依次排列于一处，只要瞄几眼就可扫描完毕……如果用多份文档记录所需的一切信息，就不可能使人一下子眼观全局——将所有的信息尽收眼底，其中的相互联系就由难以觉察变得昭然若揭。（pp.61-62）

许多教师爱用"Inspiration"等软件来创建学习导图，若电脑化思维看来是合情合理的，用软件倒不失为一个好主意。不过，据我的经验，在筹划单元教学的阶段以不用电脑为上策。雷诺兹（Carr Reynolds）通过其书《参禅悟道》（*Prensentation Zen*，2008）引发了人们运思方式的革命，书中这样写道：

> 人们常犯的一个错误，就是片刻不离地坐在计算机屏幕的前面，就要讲什么和怎么讲打着腹稿。你一定要胸有全局，找准关键信息——甚至是唯一的核心信息，才能进行条理分明的构思。可做到这一点必须心如止水，有个电子化的玩意在旁边滴答作响是难以排除杂念的。

当今，大多数人从一开始就靠软件规范其思路。说实话，这是软件制造商怂恿的做法，我不敢苟同。在运思的早期阶段，用纸和笔草绘出可进入"模拟化世界"的粗略想法有不可低估的价值。这些粗略想法可导致更清晰、更精确、更新颖的思维产物，凭此我们最终能够用数字化的方式表达我们的思想……我呼吁在运思时要先着眼于使电脑"走向模拟化"，而不是从电脑"走向数字化"。（p.45）

组　织

当将一切所需信息记入便利贴，并展现于醒目的位置后，教师就可以对所需信息分门别类，使之最终形成一幅学习导图。教师审视便利贴时，可以按大思想分类并考虑相应的教学顺序。教师说，学习导图按单元教学中必学内容顺序，从头至尾依次排列有助于教学。

教师还应考虑教学内容的层面，弄清理顺哪些便利贴是表明大思想的，哪些便利贴是表明知识和技能的，学习导图上哪些便利贴是表述要点的字眼、概念或思想，哪些便利贴是表明列于要点之下的细节。

教师还要考虑应该采用哪种类型的学习导图。虽然最常用的学习导图是描述型的，但是对其他类型的学习导图，如数列型或对比型的也可采用。通常学习导图是以概念图结构为主体的混合图，包括用年表型或其他类型表明与要点关联的信息。图 3.9 所示的学习导图就是顺序流程图，教师用此图表明某单元中关于段落写作的教学进程。

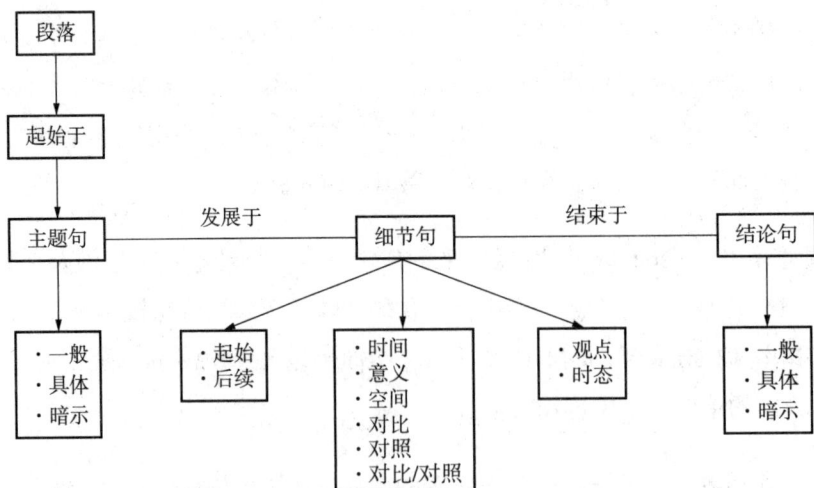

图 3.9　顺序流程图：段落写作

连　接

当学习导图已见雏形时，随后就是确定联系图中各部分的线标。在《学习、创造、应用知识：学校与企业中作为利器的概念图》（*Learning, Creating, and Using Knowledge: Concept Maps as Facilitative Tools in Schools and Corporations*，1998）一书中，诺瓦克谈到了有效线标的特点：

> 用一两个关联词作为线条的标签，关联词应该确定两个概念之间的关系，因此读起来如同有效的陈述或命题。关联形成意义，对一个既定的学科领域，能将有关的众多概念按层面连接起来之时，就是明了其意义结构之日。（p.221）

伦兹对如何创建和使用线标也提出了恰当的建议，在与人合著的《教学单元组织者范例》（Lenz, Bulgren, Schumaker, Deshler, & Boudah,Unit Organizer Routine，1994）中写道：

> 要明确教学单元学习导图中所有信息之间的相互联系，首先要考虑的是画出连接各种几何图形的线条，并该用哪些字眼来揭示线条所代表的联系或关系。要确定这些概念之间的联系，可问问自己："为了促使学生理解所有信息的来龙去脉，我是否画出了代表实质性联系的每条线，是否突出了这种实质性联系？"（p.23）

优　化

当创建出完整的学习导图后，最后一步是增加、删减和精炼所含的信息。要优化学习导图的教师首先应当考虑的是有没有必须增加的信息，以便确保学习导图足以圆满地解答所有的指向问题。

其次，教师要考虑的是有没有可以删除的信息，正如罗姆所说："图上总是有太多的视觉信息，超出了我们的处理能力，我们的视觉系统挑三拣四，只选那些可进入门前的东西。"（Dan Roam，2008，p.70）一般说来，若删除某些信息后并不削弱对指向问题的答案那就大可删除。

最后，教师要考虑的是有没有可以融合的信息，若几个概念或细节可用一个概括性较强的概念来表示，同时也不丧失任何重要的信息，那就应该融合起来。

我认为，学习导图上的主旨、要点和细节不过是冰山的一角，冰山下才隐藏着所有相关的知识、技能和大思想。学习导图上的字眼或概念应该指引人们圆满地解答指向问题，但信息太多则显得琐碎繁冗。

创建学习导图的五步法，就像本书提出的其他方法一样，不一定非要不折不扣地照办，每个教师或教学团队都可通过教学实验找到适合自身的创建导图法。不过，教师或教学团队采用相关的策略，有助于他们创建促进自身教和学生学的优质学习导图。

师生共用学习导图

学习导图可以从多个方面促进学生的学习，但如果只是放在学生的书包中则无多大用处，因此教师应该制订用图程式——洛尔和施瓦茨所说的"非常具体的常规"（Loehr and Schwartz，2003，p.11）——将学习导图与学生学习水乳交融地合为一体。教师尤其要关注三个具体用图程式，即单元教学初始时、日常上课时、单元教学结束时采用的程式，下面分别论述。

教学初始的用图程式

单元授课的第一天，教师通常会介绍指向问题和学习导图，使学生大体上明确该单元该学的内容（参见表3.8）。介绍时教师只显示学习导图中第一层面的内容，以便指引学生随着教学进程在图上增添相关的新信息，从而构建自己的学习导图。用于引介"记叙文写作"单元的学习导图示例，可参见图3.10和图3.11。

表3.8 介绍学习导图和指向问题

教学活动	有或无
教师用 25 ~ 45 分钟全面地介绍单元的必学内容	
学生亲手绘制一幅自用的学习导图（或至少亲手绘制一部分）	
师生共同构建学习导图	
教师提供多次让学生对学习内容做出反应的机会，使学习过程高度互动	
学生把学习导图放在便于检索的地方	

学生自创学习导图。许多教师在单元授课的第一天，恨不得立即拿出一幅设计巧妙、桌面排版、内容详尽的学习导图，我劝教师千万不要这样做。如果学生不能自绘学习导图或起码自绘一部分，那学习导图最可能的下场就是随手被丢到公交车的地板上。学生需要和"私有"的学习导图互动，也就是说他们要创建纯属个人版本的导图。

有些学生若手写得又快又好，教师只需叫他们照抄自己显示的学习导图，教师通常用白板、智能板、投影仪或实物投影仪来展示学习导图（我个人倾向于用实物投影仪）。有些学生若手写得又慢又草，教师可以分给他们空缺式学习导图，促使学生填空补缺。用空缺式导图时，教师要在图上给予足够多的留白处以便学生足以记下所有的关键信息，可参见图3.11。

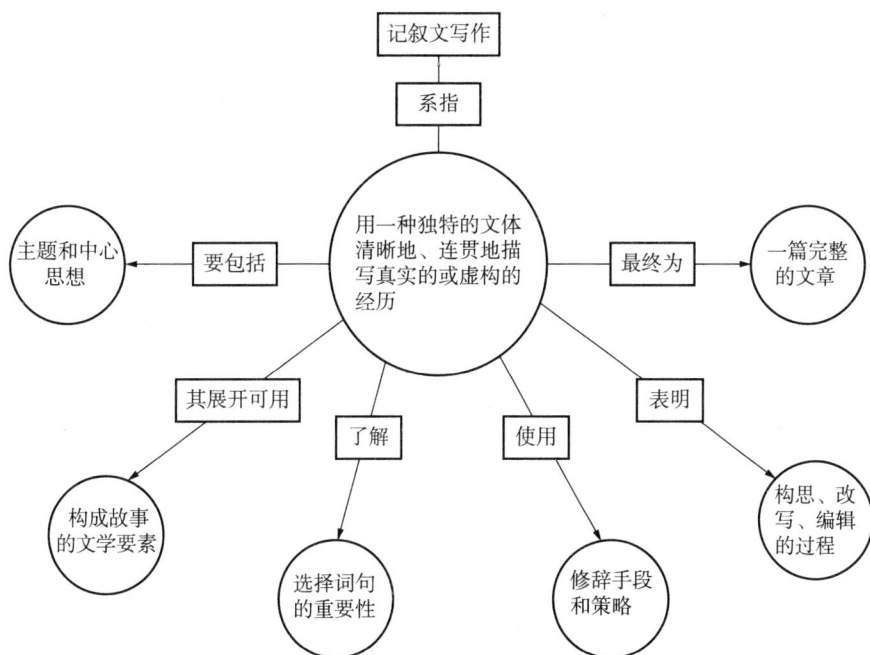

图 3.10　引介性学习导图示例

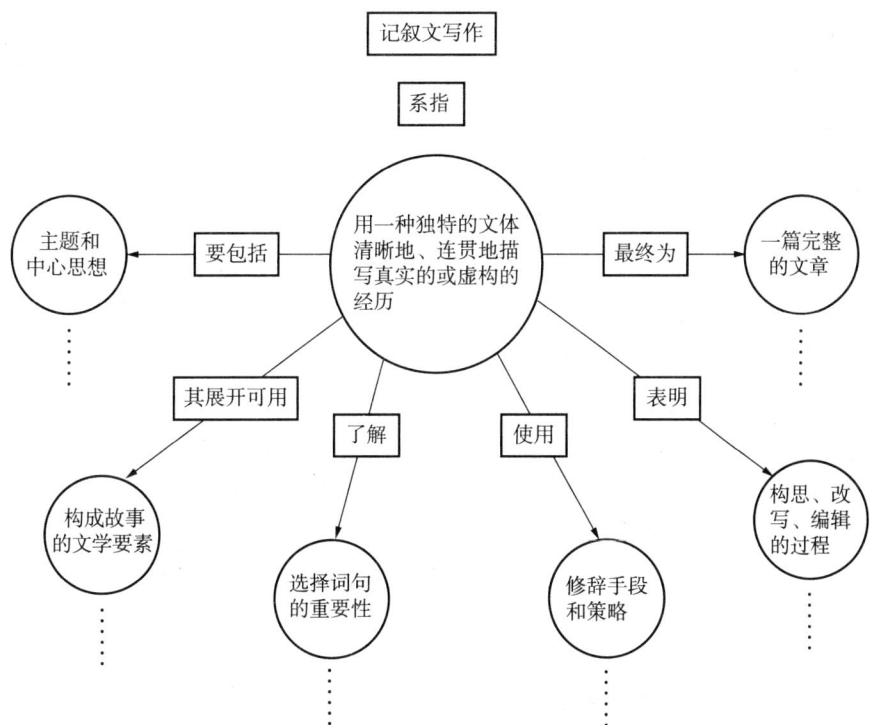

图 3.11　空缺式学习导图示例

师生共创学习导图。教师应该先自己绘制出完整的学习导图，再开始单元授课，但向学生展示导图时应好像是当场当面绘制的。教学单元的介绍课无疑是促学的良机，用来唤起学生求取新知的渴望，激发学生一心好学的热忱，对此后的单元学习做出引人入胜的安排。

依据指向问题按部就班地呈现学习导图，要有点像演出一场精巧的舞蹈那样调动学生的兴趣，个中关键在于教师所问的各种问题。教师的问题必须直指学生必学内容的奥妙和魅力，或许教师在单元授课前必做的首要之事，就是不断问问自己为何要热衷于即将传授的单元内容。有钟情所教的教师在前，就会有钟情所学的学生在后，关于教师可采用的许多有效提问策略参见第 5 章。

学生将图置于便于检索处。教师必须确保学生有一处专门保管学习导图的地方，以便每天授课开始时马上取图在手。有些教师提供三孔塑料套筒（通常用于保护投影仪的那种），供学生将有学习导图和指向问题的纸张置于其中，并告诉学生要将它们放在活页夹的最前面，这样学生一下子就能找到学习导图，做好课前准备。有些教师或用彩笔给导图或其他讲义做记号，使某单元的整个授课材料都是同样的颜色，或用硬纸板抄录学习导图，让人一望可知且便于查找。

学生必须在上课前能马上找到自己的学习导图，如果学生丢失了学习导图，只需在上课开始时复制一份。复制学习导图或许有点费事，但这样做可以强化学习，也等于告诫学生不要再次丢图。

日常上课的用图程式

若师生在课堂上例行使用，学习导图就可发挥最大作用。学习导图可促使学生理解教学的先行组织者和后行组织者，亦可用来不断地记入所学的新信息，从而日益聚焦于后行组织者。

先行组织者。在心理学入门课程中我们得知，人们最早或最近的经历是最难以忘怀的，心理学家将此现象称为"首因和近因效应"。在课堂教学中，这意味着授课的最先几分钟和最后几分钟是学习的最佳时间，因此教师要特别注意开课和结课的方式。

许多教师以学习导图为中心来开课，把导图用作直观教具并提出许多问题，从而指引学生知晓他们要学什么、为何要学、怎样去学，以及当天的课与以前的学习有何关联（参见表 3.9 ）。

表 3.9　先行组织者的成分

教师通过提出问题，组织活动，或直接讲解，指引学生去弄清楚：
将学什么
如何去学
今天的课与以前的学习有何关联
为何要学

后行组织者。在临下课的最后几分钟，促使学生将学到的新内容添到学习导图上，同样能强化学生的学习。教师其实可以确保每次结课都用后行组织者，可通过提问促使学生讨论某些问题，例如，今天学了什么？今天所学与整个单元中的大思想有何关联？明天会学什么？（参见表 3.10）

表 3.10　学习导图和指向问题的日常使用

教学活动	有或无
上课铃响时，学生将图摊放在课桌上	
上课时先复习以往与本课有关的所有内容	
使用学习导图来介绍当天的课	
学生将学到的新内容记入学习导图	
每天结课时复习学习导图上指明的学习材料	

养成用图的习惯

师生应该经常使用学习导图，学生可在教师的指导下养成这么一种习惯：一上课就把学习导图和指向问题放在课桌上。如果他们在本该专心学习的时候，还在书包里来来回回地找来找去，就浪费了宝贵的学习时间。

既然学习导图能使学生受惠良多，教师也要养成用图的习惯。有些教师可创建出色的指向问题和学习导图，但往往将它们束之高阁。显而易见，教师不常用图，图就没多大用处。

俄勒冈州比弗敦的教师萨拉·韦勒养成了一个非常简单的用图习惯，即每次课的开头和结尾都用学习导图。她第一次向学生介绍何为学习导图时说，她认为这些导图有助于他们的学习，每次上课都会以复习学习导图开始，并在观图时要学生讨论以下问题：1.已学到什么；2.今天将要学习什么；3.为何要学；4.怎样去学；5.今天的学习与本单元已学的内容有何关联。

后来萨拉解释说，因为她确实想要学生帮助她牢记开课时必做的五件事，要靠学生的仔细观察才能确保自己环环相扣地采用先行组织者："如果我漏掉一个环节，就会在信封里放进一美元。到学年末，师生共同决定将这些钱捐给哪些慈善事业。"

这个小计谋使萨拉当年丢进的钱不过 35 美元，但却收效显著。一上课学生就全神贯注地紧盯着萨拉，看她是否漏掉了先行组织者的某个环节。一旦某天她忘记采用先行组织者，那就得自认倒霉。最后，积攒了一小笔慈善款，萨拉的教学方式也习以为常，学生每天上课都先经过五个环节：复习已学的内容，了解将学的内容，明白为何要学，知道如何去学，考察将学内容与已学内容之间的关联。

变换用图的方式

学习导图和指向问题本是高效的教学策略，可用起来使学生昏昏欲睡则无效果可言。如果教师每天都一成不变地使用学习导图，过不了多久，学生就会让教师看出他对老一套已感腻味。

教师应该经常变换与学生分享学习导图的方式，如果用图新法层出不穷，每天学生都有用图新体验，就会始终精力充沛地进行学习。教师要使学习有新奇感，可采用的方法有：揭示学习内容与学生个人经历之间的联系，通过讲故事呈现将学的内容，运用各种出其不意的手段，使用形态各异的考察学业的形成性评价。上述的种种做法可详见本书的有关章节，在此只简略地谈一谈。

建立学生经历与学习内容之间的联系。教师可采用一种高效教学策略——第 4 章所论的促思提示——来建立这种联系。例如，可给学生播放一则极具说服力的电视商品广告，用此作为讲解何谓"劝说文写作"的开场白。

采用各种各样的"学懂检查"方法。本书第 2 章介绍了形形色色的"学懂检查"方法，教师可以轮流使用，一天换一种。例如，今天用搭档法，明天用回应卡，后天用竞赛法，大后天用白板，等等。

但切记不要让人一上课就感到厌烦，上述的各种策略能使课堂学习变得生动活泼。不过，更重要的是，教师要以自己的好教激情来感染学生，如果学生也有好学激情，就难得口吐"讨厌"的抱怨声。

教学末期的复习

到单元授课结束时，师生势必拟出一份非常实用的学习指南，因它覆盖了单元授课全程的所有学习内容。该学习指南不同于只在单元授课终结时才发放的那种学习指南，是随着单元授课的进程由学生参与构建并供学生随时参考的。到单元授课末期，如图 5.12 所示的一幅完整的学习导图已被学生看过多遍，当学生为参与单元结束时的学习评价再次打开它时，肯定觉得它如同老朋友一样熟悉。

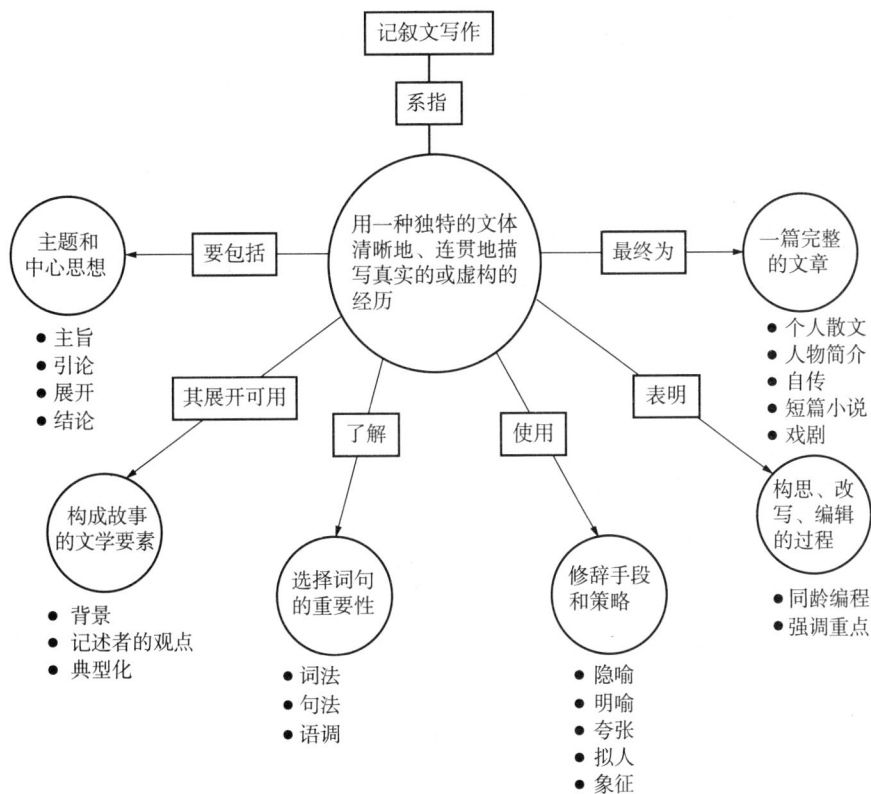

图 3.12　完整的学习导图

　　如何在单元结业考试前复习有关内容，许多教师自有其独特的方式，不过，善用学习导图一定会使备考复习更为便捷。教师可以将学习导图和指向问题与教学单元末期的复习融为一体，其做法是：把学生分成若干合作学习小组，让每个小组负责解答一个指向问题，然后指导学生绘制一幅可以概括答案的学习导图；有些学生已熟知学习导图的结构，可以先由他们择定最适于解答问题的学习导图的类型，如是用顺序型、描述型、问题解决型、对比型还是用因果型，再开始绘制恰当地概括答案的学习导图。

　　在合作学习小组绘制学习导图时，应将第 7 章所述的合作学习的各个要素考虑在内。有时，学生绘图时先将所有的关键信息写入一张张纸条或便利贴，然后将它们按一定的结构排列成某类学习导图图样，最后在便于用投影仪或实物投影仪展示的活页或纸张上绘出学习导图。

　　在关爱学生的课堂（参见第 9 章），每个小组可以选择他们想要回答的指向问题。绘出学习导图后，学生可以通过使用"巡览画廊"的方式（参见第 7 章）分享各自的看法，或直接给其他学生讲解自己的学习导图。

一个小组一次只回答一个问题，在此过程中，教师穿梭于各小组之间以检查学生的解答是否正确。有时，教师在小组解答问题的中途需要提供短时观图的机会，以便尽快地消除误解。如此一来，教师就能确保，学生向他人分享自己的学习导图时不至于"分享"自己的误解。

化思为行

对学生

1. 论述绘制图形的专著或论文大都论及学生如何使用各类图形来促进学习，例如，海尔勒（2009）就写道："归根结底，文中所述旨在使学习者获得建构知识的能力。"马扎诺等人（2001）全面考察教学研究时得出结论："我们越是同时使用两种表达系统——语言系统或非语言系统，我们就越能体悟和回想知识。"学生有机会为加深对所学的理解来自我绘制图形，一定有所获益。

2. 教师应该让学生就为何使用学习导图开展讨论，就用图效果提出哪些有效或无效的反馈意见，还可就自己所喜欢的用图方式提出建议，以使用图过程更有效，更方便或更有趣。

对教师

1. 了解各种图形有何作用的最好方式就是使用它们，教师可以将图形试用于任何一个教学任务，从中发现有效用图或无效用图的具体因素。例如，聚类图既可用作一种构思策略来草拟报告或拟写其他文本，也可用作一种组织方式来安排一天的教学活动。概念图可用来清晰地揭示新课程的意义，而心智图可用来在专业发展研讨会上记笔记。

2. 许多教师使用学习导图来开展自己的课教学计划或单元教学计划，尽管他们最初给学生展示学习导图时感到很别扭。对有些教师来说，使用学习导图算得上开了一个好头，但学习导图的效用必须要经师生共同使用才能体现出来。

3. 开始使用学习导图时，一个便于上手的方法就是设计用于课教学的学习导图。经过几天的设计和展示学习导图，教师对学习导图是否能促进学生的学习就会心中有数了。

4. 教师可主持行动研究来收集关于学习导图是否有效的资料，这类研究可以将学习导图只向一半学生展示，然后比较看图学生和未看图学生之间的学习成绩。如果在课教学中如此展示学习导图，并比较学生之间的形成性评价结果（形成性评价可参见第2章），那么有助于教师判断学习导图的效用，并作出是否继续使用的决断。行动研究的结果往往是有启示意义的。

对教学辅导员

1. 教学辅导员可以与教师合作，利用本章所述的核查表，共同创建学习导图。

2. 教学辅导员要深刻地了解学习导图，应该仔细地阅读本章，深入地钻研"拓展阅读"中列举的部分专著，并利用导图来记笔记，摘录有关专著或论文的内容。

3. 教学辅导员要深刻地理解学习导图，也可以在任何的专题研讨会上使用学习导图，形成自己的用图模式。

4. 既然学习导图是勾勒知识、技能和大思想的，那么，一个教学辅导员所拥有的专业知识总量必然会影响他辅导教师的方式方法。如果辅导员精通所讨论的教学内容（例如，正和一位资深的科学教师讨论其乐于去教的课程）那么，他要起的作用就是和教师通力合作共同创建学习导图；如果辅导员不具备有关的专业知识，他要起的作用就是从学生的角度来看学习导图，指出看不懂的地方并要求教师予以澄清，从而可使更多的学生学会有关内容。教学辅导员若通晓教学内容，一定能开阔教师的教学思路。不过，堪大教学辅导项目所做的研究也表明，辅导员若不通晓教学内容，反而能更快地与教师建立合作伙伴关系。教学辅导员可身兼两任，即可是学习导图的专家，也可是教学内容的专家。

对校长

1. 校长若要推行学习导图，能做的最重要的事情，就是为教师争取到反思和创建学习导图的时间。就我的个人经验来看，一个教师团队若组织合理、积极可干、运作良好的话，用4天或5天就可为一门课程拟定所需的指向问题、学习导图和评价方式。教师若是只凭一己之力的话，绘制学习导图需要更多的时间。

2. 校长和其他管理者面临的第二大挑战是抑制这样的冲动：设计指向问题、学习导图和评价方式，然后交给教师备用。有关知识工作和动机的研究告诉我们，这样的策略不能改进教学实践，因为作为专业人员的教师若要全盘接受为某个教学单元而设计的指向问题、学习导图和评价方式，他自己必须是为此出谋献策的一员。对教授同一门课程的教师团队来说，一个更好的策略是其中所有的教师共同酝酿指向问题、学习导图和评价方式。

行有所思

学习导图唯有学生去看去用才能真正起作用。本章包括了关于如何介绍学习导图、如何在日常使用学习导图的各种核查表，这些核查表可提示教师如何向学生展示学习导图，也可用作检测学生用图效果的工具。教师观看自己的教学视频时，教学辅导员和校长听课时，都可使用这些核查表。我发现，听课之前，听课者和任课教师若能审视导图，并修改导图以适应教师团队的思路，听课就能发挥最大的作用。表明学习导图性质的核查表还可用于绘制学习导图，考察绘制学习导图的方法。

小　结

学习导图……

1. 是以图文的方式展示学生将要学的某个单元的知识、技能和大思想。

2. 能作为单元学习中最不可或缺的要素。

3. 能促进学生的学习，因学习导图一目了然，便于师生循序渐进，揭示教学内容中各部分的有机联系，作为随时可用的学习指南。

4. 将概念图、心智图、思路图、内容结构图、非语言表达形式之特征集于一身。

5. 包括（1）主旨（通常是教学单元的主要思想）；（2）要点（通常纳入椭圆形、长方形、星形等图形中）；（3）细节；（4）线条；（5）线标。

6. 若要发挥最大作用，必须简洁明了，回答所有指向问题，表明教学内容中各部分之间的联系。

拓展阅读

Keith Lenz and others' *Course Organizer Routine* (2005), *Unit Organizer Routine* (2005), *Lesson Organizer Routine* (1993).

David Scanlon and others' *Order Routine* (2004).

Barrie Bennett and Robert Marzano's *Beyond Monet: The Artful Science of Instructional Integration* (2008), *Classroom Instruction That works: Research-Based Strategies for Increasing Student Achievement* (2001).

David Hyerle's *Visual Tools for Transforming Information Into Knowledge* (2009), *Student Successes With Thinking Maps: School-Based Research, Results, and Models for Achievement Using Visual Tools* (2011).

Joseph Novak's *Learning, Creating, and Using Knowledge: Concept Maps as Facilitative Tools in Schools and Corporations* (1998).

Gabriel Rico's *Writing the Natural Way* (2000).

Tony Buzan's *The Mind Map Book* (1993).

第二编
施教实务

> 我们只有尝遍人生的点点滴滴，无论是甜是苦，才能找到快乐。
>
> ——米哈利·西科斯曾特米哈尔伊（Mihaly Csikszentmihalyi）

在我主持的高效教学研讨会上，我播放了"为改变而放歌"项目组摄制的一段视频，该组拍摄世界各地的歌手和乐师演出同一首歌的情景，然后由制片人将汇聚的音像资料糅合为一个视频，使之看起来像所有人都在同时演出同一首歌。虽说音像资料录制于截然不同的时间和地点，可在短短的视频中，这些天南海北的艺人唱起同一首歌来却天衣无缝般地浑然一体。

我播放的视频是世界各地的艺人演唱由牙买加歌手鲍勃·马利（Bob Marley）原唱的《同一种爱》（One Love），在不到两分钟的视频中，随着不同画面的转变，竟然可以眼见遍及五大洲的各国演唱艺人，耳听他们边弹吉他边放声高歌。

放完视频后，我问参与研讨会的教师如何用这段视频作为上课的促思提示，出乎意料，他们的想法却各不相同。有人说可以用此开展关于学习团体组建原则的讨论，有人说用此推动进行尊重文化多样性的对话。从教师出的主意看，该视频可用于各个学科教学的各个方面，如课外学习活动、欢迎家长会、教师上岗培训等。有位教师甚至提出可以用此来传授"公约数"的概念。

教师七嘴八舌地讲完后，我虚拟了一个教学情景请他们评判。

> 有位教师看到了那段视频，决定用此来促使学生理解"主题"这个概念。她放完视频后问学生："谁来说说这段视频的主题是什么？"
>
> 一个女生举起手，说："我看这个主题是技术把我们连接在一起。"
>
> 教师摇摇头说："不，不对，还有谁想谈一谈？"
>
> 一位男生举了手，说："我想这个主题是爱把我们连接在一起。"
>
> 教师又摇摇头说："也不对。"
>
> 教师不断地摇头，不断地询问，直到听到她想得到的回答，即她对这个视频的个人看法。

教师听完后反应强烈，对虚拟的教师的提问导向全都不以为然："这样做败坏学习，不让学生为所说的主题辩护，谁能说教师的看法就是唯一正确的呢？"有些教师还以个人经历现身说法，谈到自己的文学爱好如何被固执己见的教师弄得荡然无存，例如，对一首诗的理解，上课的教师说一不二，完全不顾她们的感触和想法。在讨论中绝大多数教师都反对虚拟的教师的提问企图——得到唯一正确的答案，而这其实就是她自己认定的答案。

当然，提出各种问题以期得到正确答案并非总是错误的提问目标，事实上在某些学习场合通过提问寻求正确答案不失为一种有效的教学策略。例如，我就期望给我乘坐的飞机做飞前检查的人员提出一连串的是非判断题，以使他们从中弄清如何确保飞机安全起飞。对教师而言，关键是要明白怎样就学生的所学在恰当的时机提出恰当的问题，在恰当的时机提出的恰当的问题是一种足以促进引发兴趣记得牢靠的有效学习。不过，同样的问题并不对所有的学习场合具有同样的影响，此处的"好问题"可能是彼处的"坏问题"，并削弱学生对学习的专心与热情，成为学习的障碍。

专心的重要性

最有效地选择和利用形式、类型、层面上恰当的问题，是本章所述的五个高效教学策略中的一个。之所以只谈这五个教学策略，是因为其中的每一个策略都能够促使学生专心学习。

专心是学有所得的关键，如果学生三心二意地对待学习任务，就不会学到教师意欲使他们掌握的东西。不过，专心的重要性绝不限于在校学习方面，一个人要过上有快乐、有作为、有意义的生活全系于其专心。如果放任学生在学习上日复一日、月复一月、年复一年地心有旁骛，他们或许就学不到最重要的一课——全凭专心才有志得意满的精彩人生。

例如，对本职工作专心是获得工作成效和心理满足的绝对前提，人类表现研究所负责人洛尔和施瓦茨（Jim Loehr and Tony Schwartz）认为，许多人在工作时得过且过，首要原因是不专心。两人在其著《全心全意的力量》（Power of Full Engagement, 2003）中说：

> 据2001年初盖洛普组织搜集的资料，美国从业者中对工作全心全意的不到30%，"马马虎虎"的约50%，"有意怠工"的19%（指那些不仅自己嫌弃本职工作，还经常向同事吐露这种不满情绪的人），这么一支无心于工作的劳动大军所造成的损失高达数万亿美元。（p.7）

在人类表现研究所，洛尔和施瓦茨帮助他们来自各行各业的客户——从职业球员到公司总裁的各色人等——学会如何增强对本职工作的专心来"激发潜力"。他们认为，要取得超凡出众的工作绩效，全心全意地扑在工作上是关键。他们写道："要使人们全心全意地干事，就要采取措施使他们体力上肯干，情绪上乐干，智力上有殚精竭虑的重点，精神上有超越贪图眼前自我利益的长远追求"（p.5），并进一步解释道：

> 全心全意始于早上高高兴兴地去上班，晚上同样高高兴兴地返回家的这种心情和能将工作和家事截然分开的这种能力。这意味着任何时候都能沉下心来做该做的事，不论是解决工作上的一个难题，还是管理某一个项目的参与人员，不论是与亲朋好友

共度时光，还是纯粹地自我休闲。"全心全意"实则要求我们的心总要围绕着我们的生活而旋转。（p.5）

米哈利的快乐研究成果同样揭示出专心的重要性，照米哈利的说法，"快乐"其实就是一种"心旷神怡的体验"。米哈利在集其研究之大成的名著《酣畅淋漓：极乐体验心理学》（Flow:The Psychology of Optimal Experience，1990）中说，为了研究快乐，他与其他研究人员采访了世界各地的数万人，并在研究时用了体验样本抽取法——请受访人随身携带电子传呼机一周，并在一有传呼信号时（一天随机响8次）就写下当时的感受和想法。研究人员从世界各地搜集了10万份这样的体验样本，从中发现了"专心"对快乐生活不可或缺的重要性。

米哈利曾访问堪大学习研究中心，在讲述其研究成果时这样说道："人们总是在专心做事时感受到快乐，人们百分之百地用心于所做之事，才能得到极乐体验。正如他所说：'有的人能控制感知的方向，其显著标志是能凭意志集中注意力，能撇开那些让人分心的东西，能全神贯注于一个目标直到其实现。有这种能力的人往往也从平凡的日常生活中体验到乐趣。'"（p.31）无论做何事，只要全心投入，快乐也就由此而生。

戈特曼在戈特曼人际关系研究所的发现进一步证明了专心的极端重要性。戈特曼或许是研究人类亲密关系的世界级专家，他得出结论：专心是人们维持圆满的亲密关系的要素，"专心"——他称之为"心心相印的浓情蜜意"——会使男女彼此形成恋恋不舍的伴侣关系。夫妻若缺少专心或情感沟通，足以预测他们会以离婚而告终。戈特曼写道：

> 可能被妻子起诉离婚的丈夫在82%的共同生活时间不理会妻子对沟通的要求，而与妻子关系稳定的丈夫只在19%的共同生活时间不理会妻子的要求。可能被丈夫起诉离婚的妻子在50%的共同生活时间热衷其他的活动而不理睬丈夫对关注的要求，婚姻幸福的妻子仅在14%的共同生活时间才不对丈夫的要求做出反应。（John Gottman，2002，p.4）

戈特曼由此断言：沟通能力是维系夫妻、亲子、同事亲密无间关系的关键。戈特曼认为："一个人不善于沟通，可能妨碍事业，破坏与他人的友谊，削弱与亲戚（包括子女）的关系，甚至毁掉婚姻。"（p.25）另外，对他人不专心也就无意去沟通："如果你与人交往时不专心，也就不会去沟通……只有你真心实意地对他人及其情感体贴入微，努力沟通，才可能有关系上牢不可破的朋友、亲戚和同事。"（p.66）

专心对于成功的事业、美满的婚姻、幸福的生活是必不可少的，可我感到我们的学校似乎无意间教坏了孩子：什么都不在乎是可接受的，甚至将此作为生活的规范。如果学校放任孩子百无聊赖地混功课、混日子，那么孩子就会养成得过且过的习惯，并将无所事事奉为生活准则。如果学校想要孩子健康成长并有积极向上的人生，就要教孩子认识到唯有专心做事才能得到回报和欢愉。对对教学真正地尽心尽力的教师来说，使学生一心向学才是可以接受的。

何谓学生的专心？

施莱切迪（Phil Schlechty）在其著《专心的学生》（Engaging Students，2011）中将学生的学习参与程度划分为五个层面，并纳入三个范畴。

范畴一为"专心"，学生有如下表现：（1）对学习任务全神贯注；（2）对学习任务全力以赴，无论是否有外在的报酬；（3）坚定不移地完成日益艰深的学习任务；（4）深刻地认识学习任务所蕴含的意义和价值。例如，学生手不释卷地读一本关于哈利·波特的新小说，通宵达旦地玩一款新的电子游戏可称为专心致志，学生热烈地讨论一个重要的课题，忘情地做认为有现实意义的功课同样是专心致志。

范畴二为"顺从"，指学生尽管心不在焉也还是教师叫他们做什么就做什么。施莱切迪认为学生的顺从有两种：一是战略性顺从，二是礼仪性顺从。所谓"战略性顺从"是指学生之所以顺从是觉得从学习中可得到某种回报，对这样的学生，施莱切迪写道："他们几乎总是有条件地去学习，凡是有外在的回报，他们才愿意去学习，取消了这种回报，他们也就撤掉了自己的努力。"（p.17）。所谓"礼仪性顺从"是指学生对学习敷衍了事，能搪塞就搪塞，能偷懒就偷懒，他们宁愿在课堂上聊天、闲逛、给朋友发短信，而不愿完成手头上的学习任务，一旦觉得任务有难度马上就撒手不管。这些学生虽然不是公开地抗拒学习，但总是想方设法地逃避学习。

范畴三是"执拗"，施莱切迪认为有两种表现形式。其一是"不闻不问"，指学生漠视学习，对任何学习任务都毫不在意，千方百计地加以推脱，"他们对自己无所用心，对旁人也无所扰乱"，施莱切迪引用喜剧演员比尔·考斯比（Bill Cosby）的话形容这样的学生：他们善于"睁着眼睛安然入睡"。（p.21）其二是"我行我素"，指学生公然拒绝参与任何学习活动，给他们布置学习任务，他们却聚精会神地听从电脑上下载的歌曲或玩电子游戏。正如施莱切迪所说："这些学生你叫他向东他偏往西，有时他们还老在设法扰乱他人的学习。"（p.21）

本书中所有的高效教学策略都旨在促使学生一心向学。例如，第一编所述的教学计划和学习评价就有助于学生专心学习。如果教师有明确的教学计划，学生采用遵循教学计划的学习导图，他们就会学有所得，而学有所得就会促使学生更加专心学习。一旦学生有明确的学习目标，又清楚地知道自己实现目标的具体进程，他们就会像人们沉浸于电子游戏那样沉浸于学习。

第三编阐明的团体建设策略也对学生的专心学习有积极的影响，而在此处（本书第二编），我将阐述下列五种高效施教实务，当教师培育出积极学习的团队，讲明教学上的要求与期望，强化各种正确的行为，营造关爱学生的文化，这些策略足以增强学生的专心学习程度，亦从独特的方式对学生的专心学习产生重大的影响：

　　1. 促思提示。即能促使人们深入思考并畅所欲言的各种引子，如热议中的视频片段、艺术作品、报刊新闻等。

　　2. 有效提问。用以强化和巩固各种类别的学习。

　　3. 选用故事。教师通过讲故事使学生学得明白，学得扎实。

　　4. 合作学习。在学习时学生之间互帮互学，而不是全由教师一手操办。

　　5. 真实学习。开展对学生有现实意义的学习活动。

```
                        ┌─────────────────────┐
                        │  第4章  促思提示      │
                        └─────────────────────┘
                                 │
                              ┌──────┐
                              │ 阐述 │
                              └──────┘
                                 │
                                 ▼
┌────────┐              ╭─────────────╮            ┌──────────┐         ╭──────────╮         ┌────────┐
│视频片段 │              │  引发交流、   │            │          │         │为提高教 │         │鼓动性  │
│报刊文章 │   ┌──────┐   │ 对话和深思    │  ┌──────┐  │  各种类型 │         │学效果专 │  ┌────┐ │复杂性  │
│卡通漫画 │◄──│ 包括 │◄──│ 的各种手段    │  │ 理应 │  │          │         │门设计，  │  │    │ │相关性  │
│实物照片 │   └──────┘   │             │  └──────┘  ╰──────────╯         │具有    │         │正面性  │
│现实问题 │              ╰─────────────╯                                 └──────────┘         │简要性  │
│艺术作品 │                                                                                 └────────┘
└────────┘
```

各种类型 ◄── 包括 ── 引发交流、对话和深思的各种手段 ── 理应 ── 为提高教学效果专门设计，具有 ── 鼓动性 复杂性 相关性 正面性 简要性

视频片段 报刊文章 卡通漫画 实物照片 现实问题 艺术作品

其有效性体现在

可发挥的功能

促使交流对话
帮助学生建立联系
提供背景知识
促进学生专心学习

第4章 促思提示

> 人们如何能通过动脑思考而领悟真理？其道理正如只有让某人动笔作画才能切实地目睹其真容。
>
> ——路德维希·维特根斯坦（Ludwig Wittgenstein）
>
> 任何明智的行为均源于深思熟虑。无论遇到什么情景，我们总得先费时凝神细思一番，才可能把握大局，认清实质，洞悉来由，知晓利害。
>
> ——玛格丽特·惠特莉（Margaret Wheatley）

教学辅导员谢丽·麦可贝思（Shelly McBeth）和语文教师朱莉·沃森（Juli Watson）在堪萨斯州托皮卡市高地园林中学曾经合作共事，谢丽总是眉飞色舞地谈起朱莉的往事，对朱莉赞不绝口："她的本事首屈一指，自辟蹊径，敢作敢为。总是那么精力充沛，那么雷厉风行，无时无刻不在教学上跃跃欲试，热切盼望教师、学生、所有人都能有所提高，走得更深更远。"

朱莉和谢丽都愿意全力以赴地去肩负教好高地园林中学学生的重任。这里的许多学生家境贫寒，按接济标准需吃免费午餐或减价午餐的比例竟高于88%。朱莉这样说道："这些学生需求的最多只因拥有的最少。"

朱莉当时之所以求助于谢丽，是出于自己的良苦用心：想让学生从读一本小说上得到更深刻的感悟，期望学生通过读这本小说提升到会读书、爱读书的阅读新境界。谢丽曾告诉我："朱莉想让学生知道，编写任何故事都要有若干贯穿始终并使之丰富多彩的要素，如果了解了有哪些要素，也就懂得了如何去读一本书，就能看透书中的象征、主题、脉络所蕴含的深刻意义。"长话短说，朱莉对学生的期许就是要爱读书。

朱莉要学生阅读的小说是《诺文博的蓝调》（*November's Blues*），其作者莎侬·德雷柏（Sharon M.Draper）在自己的网站上说明了创作初衷。她认为当下青少年该读的材料是，"揭示青少年生活在一个倍感压力和纠结的世界，每天都面临着何去何从的两难抉择。因此，我的笔锋不是避开这些青少年必须应对的难题，而是通过虚构的人物和情景直击触及他们或许遇到的各种问题"。（详见网站：sharondraper.com。）

朱莉认为，如果学生能将个人的所见所闻与小说的情节相互挂钩观照，或许才可更切实地领悟到如何读书的真谛。为此她自掏腰包买了多册这本小说，使学生都可人手一册地进行自我阅读，而不是一本小说供多人轮读。朱莉甚至说动该书作者从俄亥俄州搭乘飞机亲赴高地园林中学，用了整整一天的功夫与学生面对面地讨论她的作品。

朱莉将教读这本小说的想法对教学辅导员谢丽如实相告，希望谢丽能在如何使用促思提示上可助其一臂之力——将促思提示作为提供背景知识（如何理解"蓝调"）和促使学生将现实与小说相互联系的手段。

朱莉担心学生难以理解小说中许多关于"蓝调"的提法，因此使用了某些蓝调歌曲作为促思提示，播放这些歌曲后要求学生详述这些歌曲激起心中什么样的感受，与书中主人公诺文博的经历有什么样的联系。谢丽解释了为何要这样做：

> 音乐是书中的一大要素，朱莉想让学生透彻地了解书中的"蓝调"所体现的双重性质。蓝调不仅仅关乎音乐，也不只是一种为了音乐的音乐。蓝调的出现……关乎一种沉郁、悲怆、忧伤的情绪，而这正是主人公当时心情的真实写照。众所周知，有的人受到虐待还得忍气吞声，蓝调所宣泄的就是这些人愤愤不平的情绪，朱莉想让学生懂得蓝调就是用音乐抒发像诺文博这样的心情。蓝调由此彰显其双重性。

蓝调音乐是促思提示的一种，但朱莉还想帮助学生将诺文博及其选择与现实生活联系起来，为此朱莉和谢丽决定采用电影《朱诺》（*Juno*）的片段作为促思提示，用以激发学生探究小说关键情节的课堂讨论。例如，朱莉播放了女主角朱诺告诉父母她怀孕了的那段场景，学生就此讨论少女早孕在现实中可能带来的种种窘境。

凭据诸如此类的促思提示，谢丽说："学生进行了颇有见地的课堂讨论，如什么是社会耻辱，若处于诺文博的境地又有何感受。"单元授课结束时，非正式评价显示学生的确学有所得：学习前测试结果表明学生既不清楚什么是蓝调，也不明白如何通过了解文学手法来促进阅读，可学习后测试的分数则大幅提高。或许真正促使学生取得进步的是对小说产生的那种息息相通的共鸣，谢丽说："许多孩子接着去读莎侬写过的所有小说。"

还有一位能出神入化地使用促思提示的教师是加拿大多伦多赖尔森大学的教授马克·布尔古奇（Mark Bulgutch）。马克曾任加拿大广播公司最叫好的晚间电视新闻节目《举国上下》的主编，也不时地去赖尔森大学讲授与新闻学有关的课程。因为《举国上下》是加拿大收视率最高的新闻节目，而马克的工作职责就是确定如何取舍该节目的播出内容，因此他在形成加拿大的"新闻"上起着举足轻重的作用。

我在赖尔森大学任教时观摩过马克的讲课，他在课堂上善于激发那些未来的新闻记者、媒体联络人、公关专家就哪些新闻应该（或不应该）上电视进行各抒己见的热烈讨论和对话。他上课时引导学生对新闻的认知不断突破原有的成见，但从不给予直截了当的明示或讲解。

马克的授课方法看起来简单，做起来复杂。他播放一些看来有新闻价值的视频片段，然后让学生讨论是否每一个片段都应该上电视新闻节目。我曾多次听马克的课，学生之间那唇枪舌剑的交锋场面，每每令我大开眼界。这些课堂讨论热闹非凡，慷慨激昂，有时课程设置负责人要在马克的课后安排两个小时的课间休息，学生的亢奋情绪才能平息下来。

马克在挑选视频片段上是煞费苦心的，只有那些画面夺目，震撼人心且耐人寻味的视频才在入选之列——尽管所反映的有时是轰轰烈烈的大事，有时是微不足道的小事。其中有一段令我终生难忘的视频，展现了一位母亲刚抵达肯尼迪国际机场就闻听女儿死于空难而悲痛欲绝的情景，摄影机如实地捕捉着这位母亲在人生最脆弱时刻的一举一动。学生在讨论这段视频时分为意见相左的两派：有些学生坚决反对让这样纯属个人的悲痛经历上电视，因为公开播放这段视频就会侵犯这位伤心的母亲的隐私权；有些学生则坚决主张这段视频应该上电视，因为它反映的是遭遇个人不幸时的真情实景，即所有痛失亲人的人们都感同身受的悲哀，他们振振有词地说："如果不公开播放这段视频，那等于是在筛选和粉饰新闻，向所有人掩盖人间悲剧的真相。"

马克并不向学生陈述自己的看法，他用视频片段是为了促使学生独立思考，使他们有机会探究新闻报道原则，为自己确立不可逾越的底线。正是马克提供的促思提示以及由此引发的意见交流，大多数学生每次上完课后都对"什么是新闻"有了更深刻的独到见解。

我曾给马克写信询问他对教学的看法，他回了如下的一份电子邮件："我上完课后，常有一些同学走过来对我说，上这样的课是他们在大学过的最有意义的一天。足慰平生之事莫过于此。"

何谓促思提示？

朱莉和马克都用视频片段作为促思提示，出于下面将要谈到的理由，视频片段，若使用得当，确实是促使学生思考和对话的有效催化剂。不过，我给"促思提示"下的定义是：教师用来促使学生思考、讨论和对话的任何手段。也就是说，促思提示包括视频、报刊文章或专栏文章、漫画、照片、问题、艺术作品、人工制品等，甚至某些单词也可作为促思提示。促思提示不在于其形式而在于其作用：激发人们的讨论、对话和思考。下面我们将考察一些最有效的促思提示，如视频片段、案例、短篇小说、诗歌、艺术作品、报刊文摘或专栏文章以及广告。

视频片段。正如朱莉和马克的课堂所表明的，视频片段是有效的促思提示，因为易于使学生全神贯注于有关画面。教师可用简短的视频增强学生的各科学习，例如，帮助小学生理解数学的"位值"，帮助高中生学好统计学，给幼儿园小朋友讲"分享"的故事时呈现背景，或促使大学的应届毕业生讨论"女性权益"。

案例。案例——或许哈佛商学院所钻研的案例最负盛名——同样可作为有效的促思提示。通常用于高等院校教学的商业案例，大都是简要地描述某个人或某公司在其事业发展的紧要关头时的所作所为。正如戈利奇等人（Golich, Boyer, Franko, and Lamy，2000）所说："案例尽可能客观而详尽地再现真实的事件或问题，从而使读者如亲历者那样重新面临错综复杂、模糊不清或难以捉摸的局面。"斯旺森等人认为：

> 案例是某种时常出现的困境或难题，困境本身和使其日益复杂的因素构成了有利于讨论、争辩和合作学习的重要原料。（Swanson, Elliott and Harmon，2011，pp.8-9）

不过，学生不必亲赴哈佛去接受案例教学，教师就可用案例促使学生思维，在任何学科教学中将学生置于做出重要决策的核心地位。例如，描述人们如何应对环境或伦理问题的案例，或描述人们如何解决数学问题的案例，都可拿来供学生浏览后进行相关的讨论。

案例同样可用于促使学生讨论历史事件或文学作品。例如，学生若了解美国历史中兴起过西进运动，那么就可能讨论那些西行的拓荒者在途中不得不做的实际选择，学生若读过小说《杀死一只知更鸟》（*To Kill a Mockingbird*），就可能讨论书中人物在危机时刻所面临的不知所措的难题。

短篇小说。教师总是用短篇小说来作促思提示，尽管他们或许对此并不直言明说。例如，许多教师曾用理查德·康奈尔（Richard Conneu）的《最危险的猎物》（*The Most Dangerous Game*）引导学生讨论"人命关天"的伦理规范，有些教师曾用雷蒙德·卡弗（Raymond Carver）的《莫因善小而不为》（*A Small, Good Thing*）促使学生讨论诸如同情、宽恕、合群等道德问题。短篇小说同案例一样，可以促使读者深入书中人物的内心，进行将心比心的换位思考，也可以促使读者对各种问题原先所做的自我思考进行反思。

诗歌。诗歌同样可以用作促思提示，促进学生讨论诗歌所反映的主题。诗歌的主题几乎无所不包，因此，诗人提出的促使人们讨论的问题应有尽有。例如，用厄尔·伯尼（Earl Birney）的《大卫》（*David*）促使关于伦理的讨论，用卡明斯的《我从未去过的地方》促使关于爱情的讨论，用温德尔·贝利的《如何成为一名诗人》促使关于科技对生活影响的讨论，用威廉姆斯的《郑重声明》来讨论小中见大的生活情趣（吃了妻子放进冰箱的葡萄干而道歉）。另外，要讨论何为诗歌，应该如何鉴赏诗歌，比利·柯林斯以诗的形式写出的《诗艺导论》堪称最合适的促思提示。

照片。仅凭照片就能触发热烈而有意义的讨论和对话。例如，在科学课或社会课中呈现因环境恶化和气候变暖而酿成公害的照片，就可促使学生认真讨论何谓符合道德的商业行为和政府决策。使用诸如记录民权运动中示威游行的历史照片，就可促使学生更深入地思考这些历史事件的深远意义，或为学生提供加深理解这段历史的背景资料。作为促思提示，若照片用得恰到好处，一张照片的价值比一千个词还有分量。

字词与比喻。有时甚至一个单词都可用作促思提示，教师若在白板上写下"尊重"一词，然后要学生就这个词提出自己的看法，那么，教师就是用"尊重"这个词来作促思提示。

比喻同样是有效的促思提示。组织学理论家加雷斯·摩根（Gareth Morgan）在其著《想象力》（*Imagination*，1993）中认为，人们是借助比喻来拓展考虑问题的思路或进行创造性思考：

> 人们对一个引起共鸣的形象或比喻，会倾尽全力去挖掘其含义，由此形成有助于开辟新思路的新见解……（用比喻作为促思提示）可使人们摆脱传统思想的束缚，有机会根据对人类作为的新设想考虑其应有的新行为。（p.87）

不言而喻的是，既然有形形色色的促思提示，在教师为何应该使用促思提示上当然也有林林总总的理由。

为何使用促思提示？

促思提示促进人们开展对话。对话是指人们与他人深入探讨某一问题时阐明并考察各自见解的交谈，用戴维·伯姆（David Bohm，1996）的话：对话是"集思广益"。作为一种人际沟通途径，对话面前人人平等，即交谈的各方，各方的见解及呈现方式理应一视同仁，课堂上教师可用对话来改变促使学生学习的传统方法。

伯姆所写的《论对话》（*On Dialogue*，1996）短小精悍，言简意赅地介绍了这种人际沟通途径。他从词源学的角度揭示了英语单词"dialogue（对话）"的含义，指出此词源自希腊语中的"logos"和"dia"，前者的原意是"意义"，后者的原意是"通过"，因此，对话就是人们相互表达和交流"意义"的一种沟通方式。伯姆就此写道：

> 就由该词推演而来的画面或形象来看，犹如在人们之间川流不息的意义流……并在流淌的过程中涌现某种新见识。这种见识具有独创的新意，或许已与原初的意义截然不同。这种经众人创造并由众人认可的共同意义成为凝聚社会中各色人的"胶水"或"水泥"。（p.1）

保罗·弗莱雷（Paulo Freire）在其《被压迫者的教育学》（*Pedagog of the Oppressed*，1970）中介绍了对话式学习法，这种学习法是他在给巴西的贫困劳动者开展扫盲教育时发明的。弗莱雷反对全由教师告知学生做什么和学什么——他称之为"储蓄式教育"——的传统教学，提倡师生互为合作伙伴的提问学习。提问学习是对话式的，其目的是促使学生通过反思解放思想，而不是由教师给他们灌输一大推事实。

弗莱雷认为促思提示——即他所说的"可认知物"——是创造条件开展对话的有效工具，他写道：

> 可认知物居于认知主体——师生之间——成为连接双方的媒介……通过对话，所谓学生的教师或教师的学生这样的身份都不复存在，一个描述认知主体新身份的术语应运而生：亦师亦生。教师不再仅是施教者，而是在与学生的对话中变为受教者，而学生也在受教的同时转为施教者。（p.67）

促思提示带来了课堂教学的"权力下放"，也就是说，它们将学生关注的焦点从教师身上转向其他事物，如一段视频、一首诗、一篇专栏文章等，任何人，无论是教师还是学生，都能以平等的身份就有关问题慷慨陈词。虽然教师还要引导课堂讨论，维持教学重点，居中调解争端，关照学用结合，可就实情来说，教师成为了学习者，就像学生一样成为了对话的参与者。

促思提示帮助学生建立联系。今日的教师认识到，只有增强学生的辨识能力，使他们看清学习内容中学用之间的联系，看清知识、技能与大思想之间的联系，才能有效地促进学生的学习。例如，本章前面提到的朱莉之所以使用促思提示，就是为了便于学生将社会现实与小说主人公诺文博的经历联系起来。

阅读的研究者历来强调使学生建立多种联系的重要性。例如，基恩和齐默兰（Keene and Zimmeran，1997）讨论了建立文本与自我、文本与文本、文本与世界之间联系的意义。克里斯·托万尼（Cris Tovani，2000）也指出，如果学生在阅读中建立各种联系，就会得到丰厚的收获，因为，各种联系——往往用促思提示来开启——有助于学生与书中的人物产生共鸣，理解这些人物的内在动机，发挥想象力使阅读内容活灵活现，确立明确的阅读目标和用途，调动阅读的积极性，牢记所读的内容。

促思提示提供背景知识。桑迪·希尔伯内格尔（Sandi Silbernagel）——一位我在教学频道《教学纵横谈》节目中采访过并在本书中多次提到的教师——在教二年级学生读短篇小说《菲莉茜安娜·菲德拉·勒鲁：卡津人的故事》（*Feliciana Feydra Le Roux：A Cajun Tale*）时，引导他们建立文本与文本、文本与世界的联系。书中的小主人公菲莉茜安娜闯进了黏糊糊的爬行动物到处乱窜的沼泽，为了帮助学生更好地了解这个小女孩的冒险经历，桑迪特意选用了相关的视频和照片。她在智能板上播放了展现鳄鱼、长蛇、蜘蛛的视频，学生见了不由自主地口中连连倒吸凉气，也对这个故事有了宛如身临其境的体验。

正如罗伯特·马扎诺（Robert Marzano）在其著《为提高学业成绩而积累背景知识》（*Building Background Knowledge for Academic Achievement*，2004）中言之凿凿地指出，学生具有广博的背景知识，是其学习突飞猛进的最重要的因素之一。他写道：

学生自己对某学科的"已知"，是判断他以后在学该学科的"未知"上能有多大成就的一个最可靠的指标。一般而言，研究者和理论家把人们对某问题的"已知"称为"背景知识"。（p.1）

许多研究都已确证了背景知识与学业成绩有水涨船高的关系，因此，学生若能拥有关于某门学科的大量背景知识，那么学起该学科未知的东西时，就会学得轻而易举，学得超群出众。

常用促思提示可有效地丰富学生的背景知识。例如，学生若看过干旱尘暴区的照片并讨论该区居民会过什么样的日子，就能更好地理解斯坦贝克（John Steinbeck）的小说《愤怒的葡萄》（*The Grapes of Wrath*）。由于促思提示常常是栩栩如生的音像资料，便于学生讨论其中所描绘的一切，因此，它们对任何学科来说都是一个帮助学生了解其内容的窗口，使学生透过别人而非自己的眼睛观看大千世界。

促思提示引起学生关注。我给上千人（儿童与成人）用过上百的促思提示，最先感到的效果是：促思提示吸引了人们的注意力。可视的促思提示——视频、照片甚至用可视手段显示的字词或简短案例——会顿时引起学习者目不转睛的关注，因为现在人们越来越易于被视觉刺激吸引。

伊恩·朱克斯等人（Ian Jukes，Ted McCain，and Lee Crockett）所写的《了解数字一代》（*Understanding the Digital Generation*，2010）充分说明了今天的学生为何偏爱夺目东西的理由，他们根据埃里克等人的研究成果得出如下的结论：

在任何教室中，至少60%的学生不是以听觉或文字为基础的学习者。鉴于日益汹涌澎湃的数字化浪潮，学生是在数字化的新环境中长大的，越来越偏重于形象思维，从而成为了爱看爱动的学习者。（p.29）

促思提示还在其他方面吸引学生的关注。正如罗伯特·马扎诺在《教学的艺术与科学》（*The Art and Science of Teaching*，2007）中所说，不少研究表明，如果学生能就某一争议的问题心平气和地参与对话，或有机会发表自己的看法，就会很专心。而这两种情景大都是使用促思提示得到的。

最后，关于人脑的研究也佐证了教师早就熟知的一点：变化多端能提高人们的关注程度。促思提示像本书提到的其他教学手段，会使课堂教学常变常新，从而强化学生的注意力。就我对任课教师的观察，一旦教师恰当地使用了促思提示，每个学生都会聚精会神起来，那种认真劲儿是装不出来的。

有效促思提示有何属性？

有一段视频是我最欣赏的促思提示之一，反映的是篮球教练莫里斯·奇克斯（Maurice Cheeks）与13岁的八年级女生娜塔莉·吉尔伯特（Natalie Gilbert）的互动情景。娜塔莉在宣扬波特兰先锋队的"感触明星"的活动时脱颖而出，要在美国篮球联赛决赛中波特兰先锋队本场赛开赛时，站在篮球迷的面前唱国歌。视频中，娜塔莉刚唱几句就滑了一跤，她一慌神忘了歌词。她面对的可是17000名现场球迷和数百万电视观众，她不知所措地四处张望，看看是否有人能帮她一把。娜塔莉看来羞愧难当，时隔一两天上《今日秀》电视节目被问及此事时还说："我当时以为那天会是我这辈子最糟糕的一天。"

不过，那天到头来并不是娜塔莉人生中最糟糕的一天。她跌倒后不过数秒，奇克斯教练就跑到她的身边，一边哼唱着歌词一边打手势叫现场观众一起唱，这样的同情举动使全场都感到"她准行"。她确实行！在奇克斯的帮助下，这位八年级女生又放声高唱，和她齐唱的有现场的17000名观众，球场上的篮球队员，甚至还有对方球队的教练唐·纳尔逊（Don Nelson）。最后，她顺畅的演唱赢得了满场喝彩，证明了自己的确有高超的歌唱实力。她对节目主持人凯迪·库里克（Katie Couric）说："那天原来是我这辈子最美妙的一天。"

我的同事阿米·佩蒂（Amg Petti）那天也在赛场，向我谈到了当时的感受："这么个小姑娘，还中规中矩地穿着一套舞会礼服，走出来要演唱。她看着座无虚席的看台，显得惶恐不安，怎么也张不开口。我们都屏住呼吸，暗暗为她着急。就在这时，奇克斯哼唱着歌词跑向她，我们这些也算见过世面的大人——每一个——见此也情不自禁地大喊大叫地唱起国歌来。"

只要播放了这段视频，总能引发热烈的讨论，因它体现了有效促思提示的几个特征。

鼓动性。有效的促思提示给人强烈的刺激，展示后会使人迫不及待地要谈谈对所见所闻的感受，上面的视频完全具有这个特性。娜塔莉的无能为力，奇克斯教练的及时援手，国歌激发的爱国情怀，凡此种种交织为感人肺腑的故事。我曾数十次将这段视频作为促思提示播放，每次人们看完后都自发地拍手鼓掌，人人不待催促就交头接耳，七嘴八舌地倾诉各自的观感。看过这段视频，每个人都急切地要将自己的感触一吐为快，该视频的鼓动性由此可见一斑。

复杂性。上述视频之所以说是有效的，还在于人们可从多重角度去看并得到各不相同的体验。这个故事绝非如此简单：一个中学生摔个跟头，一个好心人伸手去扶。我在研讨班上问过参与者一个简单的问题："这位篮球教练的表现从哪儿反映了教学辅导员或负责人的应有作为？"他们的回答形形色色，看法各异。

有人说，奇克斯教练善解人意，让小姑娘由衷地感到她能行，绝不可半途而废。有人说，奇克斯教练急人之困，虽在唱歌上绝对赶不上帕瓦罗蒂，却给了娜塔莉最需要的帮助——继续唱下去的歌词和鼓励。有人说，奇克斯教练勇气非凡，敢于"自不量力"地在众目睽睽之下用并不擅长的唱歌去救场。有人说，奇克斯教练施不望报，待娜塔莉大获成功后便悄然退场，让娜塔莉成为众人注目的中心，接受来自四面八方的掌声。也有人说，奇克斯教练生性淳朴，该做之事就要义不容辞地去做——当时他唯一的念头就是别让小姑娘下不了台。

我曾用过的促思提示中，有的寓意一见便知，十分单一，但据我和他人的经验，那些只可能带来同一反应的促思提示难以激发多种想法。有效的促思提示可从多角度去看，而其之所以有效，就在于其复杂性。

相关性。不论是谁，看了奇克斯教练帮助娜塔莉的视频，总免不了有所触动。有些人或许会想起自己在大庭广众之下退缩或怯场的经历，有些人或许记得自己的子女或学生也有类似的遭遇，有些人则把奇克斯的善举视为一种激励人们见贤思齐的号召。我在德克萨斯州理查森为校长开办的领导力研讨班播放这段视频时，还未等我发问，有位校长就大喊起来："这就是我要做的，这就是我要为孩子做的。"她的同事纷纷鼓掌表示赞同。

有效的促思提示就有这样强烈的影响力，它闯进每个人的心坎，可直接与每个人的所见所闻联系起来，促使我们不得不思考，不得不反应，不得不将观感一吐为快。学生是凭个人经历来体验促思提示的，打动学生内心的促思提示才算得上是有效的，学生也由此更可能领悟重要的信息。

正面性。我上课时往往是不同背景的社会群体共聚一堂，给他们展示奇克斯充满同情心的助人举动后，常常发现各群体中原先的待人文化为之一变。看到有人无微不至地、宽厚无私地对待他人，各群体之间的互动愈益倾向于相互尊重，相互体谅，正如丹尼尔·戈尔曼在《社交智力》中所说的那样，情绪是可以感染的，因此，传递正面情绪的促思提示能对学习群体的情绪产生有益的影响。有鉴于此，教师应该认识到，他们所做的任何事都在塑造着学习群体如何待人处世的文化。

每次我播放关于奇克斯的视频后，确切地感到人们相互交谈、相互倾听的方式有了明显的转变。当然，并不是要求每个促思提示都要促进正面的情绪，在布尔古奇的课堂上当探究哪些新闻该上电视的界限时，就出现过一些传递负面情绪的视频。教师关键要认识到，每个促思提示都将会影响他们课堂上的待人文化。关于这一点，详见第9章"构筑关爱学生的文化"。

简要性。关于奇克斯的视频作为促思提示之所以是有效的，还在于其用时不长（差不多相当于大多数人唱完美国国歌的时间）。用时短而内涵多的视频可强化观者的感触，增强促思提示的有效性。

把用时过长的视频作为促思提示，常常会失去激发人们情感、对话和思考的效力，其实我用的许多视频还不到一分钟。一个促思提示具有鼓动性、相关性、复杂性、正面性和简要性，就是一个有效的促思提示，简短的促思提示可以留出更多的时间供人思考和学习。

如何使用促思提示？

一个教师如何在课堂上使用促思提示，要看这个教师的教学观是属于建构派的，还是属于详明派。例如，有一则宣扬某著名航空公司的电视广告，建构派与详明派使用起来就各有千秋。

这则广告是一个卡通故事片，说一个年轻人去远方的城市参加求职面试，上路后才惊恐地发现穿的不是同一双鞋，一只是棕色的，一只是黑色的。他如坐针毡地熬过了面试，事后垂头丧气，以为穿错了鞋肯定与那份工作失之交臂了。可喜出望外的是，他竟然接到一个电话说那份工作属于他了。他乘飞机回家，一位和善的乘务员在他睡觉时为他盖上一条毛毯。广告最后响起了画外音：本航空公司助你心想事成——你要到哪儿由你，送你到那儿在我。

详明派的用法。 如果教师将促思提示用于详明教学，使用上面的提示是为了确保学生对所学内容有清晰而正确的理解，意即教师想让学生按自己的理解来理解所学内容。例如，某教师若用宣传航空公司的广告作为开展详明教学的促思提示，那么就是用此视频来阐明编写故事的各个要素，引导学生弄清这一分钟卡通片中的背景、情节、冲突、人物、视点、主题等要素。有时教师还会采用类似表 4.1 的简单图形组织者使每个学生牢记所学的内容。

表 4.1　图形组织者

编写故事的各要素	例　子
背　景	公寓、飞机、董事会、城市街道
人　物	主人公是一个要找工作的普通人
情　节	开场：主人公系领带，准备参加求职面试 渐强：他穿着不配套的两只鞋去参加面试 高潮：他得到了工作 渐弱：飞机乘务员给他盖上毛毯 退场：画外音
冲　突	他穿的不是同一双鞋
视　点	局外人
主　题	这家航空公司帮助你想去哪儿就去哪儿

当教师把促思提示用于详明教学，力图实现一个所看重的目标：促思提示为学生学习提供可借助的附着点。许多研究表明，学生若将学习内容附着于其他事物上，有助于牢记所学内容。马尔科姆·格拉德威尔（Malcolm Gladwell）在其著《端倪：小事如何酿成巨变》（*The Tipping Point*：*How Little Things Can Make a Big Difference*）中用"粘合性"指代"附着性"，他说："人际沟通的关键是如何苦心孤诣地确保信息不要被人当作耳边风，粘合性意味着传递的信息有这样的影响：这个信息你无论如何也在脑中挥之不去，与你的记忆如胶似漆地粘合在一起。"（p.25）

格拉德威尔的这番话特别适用于教师，教师用电视广告作为学生学习编写故事各要素的附着物，或许摆在首位的就是要使教学内容有让学生甩不掉的"粘合性"。

建构派的用法。如果教师出于建构派教学观使用促思提示，他们的目标则是促进学生的思考、开阔学生的眼界、为学生提供从不同视野考察某个概念的机会。教师将促思提示用于开展建构教学，课堂上就没有什么确切的答案，关键是要促使每个人——包括教师——参与对话，通过对话验证自己的看法。课堂上绝不会有唯一正确的答案，因为，每个人都提供一己之见正是所欲实现的教学目的。

如果教师用航空公司的广告作为促思提示，或许用此作为介绍劝说文写作的引子。教师可能播放广告片后问几个简单的问题：这段视频说服你了吗？你看了这段视频想乘坐那家航空公司的飞机吗？你为何被说服或未被说服呢？教师还可播放其他的电视广告，展示大型广告牌、杂志广告等文字广告的照片，然后使学生对比关于劝说的各种观点。

当学生考察了各种观点下的"劝说"后，教师可以指出其中与劝说文写作的若干联系，如亚里士多德曾从修辞的角度提出写劝说文要动之以情，晓之以理，真实可信。这样围绕"劝说"的对话，就提供了相关的学习背景或附着物，最终有利于学生的写作实践。

展现促思提示的六条建议

如何展现促思提示，不管是建构派教师还是详明派教师，还要考虑其他几个问题。依我之见，教师参考下面的建议是很重要的：

1. 为课堂对话建立相互尊重的规范（重视每一个人的发言，先听对方的话再发言，等对方把话讲完再举手要求发言，不要不假思索地脱口回答等）。课堂上没有所谓"放之四海而皆准"的规范，因为，每堂课、每位教师都是独一无二的，不过为课堂建立的各种规范应该是相互契合的，而不是相互抵牾的（第三编第 9 章详述了如何营造关爱学生的课堂环境）

2. 使用形式、类型、层面都恰当的提问，第 5 章"有效提问"逐一细致地解说了各种提问。

3. 留心细听学生的所有回答。

4. 经常用真切的表扬来鼓励学生。若学生说得不着边际或颠三倒四，要仔细倾听以便弄清所说的基本意思，然后用简单的话语将这个意思转述出来，再问学生你转述的意思是否正是他或她所想要表达的。

5. 启发学生找出他们不同看法之间的联系。

6. 要使对话的用时长短适度，太长会使学生分心，太短难以使学生进行缜密的思考。

化思为行

对学生

1. 教师可要求学生将自己的促思提示带进课堂，以便开展课堂讨论和对话。

2. 学生要学会围绕促思提示引导课堂讨论，并要学会提出合适水平、合适类型、合适形式的问题（参见第5章）。

3. 要求学生区分两类促思提示，一类以实例体现有关概念，一类不以实例体现有关概念，这样有助于学生掌握有关概念（Bennett & Rolheiser, 2008），也能扩大或深化学生对知识、技能和大思想的认识。

对教师

1. 教师事关促思提示面临的第一个挑战就是找到合适的促思提示，得像要找到破案的蛛丝马迹的侦探，随时留心可作为开展有意义讨论的照片、广告或视频。为一个教学主题，只要用用谷歌搜索或查查YouTube，常常能找到非常合适的促思提示，例如，最近我在YouTube上上打上"统计学"，就找到了许多特别适合我用作促思提示的视频。

2. 教师也可从日常经历中寻找促思提示。例如，读杂志、看电影、查YouTube，随时提醒自己，说不定电影中的下个场景就是个相当不错的促思提示。这不是说，教师看电影时分分秒秒都在关注"后面有没有合适的促思提示"，不过，如果教师迫不得已要耐着性子看完一场并不喜欢的电影，那么从中寻找促思提示或许能自得其乐。

对教学辅导员

1. 犹如教师一样，教学辅导员也得寻找促思提示。

2. 教学辅导员可以建立一个用于分享的数码促思提示库，若条件允许，可以将该库以数码方式提供给学区的所有教师。

3. 教学辅导员应该善于观察，注意师生用于教学任务的时间（参见第三编），帮助教师设计和使用各种评价方式（参见第2章）。用于学习任务的时间的数据有助于教师弄清使用促思提示是否可提高学生专心学习的程度，而形成性评价的结果则表明促思提示是否有助于学生学会必学的知识、技能和大思想。

对校长

1. 校长应该促使教师经常开展有关促思提示的讨论，从而使这个术语被教师熟知和经常使用。

2. 校长要推广促思提示可自己带头使用促思提示。例如，校长在主持教学研讨会时可播放"教学频道"的简短视频，从而促使教师就其所见表达自己的看法，另外，校长也可向教师展示案例、短文等促思提示，然后提出有效的问题（参见第5章），从而为会议期间开展对话细致准备。

行有所思

当人们（观看自己的教学视频的教师，听课的教学辅导员或校长）观察如何使用促思提示时，有几个观察要点：第一要观察用于学习任务的时间（参见第11章）以弄清促思提示是否可提高学生专心学习的程度；第二要观察学生的考试或学懂检查的结果，以弄清用不用促思提示是否对学习造成不同的影响；第三要观察师生在课堂上说话各用多少时间；最后要观察在讨论促思提示时所提问题的类型、形式和层面（参见下一章）。

小　结

1. 促思提示是促使人们交谈、对话和深思的手段。

2. 促思提示可以是视频片段、报刊文章或专栏文章、漫画、照片、现实问题、艺术作品、人工制品等。

3. 促思提示可以促使学生相互交流，帮助学生理解教学内容各部分之间的联系，向学生提供背景知识，激发学生的学习兴趣。

4. 有效的促思提示应具有鼓动性、复杂性、正面性、相关性、简要性。

拓展阅读

Parker Palmer's *A Hidden Wholeness* (2004).

Paulo Freire's *Pedagogy of the Oppressed* (1970).

William Issac's *Dialogue* (1999).

David Bohm's *On Dialogue* (1996).

Chip and Dan Heath's *Made to Stick: Why Some Ideas Survive and Others Die* (2007).

Malcolm Gladwell's *Tipping Point* (2000).

第5章　有效提问

阐述

如何在合适的时间提出合适的问题

理解

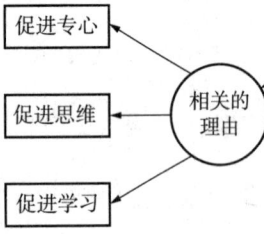

相关的理由

促进专心

促进思维

促进学习

提问符合

提问符合

适当的形式

适当的种类

开放题　封闭题　是非题　征询题

提问符合

适当的层面

大思想题

技能题

知识题

第5章 有效提问

> 先有问的巧，才有答得妙，历来如此。

> ——卡明斯（E.E.Cummings）

我曾采访过教学辅导员马蒂·埃尔福德（Marti Elford），请她谈谈参与堪萨斯教学辅导计划时的感受。我话音未落，她就说最想谈的是"提问"。马蒂说："提问很有用，用得好能带来预期的教学效果，对这一点我深有体会。"她对我说："有效提问可以提高学生的专心程度，促使教师反思教学现状，寻找促进学生学习的方法。"

马蒂谈到了她与拉娜·托马森（Lana Thompson，化名）的教学合作，拉娜是一位向她求助的英语教师，虽然有25年的教龄，但感到有必要改变自己惯用的教学方法。马蒂说："拉娜说想学到如何才能提出恰当的问题。她能一针见血地抓到她教学上的要害，难能可贵。"俩人初次商谈的几天后，马蒂去听拉娜的课，看拉娜是如何教莎剧《麦克白》（Macbeth）的。

马蒂对我谈到她听课时的感受："着实令我吃惊，拉娜提出了不少问题，但所有提问都可归于一类，即问的都是非常直白的问题，如'麦克白遇到了什么人？''身边的女巫都代表着什么？'"诸如此类的浅显问题成为拉娜想吸引学生注意力的"习惯"。

可学生毫无兴致，马蒂说："前排的一两个孩子将头靠在书桌上，许多学生可说是不务正业——或是乱涂乱画，或是偷看闲书，或是做其他学科的作业，只有几个学生望着拉娜。她时不时地点出一个学生回答问题，点出的学生倒是一问就答，可这些问题全是学生不必细读教材就能作答的……这些学生，身在教室心在外。"

正如马蒂注意到的，拉娜提出的每一个问题差不多都属于同样的提问，本章后面要谈的提问类别中就包括了此类提问。课后两人一起审看记录上课实况的资料，拉娜看到自己竟然提出那么多问题后非常吃惊，然后和马蒂一起分析这些问题，而这些问题一经分析就十分清楚，拉娜问的几乎都是肤浅的封闭式问题。马蒂说："在我听的那次课中，拉娜问的开放式问题仅两个，而封闭式问题有50个之多。"

审看课堂记录资料后，马蒂和拉娜又商量如何使用不同的提问方法，马蒂请拉娜预先确定自己的教学目标，然后再一起构建所要提出的问题。用马蒂的话说，这些问题"要像指引如何实现教学目标的路线图"。俩人反复推敲后，确定了"用于90分钟课的五六个关键问题"，拉娜也下定决心要在下次课中试一试不同的提问方法。

后来拉娜上课时尽管提出了那几个关键问题，可马蒂看得出来："拉娜提问时有些矫揉造作，看起来很不自然，她好像也感到这一点，别别扭扭的，整个肢体语言就像在说'我可不喜欢这一套'。"不过，拉娜还是竭力不打退堂鼓，马蒂说："我指的是，拉娜能以全班的学习为重。看到那么多学生在课堂上分心走神，学习成绩低下，她对自己的教学效果耿耿于怀，因此，即使改变提问方法让她感到很不自在，她依然决心无论如何也要试一试。"

刚用新的提问方法时，马蒂说："孩子们好奇地望着拉娜，好像在问，你是什么人？还是不是我们的老师？"不过，渐渐地，学生"开始打起精神认真地去听老师所提的问题"。随着上课的推进，学生也日益活跃，昏昏欲睡的沉闷气氛一扫而空，"七嘴八舌地纷纷议论"。快到下课的时候，"你争我抢地回答问题，除了两三个学生，谁都想说出自己的看法"。

学生"从埋头睡觉到抬头发言……可谓是一种'剧变'"，据马蒂的估计，第一次课上专心学习的学生或许只有2%，而到了第二次课上超过了90%。马蒂承认："仅靠我自己是难得拿出牵一发动全身的主意的，正是因为有位真心实意地急欲改进教学的教师，才让我无意间找到使学生懒学的难题迎刃而解的有效对策。"

什么是马蒂与拉娜合作时亲身感悟到的有效对策呢？马蒂这样对我说："预先确定要提出的问题，统筹兼顾地提出这些问题，针对学生所学内容因势利导地采用适宜的题型。"

为何教师要深思提问的有效性？

我的体验与马蒂的别无二致——选用形式、类型、层面上恰当的问题是高效教学的最关键的一个环节。据我的听课经验，课堂上的交流显得单调乏味，令人无精打采，往往是教师用那些不需深思就可简答的问题试图推动交流所致。拉娜关于《麦克白》的提问（如"是谁在煮锅旁边？""三女巫做出了什么预言？"等）完全可以不假思索地脱口回答，整堂课上并无多少学生专心学习也就不足为怪了。在课堂上，肤浅的问题，对学生来说就毫无专心、思考、学习的价值可言。学生看起来个个精神恍惚，无论是谁听课，看到这种上课的境况都可能以为学生根本不在意学习。

如果这些听课的人去餐厅看看这些学生，可能看到这些学生个个兴高采烈，津津有味地谈论各种话题，如最新流行的电子游戏、谁将是大学篮球队的头号选手、时事要闻、即将参加的比赛、有关朋友和自家的近况等等。学生要是对某一话题感兴趣，必然会全神贯注于这个话题。

因此，教师的重大责任是上课时提出能激发学生如同在餐厅中进行热烈交流的问题，使学生有着同等水平的专心、思考和学习（学有所得）。恰当的问题促使学生专心于求解问题，而专心于求解问题促使学生深入思考问题，学生一旦专心于求解问题并深入思考问题，学习也就在其中了。

在本章，我要阐明不同形式的问题（开放题与封闭题），不同类型的问题（是非题与征询题），不同层面的问题（知识题、技能题与大思想题）。另外，还要讨论应该如何对不同形式、不同类型和不同层面的问题用得其所。

问题的形式：开放题和封闭题

开放题。人们论及学校中使用的问题时，几乎每次都会用到"开放题"或"封闭题"这样的术语，可对这些术语至今并无公认的定义，只要搜索一下网络，马上可看到对"开放题"或"封闭题"有数不胜数的定义。通常，人们是根据某个问题可引发的答案的详简来判断其归属的形式，开放题引起较详尽的回答，而封闭题引起较简短的回答。不过我在和教学辅导员的合作中感到，若要确保讨论问题形式时不至于各说各话，采用更为精确的操作性定义是有所助益的。

我认为，开放题是指答案数量不可穷尽的问题（参见"开放题示例"）。例如，如果问："你喜欢披头士乐队的哪一点？"显然有因人而异的各种答案。有人可能会说，披头士乐队不厌其烦地修改《军士》(*Sergeant Pepper*)一歌，有一股不满意就重来的韧劲；有人可能会说，他们特别欣赏"四个披头士"在电影《狂欢一夜》(*A Hard Day's Night*)中的表演。或许，有人会讲到第一次听到《嘿，茱迪》(*Hey Jude*)（后就难以忘怀，也有人会说为何赞赏披头士乐队的政治观。总之，可能的答案多到不可胜数，我们认为，有鉴于此，上述问题在形式上属于开放题。

开放题示例

> 日本袭击珍珠港时，你若是美国总统会采取什么措施？
>
> 智利诗人巴勃鲁·聂鲁达如何用意象打动读者？
>
> 什么可看作自然界中系统运作的典范？
>
> 你打算怎样解决这个问题？
>
> 人们显示互相尊重时有什么样的举止？
>
> 人们怎样判断行为的好坏？

封闭题。我认为，封闭题与开放题恰恰相反，是指答案数量可以穷尽的问题（参见"封闭题示例"）。如果有人可以正确地连续回答一个封闭题，那正确答案也总有用完的时候。例如，如果问："哪些城市是加拿大的省会？"回答这个问题的人或是答不全所有的省会城市，或是答全了 10 个省会城市（如果还说出了加拿大三个地区的首府则加分）。既然一个封闭题的答案是有限的，这个问题总能得到完整地解答，也就是说，每个封闭题都有一个完整的答案，即使答题的人可能给不出完整的答案。

一般而言，封闭题引发简短的回答，但要再次指出，要确定一个问题是不是封闭题，并不看答案是否简短，而要看答案是否有限。若要完整地解答"堪萨斯市所有社区的名字是什么？"这个问题，得给出一个详尽列举的答案，但是根据我下的定义，这仍然是一个封闭题。

封闭题示例

你多大岁数了？
何谓故事的背景？
这个句子中的哪个词是副词？
元素周期表是怎样排列的？
毕达哥拉斯定理是什么？
你若去荒岛打算带去的五张歌曲专辑是什么？

若要理解封闭题与开放题的区别，不妨在心目中比较一下封闭的场地与开放的场地。封闭的场地四周由篱笆环绕，在里面跑步的人跑得再远也只能以篱笆为限，而开放的场地并不以篱笆为地界，跑步的人因无限制想跑多远就可跑多远。封闭题犹如封闭的场地，是有界限的，即答案的数量再多也是可数的，而开放题则如无边无际的开放空间，从理论上讲其答案是无数的。

两种形式的问题其实并无好坏之分，开放题也不是在一切场合下都优于封闭题。不过，教室中的人际交流显得索然无味，大都是因为教师本该用可启发真正思考的开放题时却用封闭题来推动交流。

封闭题当用来确证和检验学生对学习内容的理解程度时常见成效，我曾见过的学习气氛极为高涨的课堂，有许多次是教师口头上快速地使用一连串封闭题来考查学生对所学的理解，学生个个聚精会神，随时准备起身抢答问题。

琼·舒马克和简·谢尔登在《句子写作策略》中解说了为何一旦学生学到正确写出不同句型的某种策略后，就可使用封闭题来进行"学懂检查"和维持学生对学习的关注：

> 在问及这项策略之前，学生一定已知某些概念的定义并能不假思索地列举该策略

的各种步骤。因此，处在这种教学阶段，教师可向学生提出口头上复述重要术语的定义和列举有关步骤的问题……这种口头练习以"连珠炮"的方式用于全班学生时可以又快又好。教师采用这种方法时能顺次地点每个学生回答问题，并顺理成章地引出该策略接续的定义或步骤。（Jean Shumaker and Jan Sheldon，2005，p.5）

语言教学中用于口头练习的封闭题在确定学生是否记住关键词语时非常有效，不过，知道某策略的步骤和在写作时运用这些步骤是两种不同的掌握水平，这就是为何在舒马克和谢尔登的书中"口头练习"只是其详明教学程序的一个环节。书中所说的详明教学程序分为以下八个环节，即（1）提出学生必须完成的各项任务；（2）描述；（3）示范；（4）口头练习；（5）受控练习；（6）高级练习；（7）面向通识综合各项任务；（8）通识（Ellis, Deshler, Lenz, Shumaker, & Clark，1991）。

仅仅提出封闭题难以促使学生融会贯通地掌握学习内容，但嵌在详明教学程序中的封闭题则可收到显著的学习效果。有些教师从不使用详明教学的各种方法，因而难得提出封闭题，有些教师则致力于详明教学，因此会提出大量与开放题配套的封闭题。关键不在于提出什么样的问题而在于就合适的教学目标提出合适的问题，这一点也完全适用于下面所说的问题的类型。

问题的类型：是非题与征询题

是非题。顾名思义，是非题指答案有对错的问题（参见"是非题示例"），提出是非题的着眼点是确定学生是否清楚所学的有关知识。一般而言，是非题是封闭式问题。

是非题示例

谁是加拿大的现任总理？

何谓句子的主语？

科学方法有哪些步骤？

平均数、中位数和众数的定义各是什么？

你何时开始上原地踩蹬单车训练课的？

沃尔什等人援引高尔的研究成果（1984），认为在所有的是非题中肤浅的事实性、记忆性或知识性问题约占80%（Jackie Acree Walsh and Beth Dankert Sattes，2004）。正如封闭题与开放题一样，是非题与其他类问题本来无优劣之分，但教师必须小心谨慎地使用是非题，使它们用得正当其时。

征询题。征询题与是非题截然不同，其答案无所谓对错。如果要回答一个设计巧妙的征询题，给出可称作"错误"的答案倒实属不易（参见"征询题示例"）。例如，如果你问别人"你觉得今晚的这场电影怎么样？"你是促使答问的人谈出自己的看法，而不是检测该人具备什么样水平的电影知识。因为看法因人而异，答问的人只要表明了自己的看法，其答案就是正确的。

征询题示例

你觉得现任总统怎么样？
如果你是故事中处在危急关头的人物，你打算怎么做？
你最想弄清的自然界的不解之谜是什么？
这些表明体育运动成绩的统计数字有没有影响到你对体育运动的兴趣？

征询题是引发课堂上学生畅所欲言交流的有效助推剂，因为消除了许多学生（不论是儿童学生还是成人学生）不愿在课堂上答题的忧虑——他们担心当着同学的面给出错误答案。既然只是询问个人看法，说出来也绝不会出错，一旦教师采用征询的方式提问，学生都会急不可耐地参与课堂讨论。确实，在我的课堂教学观摩中，发现难以引发热烈的课堂讨论的一个最共同的因素是，教师常用封闭式的是非题来触发讨论。但对推动讨论而言，开放式的征询题才是优选的问题。

不过，尽管大多数征询题属于开放题，但也不是必然如此。例如，有人问："若按10分制给这场表演打分，你准备打多少分？"这既是一个封闭题，也是一个征询题，因为和所有征询题的答案一样，不论你说什么都可看作精确且正确地表明了自己的观点。

问题的层面：知识题、技能题和大思想题

正如本书第一编中所述，问题可按若干不同的分类范畴去划分。教师可采用其中之一来确定自己提问的适当层面，而任何一种分类范畴也会促使教师对提问做出更深刻的思考。我与许多人持有类似的见解，如像伦茨（Keith Lenz，2004）、埃里克森（Lynn Erickson，2007）、科斯塔（Art Costa，2009）那样认为，将问题分为三个层面是适宜的。用于高效教学的问题的三个层面，正如我在第1章中所说的是知识、技能和大思想。

知识题。知识题促使学生表明他们是否记住学过的信息（参见"知识题示例"），知识题通常是封闭题。

知识题示例

4×4 等于多少？ 何谓名词？ 这个策略的五个步骤是什么？ 哪些国家是坦桑尼亚的邻国？

技能题。技能题促使学生将所学知识应用于新的场合之中（参见"技能题示例"），简言之，技能题是促使人们表明如何做事的方法，通常不是封闭题就是开放题。

技能题示例

根据我们已学的诗歌鉴赏知识，你认为这首诗意欲传递的主旨是什么？ 你如何根据我们已学的数学解题方法来解决自己的一个日常问题？ 根据我们已知的越战史实，能否谈谈越战对未来的美国对外政策有何影响？

大思想题。大思想题指向一门课程中的主题、概念、要旨、内容结构（参见"大思想题示例"），促使学生表明他们如何理解所学的意义，也常常引导学生得到"恍然大悟"的洞见，通常是开放题。

大思想题示例

美国南北的地理差异如何导致南北战争的爆发？ 悲剧的结构蕴含着什么样的人性观？ 如果你把纯净水注射进动物的细胞后会有什么后果？你如何知晓会有这种后果？ 如果你把 10 磅重的石块和 1 磅重的石块同时从帝国大厦的顶端推下，哪个石块先落地？

　　思考提问时绝不限于上述的用于高效教学的各种问题，下面将谈到从另外的角度思考提问时亦可采用的其他问题。不过就我的经验来看，首先考虑问题的形式、类型和层面是改进提问技巧的非常恰当的出发点。

改进提问技巧

　　改进提问就如改进许多学习形态一样，势必涉及如何用新的方式清晰地了解我们周围的世界（在此指我们的提问方法）。教师若不掌握洞察自己所提问题的策略，可能就无法改进提问技巧，也无法帮助学生学习。在《高质量的提问：从研究成果看促使每个学生专心的实践》（*Quality Questioning：Reasearch-Based Practice to Engage Every Learner*，2005）

一书中，沃尔什等人基于萨斯坎德的一项研究（Susskind，1979）认为，教师常常不清楚自己是如何向学生提问的（Walsh and Sattes，2005）。

根据萨斯坎德的研究报告，在这项研究中向教师问以下四个问题：

- 在 30 分钟一节课中你认为自己要问多少问题？
- 有多少问题应是可取的？
- 有多少问题应是学生问的？
- 有多少问题应是最合适的？

平均说来，教师认为自己该问 15 个问题，也确信自己上课时问了 15 个问题；认为学生该问 15 个问题，但确信上课时学生问了 10 个问题。不过，提问现实与教师想法之间的差异颇大，平均说来，教师提出了 50.6 个问题（远远高于教师确信的 15 个），而学生仅提出了 1.8 个问题（远远低于教师确信的 10 个，参见图 5.1）

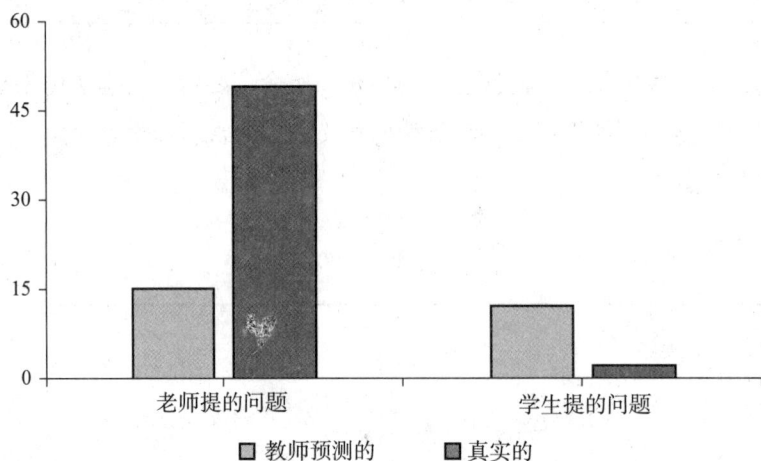

图 5.1 提问技巧：提问现实与教师想法之间的差距

（浅色表示教师原先确信的提问数量，深色表示实际的提问数量，左边为教师的提问，右边为学生的提问）

改进提问技巧通常始于教师清楚地把握提问现实。另外，学习如何改进提问技巧也像学习其他技艺一样，涉及发现看清现实的新视野。教师需要从新视野中寻求看清其所提问题的方法。当教师理解了开放题与封闭题，是非题与征询题，知识题、技能题与大思想题这些概念，也就拥有了一种新视野，从中可找到有效地改进其所提问题的方法。

参与堪萨斯教学辅导研究项目的教学辅导员使用一种简单的方法来弄清所提问题的形式、类型和层面。正如马蒂在辅导拉娜时那样，教学辅导员常用问题分类表（参见表 8.1）记下由任课教师口头提出的与学习有关的每一个问题，然后再与任课教师共同辨析并标明每个问题的形式、类型与层面。

表 5.1　问题分类表

问　　题	类　型	形　式	层　面

形式：开放题，封闭题

类型：是非题，征询题

层面：知识题，大思想题、技能题（原文可能有误，做了调整）

辨析问题的其他方法

在开展堪萨斯教学辅导项目时，我们发现，从形式、类型和层面上分析问题确实有助于改进提问方法，但辅导员也采用其他的分析方法，下面谈谈辨析问题的其他方法。

布卢姆的分类学。正如我在本书和本章中多次提到，当人们讨论"提问"时常常参照布卢姆的教育目标分类学（1956）。其实，在推进堪萨斯教学辅导项目时，我与同事开始研究教师提问时也是首先从布卢姆所提出的六个层面的教育目标来辨析问题，即知识、理解、应用、评价、分析与综合。

高质量的问题。在《高质量的提问：从研究成果看促使每个学生专心的实践》一书中，沃尔什等人旁征博引了各种研究成果来支持自己的断言："高质量的问题与提问处于优质教学的核心"（p.v），并划分了判断高质量问题的四个标准："促使实现一个或更多的精心设定的教学目标；聚焦重要的教学内容；促进学生的思维达到所要求的认知水平；清楚地指向所问的内涵。"（p.23）

建构派的问题与详明派的问题。建构教学与详明教学之间的区别也同样影响到教师所提问题的形式、类型、层面与频率。在详明教学中，教师的提问主要用于检查学生对所学内容的理解和维持学生对所学内容的专注，因此，教师提出的通常是封闭题、知识题，并在短时内提出许多问题。据对详明教学的研究，为了维持学生对所学内容的专注，教师每分钟至少应该提出四个问题（Council for Exceptional Children，1987）。

在建构教学中，教师的提问主要用于触发学生的思维，促使学生得出深刻的见识，设置便于学生能将所学内容与个人际遇相互联系或可从多个角度考察所学内容的场合。因此，建构派的教师的提问思路与详明派的教师背道而驰，提出的是少而精的开放题、征询题、大思想题。的确，一两个问题就足以促成卓有成效的课堂交流，而问题过多则阻碍课堂学习（参见表5.2）。

表 5.2　详明派提问与建构派提问之间的对比

问　　题	详明派	建构派
形　　式	封闭题	开放题
类　　型	是非题	征询题
层　　面	知识题或技能题	大思想题
数　　量	多：每分钟 4 个或更多	少：每次课 1～5 个

教师的重要职责之一就是确定他们进行的是什么样的学习，然后确保他们提出的问题与那样的学习有着丝丝入扣的匹配。

面向学生有效地使用问题

向所有学生提出问题。如果要使所提的问题引起所有学生的关注，那么所有学生必须知道自己有责任回答任何一个问题。如果教师点出一个学生，然后才提出一个问题，那课堂上大多数（或许不是所有）的其他学生就不去思考这个问题。如果教师先提出一个问题，并让所有学生有思考答案的时间，然后再点出一个学生，那么许多学生都会对这个问题进行思考。

举手答题与不举手答题。是否让学生举手回答问题取决于提问的目的与教师的教学方式。一般说来，在详明教学中，我建议教师不要让学生举手，这样所有学生就知道自己随时可能被教师点名回答问题（常常是封闭题、是非题）。不过，在建构教学中进行畅所欲言的自由讨论和对话时则要求学生举手发言，这样教师就可相机调整课堂讨论，便于安排使更多学生参与课堂交流的程序。让学生举手答题也可使教师看出，有些学生在某些场合或许并不愿意在讨论中公开表露己见。

任何学生只要被点名必须答题。在详明教学中，为了使上课的所有学生始终如一地专注于学习，我建议，教师可采用一个简单的例行程序以确保任何一个学生都要回答任何一个问题，而且任何一个学生不能说逃避答题的三个字："不知道。"这个例行程序就是重复、释义、简化、求助。

重复。如果学生说了"不知道"，可取的第一个对策是重复所提的问题。例如，如果教师问："这个句子的主语和谓语是什么？"学生说："不知道"，教师则一字不差地重复所提的问题。

释义。仅仅重复所提的问题常常就会收到意想不到的效果，不过重复后依然听到了那三个讨厌的字，教师接下来可用不同的字眼来转述这个问题，如将有关主语与谓语的问题转述成如下的问题："每个句子都有动词表示行为，有名词表示行为的主体，那么这个句子中哪个是表示行为的动词，哪个是表示行为主体的名词？"

简化。如果释义还是得不到学生的回答，教师则可简化这个问题。例如，教师可缩小有关主语与动词这个问题的范围，或许这样问："请注意我提问的这个部分，这个句子中的动词或行为词有哪些？"

求助。有时学生可能确实不知如何答题，因此还是说："不知道"，教师此时可让学生通过求助来得到答案。研讨班的一名教师曾谈到，如果她的学生支支吾吾地答不出题，就问答题的学生是否愿意给"朋友打电话"求助，如果学生表示愿意，知道答案的学生就把手举到耳边做出打电话的样子，答题的学生可点出其中任何一个学生来提供答案。如果听到的是正确的答案，并要弄清答题的学生是否真正懂得了有关的知识，教师可让答题的学生重复这个答案，如在上例中可要学生讲述怎样才能找到句中的主语与动词。

教师在这个例行程序中用到最后的"求助"是罕见的，特别是所有学生对"任何一个学生都要回答任何一个问题"这个要求心知肚明后更是如此。当然，教师也要循序渐进或因人而异地提出问题，避免有学生因当众暴露出对所学的无知而陷入窘境。解决这个问题亦可用下面的策略。

欢迎错误。人们常引用爱因斯坦的一句话："一个人，永不犯错亦从不创新"，这也应该成为课堂教学中时刻谨记在心的金玉良言。只要学生确实努力答题，不管答对答错，教师都有必要予以认可，并要不断强调"错误乃机会之窗"。教师绝不能嘲笑或戏弄答错的学生，而要想方设法地鼓励学生说出答案（不论对错），甚至可以承认自己所犯的错误，以此说明人人都会犯错，而人人正是于犯错中领悟新知。

如果教师期望学生从所提的问题中学到东西，那么就必须鼓励他们回答问题。在本书第 13 章我将介绍教师可采用的各种增强有效的、积极反馈的方法。不过，鼓励学生答题的重要策略之一，就是避免做出使学生不愿答题的各种事情。不要挖苦、讥笑、忽视正在答题的学生。

避免泄露是非题的答案。提出是非题的目的，是通过答题的对错来判断学生是否掌握了所学的内容，因而泄露正确的答案就使是非题毫无用处。教师泄露答案的途径有很多，但通过非语言交流而泄露尤为突出，比如，或许满脸含笑地提出一个答案，或许谈到正确的答案时就加重说话的语气。要使教师看清自己是否泄露了答案，最简易的办法是给他们的课堂教学录像，然后播放录像让他们看到自己课堂上的非语言行为或说话的语气。

教师为何泄露答案，我认为有两个缘故。首先，他们会面临"赶课"的压力，如果教师发现学生不能回答问题，就不得不停下惯常的教学进程，重教有关的学习内容直到学生掌握；其次，也许更重要的是令所有教师担忧的一个简单事实：如果学生不知道答案，我也不知道如何应对，那又如何是好呢？正是为了避免教师这种忧愁，本书着重阐述各种实用的教学方法。

留出足够的等待时间。苏珊·斯科特（Susan Scott）请求我们在提问时尊重那种"纯净甜美的静默"，可一开始做到这点并不容易。我们本来就生活在嘈杂的世界之中，默默无声的等待似乎极不自然，而对教师来说无声无息地等待数秒就极不自在。有鉴于此，许多教师迫不及待地用自己的答案填补静默的间隙，从而传递出"不答题也可以"的信号，其结果往往是学生对已知的答案欲说还休。

有一段关于教学辅导的视频，里面苏珊和萨拉（Susan Leyden and Sarah Weller）讨论了课堂提问的问题，我看后从中了解到有一个确定等待时间的简便策略。萨拉告诉苏珊（大意）："我在路易斯和克拉克学院上课时学到了确定等待时间的诀窍。授课的教授对我们说，我想你们谁都不抽烟，但想象一下抽烟的情景会有助于你们确定合适的等待时间。你们先提出问题，然后设想自己长吸一口烟的样子，吸进后待感到浓烈的烟味时再缓缓地吐出来，这段时间就该是合适的等待时间。"

我当然不是提倡吸烟，不过萨拉所说的"故事"确实提供了一个如何考量等待时间的新思路。

化思为行

对学生

1. 罗斯欣等人（Dan Rothstein and Luz Santana，2011）认为，应该指引学生自己提问，他们建议采用"问题形成技巧"（Question Formulation Technique，QFT），即要教学生（1）提出许多问题；（2）改善所提的问题；（3）将所提的问题按轻重缓急排个顺序。

2. 教师可要求学生帮助自己做一次"思考审计"，要求每个学生在一张纸上记上一个"分数"来表明自己在课堂讨论中是否有所思考，采用五分制（最低为1分，最高为5分），然后再要求学生记下有何措施可促使他们更精心地思考自己提出的问题。

对教师

1. 教师可以自学提问技巧，其方法是给自己的课堂教学录音，然后听有关的提问并分析这些提问。

高效教学：框架、策略与实践
High-impact Instruction

2. 录制学生上课情况的视频可以显示每个提问的有效性，教师从中可以边看学生边听提问，从而弄清哪种层面、形式或类型的问题能最有效地调动学生投入学习的热情和干劲。

3. 录制上课的视频也可使教师观看自己为学生答题留出多少等待时间，有什么样的非语言交际行为，从而弄清自己是否留出了足够的等待时间，是否泄漏了有关问题的答案。上课的录音和录像能对如何改进问题形成和提问技巧提供许多有用的资料。

对教学辅导员

1. 给教师做提问辅导的最简单的方法，是如实录下教师上课时提出的所有问题，然后和教师一起分析每个问题的类型、形式和层面。围绕提问做辅导的一个好处是，当有几个辅导员都向我做出解说时，一下子就可从中找到最合适的辅导员。

2. 辅导员可以不用录像而用表 5.1 所示的"问题分类表"来给教师做提问辅导，按图中所示记下教师上课时所提的每一个教学性问题（不包括"有没有人拿一支铅笔给卢克用？"这样的问题），然后在课后进行辅导交谈时和教师共同分析这些问题。

3. 当与教师共同改进提问时，要考虑设置与学生专心学习有关的目标（如"95% 的上课时间用于学习任务"），设置与学习结果有关的目标（如"85% 的学生都能交出解答出色的退场券"），设置与学习态度有关的目标（如"在思考审计中得到高出 3.5 的分数）。可让教师自定目标，如在课堂讨论中使用开放题、见解题的比例要达到 95%。

对校长

1. 教师需要考虑的最重要问题之一是，他们的提问是否与学习类型相互匹配，校长等管理人员可促使教师就提问、建构教学、详明教学的相互关系进行讨论。当全校形成了关于教学策略和学习理论的共用词汇，就可显著地提高教职人员相互交谈的质量。

2. 校长可研读《以高质量的提问实施领导：创建同心同德、敢作敢当的共同体》（Walsh and Sattes, *Through Quality Questioning: Greating Capacity, Commitment, and Community*, 2010），从中了解提出更合适问题的策略，并用于领导校内的合作活动。

<h1 align="center">行有所思</h1>

若要收集有关提问方面的资料，任何人都可利用"问题分类表"（参见表 5.1），此表使用方便。去听课或看上课录像，观察者可记下任课教师提出的与学习有关的每一个问题，然后分析每一个问题的类型、形式和层面。有的教师要改进自己的教学实践，可利用该表；有的管理人员要收集某班或全校的"提问"资料，可利用该表。教学辅导员也可利用该表，就像文中马蒂所做的那样。教学辅导员利用此表收集资料，或许是为了节省分析问题的时间，辅导员与任课教师一见面就可拿出此表讨论和分析每一个问题。

小　结

1. 在合适的时间提出合适的问题，可以促进学生的思维，促使学生专心学习。

2. "开放题"引来的答案是无限的。

3. "封闭题"引来的答案是有限的。

4. "正误题"用来确定某人是否正确地掌握了知识、技能和大思想。

5. "征询题"用来征询某人对某个问题的看法，从本质上说不会有错误的答案。

6. "知识题"用来考查学生对某个问题有多少专业知识。

7. "技能题"用来考查学生做某事有多高的能力。

8. "大思想题"涉及教学内容中的概念、主题、内容结构、要点。

9. 在实施详明教学的课堂，教师通常会问许多（每分钟四个）封闭题、正误题、知识题和技能题。

10. 在实施建构教学的课堂，教师通常会问几个开放题、见解题和大思想题。

拓展阅读

Jackie Acree Walsh and Beth Dankert Sattes's *Quality Questioning: Research-Based Pratices to Engage Every Learner* (2005), *Leading Through Quality Questioning: Creating Capacity, Commitment, and Community* (2011).

Dan Rothstein and Luz Santana's *Make Just One Change: Teach Students to Ask Their Own Questions* (2011).

Steve Barkley's *Questions for Life: Powerful Strategies to Guide Critical Thinking* (2009).

Anita Archer's *Explicit Instruction: Effective and Efficient Teaching* (2011).

```
                    ┌──────────────────┐
                    │  第6章  选用故事  │
                    └──────────────────┘
                             │
                        ┌────────┐
                        │  阐述  │
                        └────────┘
                             │
┌──────────┐   ┌──────┐          ┌──────┐   ┌──────────┐   ┌──────────┐
│激发学生兴趣│  │ 相关的 │  ┌──────┐  │如何利用 │  ┌──────┐ │ 一种讲述 │   │层层递进  │
│强化学习动机│◄─│  理由 │◄─│ 理解 │◄─│各种故事 │─►│ 选择 │►│ 故事的   │►│突出主角  │
│助推团队建设│  │       │  └──────┘  │来促进学习│  └──────┘ │  结构   │   │设置悬念  │
│提升学习质量│  └──────┘          └──────┘           └──────────┘   │透露私事  │
└──────────┘                     │      │                          │展现顿悟  │
                            ┌──────┐  ┌──────┐                      └──────────┘
                            │ 了解 │  │ 巧用 │
                            └──────┘  └──────┘
                               │        │
                         ┌─────────┐  ┌────────┐
                         │ 选用故事的 │  │ 个人历史 │
                         │ 教学用途  │  │ 年表    │
                         └─────────┘  └────────┘
                               │              │
                    ┌────────────┐   ┌────────────────────────┐
                    │ 锚固新知    │   │1.画出一条线作为个人历史年表│
                    │ 巩固已知    │   │2.列出其间所接触的人        │
                    │ 促进思维和对话│   │3.列出其间所经历的事        │
                    │ 引发兴趣    │   │4.从中挑选故事素材          │
                    │ 唤起希望    │   │5.完善润饰选中的故事        │
                    │ 提供新视野  │   └────────────────────────┘
                    │ 刻画顿悟    │
                    │ 团队建设    │
                    └────────────┘
```

如果你听到让你动心的故事，好好地珍惜它们，还要学会如何急人之困地讲出来。有时，一个人要活下去需要故事甚至胜过口粮。这就是我们彼此为何要将动人的故事口耳相传并珍藏于心，这样的作为也是人类珍惜自己的表现。

——巴里·洛佩兹（Barry Lopez）

"今天上课，我想先讲一个故事"，汉娜·格兰特（Hannah Grant，化名）站在讲台面对学生这样说。汉娜在一所小规模的非传统学校任教，此时 14 名学生（11 岁～14 岁，大多数是女生）正在上她的美术课。

汉娜从教美术的以往经历中深知，学生到了 11 岁，许多人已经丢掉了当画家的梦想，而且对其他人说他们毫无绘画才能也信以为真。因此，上课的第一天，她最想让学生知道的是，艺术创作是一种最让人心旷神怡的体验，千万不要受别人说三道四的影响，于是她决定先讲一个故事。

"从前，有一个住在农庄的小女孩，那农庄是小女孩最喜爱的地方。"所有的学生都望着汉娜，有个女生举手问："你就是那个小女孩吧？""哦，不错，就是我。不过，让我接着讲故事。"

"农庄里有许多可爱的小动物，小女孩最爱做的事就是静坐在门廊边仔细地观看这些小动物。在这些小动物中，最惹她喜爱的，不用说，是一只美丽的鹅。有一天，小女孩突然想，要是有台相机给鹅拍张照片多好啊，随后又一想，要是像拍照那样给鹅画张画不是更好吗？有了这个念头，小女孩高兴极了。"

在每个学生关注的目光中，汉娜继续说道：

"小女孩马上拿出了笔和纸，她画画时，鹅一动不动地立在她眼前，似乎知道自己就是被画的模特。小女孩画完后，对自己画出的鹅画非常自豪，心中想'谁稀罕相机，我就一心一意地画画'。"

"小女孩长大后去了一座大城市，非常思念农庄的家人和家园。她备感孤独时就禁不住拿出那张鹅画，看着这张画就觉得不那么孤独了。她画出鹅画以来，已经过去了许多年，可她始终如一地喜爱她的这张画。"

"有一天，她决定将这张画给在大城市结识的一个男人看，那人瞟了一眼，张口就挑毛病：'这看起来真像一只鸭，而不是一只鹅。脖颈本该长一些，明暗的层面还要分明一些，眼睛也不是那么直愣愣的。'"

汉娜引述那个男人的话时，孩子发出不满的阵阵嘘声，就好像看到无声电影中的反派角色一样（汉娜看到学生的反应心中暗喜，原来给鹅画恶评的那个人是她的前夫）。

"打那以后，女孩好长一段时间不再拿出那张画，也不再梦想去当一个画家。可有一天，她意识到自己仍然想要画画，并下定决心：她是不是画家，但不管旁人怎样认定，她要一直画下去。她又开始作画，到了今天也未停笔。她爱画画，爱闻颜料的气味，爱看着一张空白的纸如何渐渐变成一幅美妙的画。她满脑子想的都是，努力地创造美。"

说完这些话，汉娜拿出自己创作的几幅画给学生看，学生看着这些画不禁觉得，要是他们的老师早年放弃了画画，那可就太令人惋惜了。

汉娜待学生看完画后说："你们也都能成为画家，'不能'的想法一秒钟也不要有。在我们的课堂，你们会有很多时间去享受当一名画家的快乐，我以前做到的，你们也能做得到。"

"你还留着那张鹅画吗？"学生问。

"嗯，还留着"，汉娜边说边有点难为情地举起了那张画（见图 9.1）。

学生看后上课的兴趣一下子高涨起来，汉娜布置了一个绘画的课堂作业，学生立刻拿起笔着魔似的在纸上画来画去，甚至助教也走到汉娜身边问："你看我能画画吗？"

"当然能！"汉娜说，"人人都能当画家。"

汉娜的美术课就这样以一个故事拉开了序幕。

图 6.1　汉娜的鹅画

为何选用故事？

汉娜讲故事用不了几分钟却一举多得：其一，立即引起学生对上课的专注；其二，传递出她对学生能力的信任；其三，抖落自己的一些私事，让学生感到和蔼可亲；其四，调动学生的学习积极性，让他们兴致勃勃地埋头于绘画作业；其五，使学生得到重要的信念，绝不要让旁人的看法阻碍自己尽力发挥潜能；其六，通过讲一个任何学生都可能联系自身的故事，构建心意相通的学习集体。

在课堂上像汉娜那样讲故事，并不是有效教学策略研讨中一个最常见的议题，人们议论纷纷的是课程、形成性评价、学科知识、精确示范——所有这些确实很重要。不过，讲故事理应在教学策略的清单上占有一席之地，因为自人类有言语交际以来，讲故事毕竟一直是一种有效的沟通方式。你们现在还记忆犹新的教师，最可能是那些用活灵活现的故事给你们留下深刻影响的教师。

1997 年，我为位于多伦多的赖尔森大学伊顿零售学院主持一项定性研究，出于研究的需要，我到加拿大温尼伯、渥太华、多伦多、汉密尔顿、蒙特利尔等地去采访成人大学生。我采访了原在伊顿上过课但仍在就读大学课程的 80 多名职工，花一小时与每个成人学生进行一对一面谈，就他们的大学学习提出各种各样的问题。我就是在这样的访谈中了解到"讲故事"对促进学习的重大作用。

在与成人学生的面谈中，每个人都谈到了任课教师，而且几乎无一例外地告诉我，最优秀的教师就是擅长讲故事的教师。这些成人学生谈到了"故事"有助于自己学习的多重作用：一是引发对学习的兴趣和关注；二是为理解抽象概念提供具体的背景；三是便于记住所学的内容。还有，故事有助于学生联想到教师的授课内容，有助于学生将所学的各种概念用到实处。

详明教学和建构教学中选用的故事

正如本书所述的所有教学策略一样，故事既可用于详明教学，亦可用于建构教学。当教师着眼于详明教学而选用故事时，其目的是使学生按照自己所理解的那样学到所教的内容，换言之，是使自己心中所描摹的知识图景毫不走样地复印到学生心中。为了这种教学而选用故事，是便于学生将对教学内容的理解锚固于一处——借助于每个学生都可与之相连的一个故事。旨在详明教学的教师，会向学生明确地表明故事与所学内容之间的各种联系。

在建构教学中选用故事，则是要催生一种学习经历，即促使所有学生无拘无束地对教学内容形成自己的理解或描摹自己的知识图景。为了这种教学而选用故事，旨在激励学生以自己的先前知识来形成对故事的自我理解。在建构教学中，是学生自己将看似散漫的各个知识点联成一体。

详明教学中选用的故事

在以前播放的电视连续剧《辛辛那提的 WKRP 广播台》（*WKRP Cincinnati*）中，音乐节目主持人文尼斯（Venus Flytrap）给一个在广播台干杂活的小青年阿诺德讲的故事，是我最喜爱的故事之一。为了激励阿诺德继续上学，文尼斯信誓旦旦地说，他只用两分钟就可教阿诺德懂得"原子结构的基本知识"，于是讲了下面的故事。

"在某个城市中有三个小集团"，文尼斯边说边在他们歇息的储物间的墙上画了一个大圆圈："这儿就是他们活动的街区，居于正中的小集团称作'New Boys'。"接着文尼斯描绘了另外两个小集团，一个叫"Elected Ones"，另一个叫"Pros"，Elected Ones 是"带正电的一伙人，一天到晚绕着街区转悠，看什么都不顺眼"，而 Pros 则是"带负电的一伙人"。文尼斯说："有趣的是，这两个小集团相互憎恨，而且始终保持人数对等，完全势均力敌。"

文尼斯继续说："Pros 和 New Boys 把自己的聚集地叫作'nucleus（核）'，这可是一个难懂的词，说是拉丁词，可我觉得有点像斯瓦希里词，意思是圆心。再告诉你一个斯瓦希里词'tron'，意思是'dude（子）'，三个小集团都很喜欢这个词，也都决定用这个词标榜自己，于是 Pros 开始自称'Protons（质子）'，New Boys 开始自称'Neutrons（中子）'，Elected Ones 开始自称……"文尼斯停住口，转头望着阿诺德，阿诺德正确地说出了"Electrons（电子）"。

文尼斯这个简单的小故事使阿诺德记住了原子的各个成分，因此不必大惊小怪：即使文尼斯来一个突袭式的测验，阿诺德也能正确地回答每一道试题。文尼斯，这个被阿诺德叫作"教授"的音乐主持人听后笑呵呵地说："小伙子，你全懂了，得个优。"

如何在详明教学中恰如其分地运用一个故事，文尼斯堪称典范。故事能起到如第 4 章所说的促思提示一样的作用，因为故事为学习提供了将新知紧紧系于旧知的"锚"——从而使所学牢牢地粘合在脑中。这种作用正如两位希思在《论粘合》（*Made to Stick*）中所说：

> 一个故事之所以在学习中有用，是因为它提供了抽象论述中失掉的具体背景。这点可借助"维可牢搭扣"记忆理论说明，即放入可联系我们脑中各种概念的搭扣越多，这些概念就越会牢不可破地粘合在一起……故事起到的就是这种作用——将知识放进

一个与我们日常经历逼真而贴近的一个框架之中。（Heath and Heath，2007，p.214）

如果我们将脑中的概念与另外的事物相联系，就可更牢靠地记住它们。例如，数十年前推销员就知道，如果将他们推销的产品与某首歌相联系，我们就可更好地记住这些产品，几乎谁都不可能忘掉推销广告中那熟悉的旋律。教师同样深知，音乐可用来帮助学生记住所学的知识，许多学生之所以能牢牢地记住重要的信息，也是借助了某首歌。

文尼斯使用故事的目标，是使自己年轻的"学生"如同他所解说的那样，丝毫不差地记住原子的各个成分。当你将故事用于详明教学时，重要的是既要确切地知道你打算要学生记住的各个要点，也要确切地知道如何将故事作为学习各个要点时可系于一处的"锚"。

为详明教学编排一个故事时，可先绘制一份简明的核查表，表中的左栏列出形成某概念、某事实、某历史事件的各个要点，右栏列出故事中与其相应的有关内容。例如，文尼斯可能会绘制如表 6.1 所示的核查表。

表 6.1　文尼斯为其故事绘制的核查表

原　子	故　事
Electrons（电子）	Elected Ones
Protons（质子）	Pros
Neutron（中子）	New Boys
Atom Particles（原子的粒子数）	三个小团体的人数
Emptiness of an atom（原子核）	聚集处
（Nucleus）原子的空间	街区

建构教学中选用的故事

建构教学是使学生有机会对所学进行自主探究并形成自我理解，因此选用的故事，其作用在于启迪而非明确。丹尼士（H.B.Danesh，1994）对于"类推"的评述有助于我们理解故事在建构教学中的作用：

> 类推是有效的教育手段，因为每个人都是在自己成长和成熟的水平上来理解各种概念，另外，每个人会围于自己的年龄、智力、情感而将类推简单化或精致化。（引自 Rowshan，1997，p.28）

库尔茨和凯查姆（Ernst Kurtz and Katherine Ketcham，1994）也详尽地论述了如何利

用意味蕴藉的故事发挥潜移默化的独特效用，其著《体悟不完美：讲述故事和补益之旅》（*In The Spirituality of Imperfection*：*Storytelling and the Journey to Wholeress*）指出："一旦我们的亲身经历令我们想从'故事'中吸取教益，这些'故事'就成为我们增长见识的'新事'。故事不能屈从别人的旨意或硬要灌输给他人，必须按其自身的主线娓娓道来，唯有此才能常驻于每个听者的心灵之中。"为了支持自己对故事的看法，作者在书中讲了一则古老的寓言：

> 一位宗教领袖谆谆教导说："讲故事时若要尊重听者，就要让听者从中做出自己的判断。"有位宗教大师就曾用一则故事作为一本书的开篇，旨在安慰那些在"解释"故事上不知所措的听者。
>
> 一个门徒对长老抱怨说："您给我们讲了不少故事，但从不给我们解释它们的意义。"
>
> 长老回应道："如果有人送你水果，先嚼碎了再给你，难道你还会品尝吗？"
>
> 没人替你发掘故事中的意义。
>
> 即使是长老也做不到。（p.viii）

用于建构教学中的故事，虽然总要先由讲者（教师）开始，但归根结底要由听者（学生）听进去并得出自己的感悟，这样才算是起到了真正的作用。教师创作了一个故事并讲给学生听，学生则要在自己的心中对这个故事进行再创作。正如斯通（Richard Stone，1996）所说，听故事就如讲故事一样，也能是一个创作的过程。

> 你听我讲故事时，你会渐渐地将这个故事改头换面，变成一个与你心灵契合的故事，尤其是你再把故事讲给别人听时，更会凸显非你莫属的个人色彩——故事讲过几遍后，其情节和源头都无关紧要了，它们已融入我们的亲身经历之中，获得了别开生面的生命。（p.57）

故事通过讲者与听者协同互创的过程而获得新生，这不是一个新观点。例如，艾瑟尔（Iser，1978）早就说过，所有文本都要通过再创作才能被理解。在艾瑟尔看来，读故事或其他文本都要涉及读者"居间调和含糊不清的地方"。任何文本或故事总有模棱两可或语焉不详之处，读者的任务就是通过补苴罅漏而理解文本。阅读是读者不断赋予文本新意的一种行为，读者只有这样才能将一个含糊其辞的文本变成一件栩栩如生的艺术珍品。正如照片要浸在显影液中才显露其内容，文本也要在读者和文本相得益彰的互动中才能展现意义。

用于建构教学中的故事，要求师生共同再创作，需要每个人"拾遗补缺"。讲故事的教师若想有效地传递故事的寓意，用文学手法远胜平铺直叙，其原因就在于文学手法多用意在言外的表现技巧。借助类比、象征、明喻、典故等手法，故事传递情感思想的效力就会增强，之所以如此也是因为这样的故事对读者有"启发"而非"灌输"的作用。例如，以一面国旗为某种象征，就会令读者浮想联翩，因为每个读者都可自由地构想国旗所代表的意义——尽管有时读者不能清晰地表达这种意义。

故事的用途

教师可用故事实现课堂教学的若干目标：（1）锚固新知；（2）巩固已知；（3）促进思维和对话；（4）引发兴趣；（5）唤起希望；（6）提供新视野；（7）刻画顿悟；（8）构建团体。下面分别予以说明。

锚固新知。教师若用故事使新知识变得具体生动，易于接受，学生就可轻松愉快地学懂新知识。在电影《飞进未来》（*Big*）中就有这么一场戏，片中由汤姆·汉克斯饰演的主角乔希·巴斯金斯就通过讲一个橄榄球赛的故事帮助一个孩子学代数。若要使故事作为系住新知识的"锚"，故事必须简单易懂，文尼斯讲的故事可视为这种"锚"故事的典范。有效的"锚"故事必须巧妙设计，使故事的具体内容或抽象概念之间的联系显而易见。尤其在详明教学中，教师通常要通过绘图明确地勾勒故事中的具体成分与所学概念之间的对应联系。

巩固已知。故事可为学生提供便于理解所学内容的背景信息，从而为学习奠定更为扎实的基础。例如，关于某位教师 20 世纪 60 年代曾为要求民权而参加游行示威的故事，或许有助于学生理解美国历史课中所探讨的民权运动。与此类似，一位曾在加拿大阿冈昆公园露营和泛舟的美术教师，若要讲讲自己在公园的亲身经历，或许有助于学生更好地鉴赏汤姆·汤姆森（Tom Thompson）的画作。那些提供"已知"作为学习新知的背景故事应该生动逼真，细致入微，足以使学生轻而易举地全面了解所学内容。

促进思维和对话。教师可用故事作为课堂上的促思提示。例如，一位教师为了引发关于何谓良好行为的课堂讨论，可以讲一个小男孩因迫于饥饿而去偷窃的故事。作为促思提示的故事应该简单得易于理解，也应该复杂得可作多种解说。一个简单的故事，若是只能导致一种必然的解说，那就难以引起耐人寻味的讨论，可若是便于从多个角度去议论，则能引发意味深长的对话。

引发兴趣。故事常常用来作为吸引学生注意力的"搭扣"。实际上，面对听众的发言者总是用故事来维持听众的注意力，以便他们从头到尾听完自己的话。能引发听者兴趣的故事通常是幽默的、煽情的，既出乎意料，又在情理之中。这样的故事应该环环相扣，言简意赅，令人着迷回味。

唤起希望。教师可讲一些便于学生联系自身状况的励志故事，以此激励学生奋发有为。斯蒂芬·丹宁（Stephen Denning，2005）就将励志故事称作激励人们开创一番事业的"起跳板故事"。励志故事若是要言不烦则最起作用，教师对故事的细节尽量删繁就简，有利于学生较容易地从故事中看到自己有所作为的广阔天地。最紧要的是，励志故事必须既要贴近学生的现实情况，也要清楚地指向学生有望成功的未来之路。有些故事听起来就像天方夜谭，不管其结局如何令人向往，实则是在消磨人们的志向。

提供新视野。教师若讲一些如实反映亲历者独特感悟的故事，有助于学生从与己有别的多种角度考察问题。在"storycorp.net"网站可听到人们讲述自己人生的故事，其中有许多故事可作为提供新视野的典范。例如，有一个无家可归的流浪汉就谈道，尽管酗酒把自己的生活搞得一团糟，可他仍觉得自己并没白活一遭："我的价值或许远远超过你们刚见到我这副模样时所想的那样"，他讲的如何在别人的帮助下挽救自己人生的故事，情理交融，感人至深，从而证明，即使身为无家可归的人，也能给我们每一个人诸多的人生启迪。

故事还能给学生提供看待自己的新视野，正如詹姆士·洛尔所说，我们都是通过讲述自己的故事来形成自己的人生观：

> "人人都有自己的故事"，说得如此有力，如此体己，我很难把这种提法仅视为一种暗喻，如审视人生的新透镜。你的人生就是你的故事，你的故事就是你的人生……如果你生而为人，你就会不断地给自己讲故事，不管是积极地讲还是消极地讲，不管是有意识地讲还是无意识地讲……不断地给自己讲故事，有助于指引我们的人生航程，因为这些故事提供了明确的航线和航向。（James Loehr，2007，p.4）

提供新视野的故事，如果栩栩如生、激动人心且诉诸文字，就最具感染力，会促使学生与其主人公情投意合。

刻画顿悟。詹姆士·乔伊斯（James Joyce）的作品使"顿悟"一词流行开来，"顿悟"是指故事中的主人公突然对生活的方面有了深邃透彻的见解。例如，在乔伊斯最著名的短篇小说之一《死者》中，主人公加布里埃尔一下子幡然醒悟，意识到他与妻子婚姻关系的实质。

我十几岁时就曾有过类似"顿悟"的体验。那时我利用暑假在加拿大阿尔伯塔省班夫市的一家青年旅社打工，似乎每天都有人来到旅社谎称身无一文，意欲白吃白住。这类谎话听多了也听烦了，我也变得精明起来，对来人盘问不休，直到他们拿出钱来才作罢。我才不管来人讲的故事是真是假呢：如果他们说自己是一贫如洗的穷人，我会怒目而视直到他们吐露实情，如果他们说的确实是真话，我只能表示爱莫能助。

那个夏季的一天，我沿着城区主街——班夫大道闲逛，看见一个警察在一个红绿灯已坏的路口指挥交通。天气炎热，警察满脸不高兴，他横眉冷对着每一辆车，气急败坏地打着手势疏导车流。看得出来，他绝不愿意干这个苦差事，也毫不在乎车中的人——他想的只是让车辆尽快地离开这个路口。

看着警察，一个想法突然掠过脑际："我不就是这样吗？我在旅社对来人穷追不舍地盘问，竟然没考虑到，不管来人的境况如何，他们都是有着真实故事和真实人生的人。"就在那时，我拿定主意要自己牢牢记住，不论何时何地与何人交谈，我面对的都是一个不可轻视的真实的人。

我们大多数人都有过多次"顿悟"的瞬间，从而渐渐形成我们的人品特质。如果我们将自己的顿悟在恰当的时候通过故事再讲给学生听，这些顿悟有助于学生领会重要的知识、技能和大思想。由于刻画顿悟的故事如实反映了真知灼见闪现的精彩一刻，学生离开课堂后对这些故事久久不能忘怀。

构建团队。故事如同促思提示一样可促使形成一心向学的团队，那些洋溢着温情的真实故事可促使课堂形成同样的正面情感，而那些貌视贬低他人或充斥负面情绪的故事也会带来同样的负面情绪。用于培育关爱学生文化的故事应是真切动人、促人向上、令人向往的，真切尤为重要。如果教师讲的故事让学生觉得是胡拼乱凑，那么效果就与教师的初衷背道而驰。

人们听故事时，常常融入自身的经历来品味其中的喜怒哀乐，由此形成情意融洽的团体。我们的私心杂念和先入为主常常使我们"各自为政"，而故事却将我们连成一体。故事具备多种功能：一是可使我们梳理通常是混沌杂乱的人生经历；二是传递因过于简单或过于复杂而难以言明的真理；三是帮助我们弄懂陈年往事的意义；四是促使我们处理棘手的问题并形成自己的独到之见；五是，或许也是最重要的，用恢弘的理念使我们相互沟通，休戚与共，正如罗尔斯顿（W.R.S.Ralston，1873）所说："讲故事在有些情况下似有点石成金的魔力，轻轻一触碰，五湖四海一家亲。"

选故事

每个人的记忆犹如一部百科全书，其中动人的、幽默的、奥妙的故事应有尽有。世界各处的人们无论何时何地相聚交谈，其实都是在分享各自的经历。与人交谈的诀窍就在于记住这些经历，再以别人觉得好像是讲故事的方式复述这些经历。

有一个简便的方法或许就有助你利用个人经历的素材创编出故事。画一张从你出生到现在（或其中一段）的"个人历史年表"，上面列出你人生中依次出现的各类大事，借此你就可着手发掘隐匿于你记忆中丰富的故事宝藏。

在纸上画出一条横线作为你的个人历史年表，在线上标明你所经历的重大的事，你与之共事的难忘的人，等等，你的个人历史年表应该如同一份往事历历在目的自传。随后，你在年表上找出趣事或要事发生的时点。这样表上列出的人物、事件、时点全都可促使你记住自己的故事。

从你的经历中挑出你觉得一件足可创编出一个出色故事的事，一旦选定你就要精心打造这个故事，周密地思考构成故事的各个要素。你可将故事的要素简略地写在纸上或画成一张思路图，从而触发灵感，廓清思绪，最要紧的，你讲的应是一个前后连贯的完整故事。在我主持的故事创作讲习班上，为了便于学员描述构成故事的各种细节采用了录音机。一旦录下了所有的细节，还要进一步渲染润饰这个故事。例如，细腻地描述你亲临其境时的种种感触。还要考虑，你想用故事激发听众什么样的情感？哪些刺激感官的细节是必不可少的？是否你的故事可使听众产生同你一样的视觉、嗅觉、听觉、触觉、味觉？

最后要考虑故事中的各色人物。例如，故事中是否要有正派人物和反派人物，如果有，是何人？故事中是否要有你可能忽视的次要角色？一旦你记下故事中该有的所有事件、人物、细节，你就可以转而构想一种听众一听就是故事的叙事结构。

编故事

无论处在何种文化中，所谓"故事"，都是一种为了发挥某种重要的功能而编排相关事件的叙事结构。正如利沃等人所说：

> "故事"是一种使人知晓和记住信息的方式——一种编排信息的格局或体裁……这种叙事结构源远流长，或许最先是按照初民思维活动的自然顺序，并随着人类记忆和语言本身的发展而发展起来的。"故事"由此亦成为编排语言的方式。甚至幼儿也晓得什么是"故事"，能像讲故事似地说话或表达想法。（Norma Livo and Sandra Rietz，1986，p.15）

或许，将故事与其他沟通方式区别开来的唯一不同之处在于其叙事结构（Chatman，1978;Cohan & Shires，1988;Livo & Rietz，1987;Todorov，1977）。说到底，故事是按一定的顺序编排相关的各种事件，用以详细地描述某种变化过程，即一个事件如何演变成另一个事件的过程。这种编排顺序是一种听众认可的"故事"的叙事规则或格局，一般说来，这个叙事规则讲究从和谐中呈现纷乱，再从纷乱中呈现和谐。

你为自己的故事选择何种叙事结构，当然全凭你自己做主。不过，下面的建议可为你的故事提供一个较为通用的模式：首先描述背景，其次揭示问题或冲突，最后解决问题或冲突。先依次呈现导致问题的各种事件，然后依次呈现使问题解决的各种事件，如果故事中有某种寓意，再加以解说。

层层递进。 丝丝入扣地安排故事的各个环节（如各种事件），后事都是以前事为铺垫的进一步发展。

突出主角。塑造一位动人心弦的主角，着重强调主角遇到障碍或冲突，并以令人钦佩的方式排除障碍或化解冲突的历程。

设置悬念。每则故事看来讲的都是朝着特定方向的演变过程，但要有令听众出乎意料的曲折情节，从而充满悬念，引人入胜。

透露私事。为了密切你与学生的关系，不妨讲讲你自身的故事，使学生更多地了解你的为人和经历。

展现顿悟。有些事件可使人们从新的角度更深刻地领悟原则、品格、信念等概念，涉及顿悟的故事总是紧紧围绕这样的一个事件创编出来的。

用故事

如果教师打算在课堂上常用故事，那就得对如何用故事了然于胸，下面的建议就旨在帮助教师在其主导的教学过程中多用故事。

建立自己的故事库。教师可从自己、家人、朋友或同事的经历中撷拾故事，也可从书籍、电视、电影、报刊中寻找故事，亦可从咖啡店或任何地方听故事。只要睁大眼睛，竖起耳朵，教师就会发现故事无处不在。

我建议，教师可写一份故事日志，无论何时何地一旦觉得是故事，就随笔记下。记得不必太详细，只要记下见一便可知十的若干要点，写日志的载体可是纸质笔记本，也可是电脑或手机。弗吉尼亚州的教师专业发展培训师乔斯林·沃什伯恩（Jocelyn Washburn）随身带着故事日志，随时记下可作为故事的素材，上课之前浏览故事日志，从中挑选适于上课用的故事。

授课中相机穿插故事。建立故事库后，就得在恰当的时机将故事融入教学。如何确定恰当的时机，我认为应该考虑两大因素：首先，考虑教师意欲强化的教学重点是什么。有的教学内容之所以成为教学重点，是因为（1）特别复杂；（2）特别重要；（3）作为贯穿整个学年学习的根基。例如，教师若将知晓"科学方法"作为整个学年的学习目标，兴许会讲一个令人难忘的故事来描述"科学方法"，随后只要学生讨论"科学方法"时，教师就会提起这个故事。其次，考虑讲的故事是否可激发学生的学习兴趣。如果教师知道有一个故事肯定能吸引学生的注意力，那就要想方设法，尽量天衣无缝地将其与相关的课相互交织起来。

故事还可用于绘声绘色地阐明不细说就难懂的复杂概念，例如，要说明"共情"这个概念的各个层面，与其用一张精心制作的核查表，还不如讲一则人们同甘共苦的故事。

以"前言后语"框定故事的旨趣。用什么样的前言后语要看教师的打算，即是将故事用于详明教学还是用于建构教学。用于详明教学，教师的开场白要毫不含糊地说清楚讲故事的理由，促使学生记住某些具体内容。例如，教师对学生说："我要给你们讲一个关于篮球赛的故事，让你们牢牢记住，凡是集体活动就得讲规则。"故事讲完后，教师可概述各个要点，确保学生百分之百地了解故事与所学之间的联系。如果故事用于建构教学，学生则要从所听的故事中得出自己的结论。

要以促进学习为旨归。对把故事用于课堂的教师，我也听到一些非议，说有的教师讲的故事与学习毫不沾边。的确，故事有娱乐性，能给课堂带来欢快的气氛，但课堂教学的任务是学习，因此教师应该先确定教学目标，再据此选择故事。教师讲故事的首要目标永远是促进学生的学习。

谨慎地确定故事的主角。教师讲讲自己的故事，说说自己的私事，或许便于学生看到教师与他们之间的相似之处。教师谈谈自己的困境、奋斗、成功，可能就昭示了重要的人生经验，鼓励学生跨越自己人生征途上的路障。

不过要使学生对你的故事心领神会，学生就得明白你的故事和他们的个人经历有怎样的联系，换言之，你的故事要变成他们的故事。因此，教师如何当故事的主角是应该三思而行的，兴许谁都忍不住要大讲特讲自己的辉煌往昔，但若学生觉得教师是在自吹自擂，那就很可能对故事不屑一顾而不是心驰神往。如果教师讲的励志故事全是对自己"英雄事迹"的自卖自夸，更会令学生心生厌恶。如果教师讲励志故事时，先说"有一个我认识的人……"，以这样方式开头的励志故事或许更能起到激励学生的作用。

将故事用于教学，只要用得恰如其分便可获益良多。一则，故事有助于学生深刻领会难以言传的知识；二则，故事可提供便于学生理解所学内容的背景；三则，故事易于传达出令学生动心的情感、幽默、人性。总而言之，说一个故事是有效的，就是人们听到故事后会想到，每个人活着，都是在与自己同呼吸共命运的他人分享这个世界。怎样创编有效的故事，可参见表 6.2 列举的几条指导原则。

表 6.2　有效的故事

有效的故事要	✓	评　鉴
顶用。故事对学生有用还是只对教师有用？		
精要。裁减冗词赘句，故事越简短越见气势。		
生动。是否有必要的细节来呈现多彩的全景？		
煽情。故事是否触动学生的心灵？		
惊奇。是否有出乎意料的结局？		
自谦。只夸赞教师成就的故事会令学生反感。		

讲故事

讲故事是一门艺术，像科斯比、基尔勒（Bill Cosby or Garrison Keillor）一流艺人有令人听得如醉如痴的口头功夫。其实，我们每个人每天都在讲故事，把故事从餐桌旁搬到课堂上不过寥寥数步，并不像人们想得那么遥不可及。如何讲故事，可参考下面的几个建议。（参见表6.3）

表6.3　如何讲故事

把故事讲好要	✓	点　评
预先筹划		
随机应变		
犹如聊天		
简　单		
短　小		
缓急适度		

预先筹划。讲故事前若能周密思考故事的各个要素，讲的故事就会起到更大的效果。应予考虑的因素有：（1）故事要促以实现的学习目标是什么；（2）谁来作为故事中的主角；（3）故事中的主要冲突或困境是什么；（4）解决问题的办法是什么；（5）主要情节是什么；（6）故事的寓意是什么。

随机应变。不过，过多的事先安排有可能会适得其反，会使人觉得故事虚假造作。故事可使听众间接感受到故事中的各种事件，也就是说应该激发学生与故事中的主角对这些事件产生的类似的情感体验。为此，可看准时机讲一些触发学生情绪的故事。

犹如聊天。课堂上讲故事与餐桌旁讲故事并没有什么不同，人们不必使尽浑身解数来吸引每一个人的注意力，最重要的就是自然而然地讲出组成故事的各种细节。虽然，可能是面对30多个学生讲故事，但使每个学生听起来都像是与自己的私下聊天。

简单。尽量用最简易的方式来表述故事中的事件，最打动人的故事，如有些寓言用词不到100个。一则关于浪子回头金不换的寓言，不到200个词，就充分表明了"慈爱"的力量。希思等人就何谓简单地讲故事说了一段话：

在不可预测的嘈杂纷乱的环境中难以使人牢牢记住各种观念，我们若要做到这一点，第一步就是：简单。简单并不意味着"粗制滥造"或"只言片语"，也不必为求简单而只说单音节词。我们说的"简单"是一言中的，即直截了当地揭示观念的精髓。（Chip and Dan Heath，2007，pp.27-28）

短小。 只要不影响故事的意义，删除可有可无的东西，短小的故事感染力更强。此外，也给学生留出更多的时间来从事其他的学习活动。

缓急适度。 无论干什么，快节奏常比慢节奏吸引人（Archer & Hughes，2011）。讲故事可通过调整节奏来突出不同的层面，停顿用于增强悬念，讲激动人心的场面可加快语速，讲重要的思想可放缓语速，改变音量的大小来区分人物，维持听众的注意力，激发听众的惊奇感。

化思为行

对学生

1. 可让学生自己创作有助于他们了解或记住必学内容的故事。

2. 可让学生自己构思系列故事，提醒他们将系列故事与所学内容联系起来。

对教师

1. 教师只要给自己讲的故事录音，就大致了解自己讲故事的效果了。大多数智能手机都有可清晰录音的应用程序，若有适当的联机设备，教师可在开车回家的路上利用车载音响系统听自己讲故事。

2. 教师也可以通过看书、看新闻、看电影、看纪录片学到许多讲故事的窍门。看晚间新闻也是提高讲课技巧的方法。

3. 坚持写故事日志，并每周翻阅，使编故事成为一种教学习惯。

对教学辅导员

1. 教学辅导员的要务之一是，了解一堂课中不同时点上学生的从学率，从中看出讲的故事对促进学习有何效果。如果一个故事是有效的，那么从学率应该接近或达到100%。

2. 教学辅导员可以和教师个人或团队合作构建一个全校可用的故事库。如果一个学校有50名教师，每名教师向这个公用故事库提供50个故事，或许故事库可以成为每个教师上载其故事的"维基百科"，而每个教师也将有2500个故事可供提取，从中选用适合自己上课的故事。

对校长

1. 校长要在教学中推广"选用故事"，就得为教师提供创造和分享故事的各种机会，可让教师参加"讲故事研讨班"或播放自己在课堂上讲故事的视频。

2. 故事会使人们铭记人类不可或缺的仁义之心。创作和分享故事的机会不仅对学生的学习有正面影响，而且对一个学校的文化有正面影响。千百年来，文化遗产就是通过讲故事这种传统得以发扬光大并代代相传的，既然如此，为何不在你的学校启用这一传统呢？

行有所思

教师要了解讲故事对促进学习有何效果，可比较一下：讲故事时学生记住了多少教学内容，不讲故事时学生记住了多少教学内容。

小　结

1. 当故事被用于建构教学时，教师应以开放的方式讲故事，允许每个学生从中得出自己的结论。

2. 当将故事用于详明教学时，教师应该阐明故事中各要素与所学内容之间的联系。

3. 故事可用来（1）锚固新知；（2）巩固已知；（3）促进思维和对话；（4）引发兴趣；（5）唤起希望；（6）提供新视野；（7）刻画顿悟；（8）构建团体。

4. 教师可用系列故事来建设可用于课堂教学的故事库，教师制订教学计划时参考系列故事。

5. 通用的故事结构包括层层递进、突出主角、设置悬念、透露私事、展现顿悟。

6. 有效的故事要顶用、精要、生动、煽情、惊奇、自谦。

7. 把故事讲好要预先筹划、随机应变、犹如聊天、简单、短小、缓急适度。

拓展阅读

Stephen Denning's *The Leader's Guide to Storytelling: Mastering the Art and Discipline of Business Narrative* (2005).

Richard Stone's *The Healing Art of Storytelling: A Sacred Journey of Personal Discovery* (1996).

Jim Loehr's *The Power of Story: Rewrite Your Destiny in Business and in Life* (2007).

Jonah Sach's *Winning the Story Wars: Why Those Who Tell (and Live) the Best Stories Will Rule the Future* (2012).

Ryan Mathews' and Watts Wacker's *What's Your Story: Storytelling to Move Markets, Audiences, People,and Brands* (2008).

```
                    ┌─────────────────────┐
                    │ 第7章   合作学习     │
                    └─────────────────────┘
                              │
                          ┌───────┐
                          │ 阐述  │
                          └───────┘
                              │
                              ▼
              ╭────────────────────────────╮
    ╭──────╮  │      如何有效地指导          │  ┌──────┐   ╭──────╮
    │相关的│◄─┤理解│ 学生进行合作以          ├─│ 使用 │──►│相关的│
    │ 理由 │  │      达到共同的目标          │  └──────┘   │学习结构│
    ╰──────╯  ╰────────────────────────────╯             ╰──────╯
        │                   │                                │
        │               ┌───────┐                            │
        ▼               │ 应用  │                            ▼
┌─────────────────┐     └───────┘              ┌──────────────────┐
│确保学生专心学习 │         │                   │求教邻座          │
│促进形成性评价   │         ▼                   │思考—结对—分享    │
│促进差异化教学   │     ╭──────╮                 │拼接法            │
│促使学生共同建构知识│   │奏效因素│               │按分排队          │
│发展沟通技能     │     ╰──────╯                 │轮流法            │
│为校外生活做好准备│        │                    └──────────────────┘
└─────────────────┘        ▼
                  ┌──────────────────┐
                  │理解              │
                  │正面的相互依赖    │
                  │期望              │
                  │社交技能          │
                  │小组组合          │
                  │时间管理          │
                  │提醒信号          │
                  └──────────────────┘
```

戴安娜·米兰（Diana Milan，化名）是一名女生，六年级时上萨拉·兰顿任教的科学课，整个学年过得苦不堪言。戴安娜刚来上课时留着一头漂亮的浓密长发，可不久全家人都长了头虱。"戴安娜的父亲懊恼极了，"萨拉的教学辅导员米歇尔·哈莉斯对我说，"因为不给女儿剃光头就无法消除头虱，可此后戴安娜上学时就得一天到晚都戴着头套"。戴安娜本来就是一个羞怯的女孩，这副模样后，面对在学校抛头露面的事儿能躲就躲。

不过，能上萨拉的课说来也是戴安娜的福气，因为萨拉愿意呕心沥血地去帮助每一个学生学有所成。萨拉试图改善教学的办法之一就是经常与教学辅导员米歇尔进行合作。我在本书第 2 章详述过萨拉与米歇尔如何同心协力地实施形成性评价。

为了切中要害地启动教学辅导，萨拉先看自己的授课录像。"授课录像帮助萨拉看清自己点名答题的总是班上少数几个孩子"，米歇尔说。萨拉意识到这一点，正如她对米歇尔所说，"还有一大群孩子其实并没有被顾及"。

看录像"震惊了"萨拉，米歇尔说："我感到，萨拉惶恐，焦虑、内疚，有了一种亡羊补牢的紧迫感。一年那么长时间，以为自己做了许多事，可看了录像，天啊，八个月做的就是这种事，翻来覆去做的都是无用功。现在只有两个月了，要抓紧做些实事了。"

"我记得萨拉说，"米歇尔告诉我，"这些孩子学习时无精打采，旁边的孩子纷纷举手要求答题，可他们还是无动于衷，好像局外人似地袖手旁观。我点名答题的老是那么几个孩子，我也想改一改，可我得知道如何才能让这些对学习冷漠的孩子参与学习，因为这样的孩子在班上占 20% ～ 30% 呢。"

不举手的学生都是英语水平有限的孩子，看完授课录像，萨拉清楚地认识到自己教学上的症结：她难以判断这些孩子是未掌握学习内容呢？还是因英语水平差而羞于在班上发言呢？甚或是根本听不懂所提的问题？

萨拉深知，六年级对孩子的学习来说是承前启后的关键学习期，正如米歇尔对我说的，萨拉心里明白："到六年级，学生之间的成绩差距开始越拉越大……如果学生从未在学习上体验到成功，就会对学习不闻不问，这样混到十年级只得退学。"现实如此，萨拉急欲找到一个办法，使这些孩子可以体验到学习上的成功。

萨拉在与米歇尔协商后，确定了教学辅导的目标：每次课堂讨论，班上学习不上心的孩子的参与率至少达到70%，并最终决定试用"思考—结对—分享"这种学习结构，用以促使这些学生：（1）考虑自己的已知；（2）先和一个同学讨论和确证自己的学习所得；（3）再向全班分享自己的学习所得。

米歇尔解释了为何要采用上述的学习结构：

> 用"思考—结对—分享"的学习结构是基于这样一种思路，即学生听到他人谈论某一学习上的问题，可获取启发性的背景知识。有些孩子，尤其是那些不善于用专业术语表述的孩子，所需要的就是那么一点点启发。因此，学生一旦觉得自己有参与讨论的能力——纵然只是和一个同学讨论——就会增添自信，乐于举手，积极参与课堂上的学习活动。这有点类似自验预言，只要孩子有了初次的学业成功，他们会情不自禁地想："学校不就是这点事吗，哼，我搞得定。"

在为实施上述学习结构的前期筹划阶段，萨拉给在学校熬日子的学生仔细挑选最合适的搭档。例如，和戴头套的戴安娜结对的是一个与人为善、促人奋进的女生，而戴安娜本来就和她谈得来。

萨拉知道，学生需要熟悉预定的学习结构，于是给学生演示讲解思考—结对—分享的程序，并张贴了一张描述如何应用这种程序的海报。她对学生说，"这儿写的是你们要讨论的问题，这儿写的是我对你们该如何讨论的要求"。此外，她还在教室里来回走动，以便督促学生有效地应用这种学习结构。

米歇尔对我说："学生最终都能应用思考—结对—分享这个学习结构，此时萨拉一下子感悟到，那些孩子对教过的内容其实非常了解，只不过没有当着全班说出来的自信心。"就是说，悄悄地听听从不主动答题的学生的谈话，萨拉意识到他们是熟悉所学内容的。

看到学生出色的表现，超额达到既定的目标，萨拉非常振奋。"我还记得，她确知那些孩子也掌握教学内容时那种欢天喜地的神情。"米歇尔说。课堂上的风气变了，人人积极参与学习。那些英语水平有限的学生，据米歇尔的描述，"腰杆挺直了，笑逐颜开了"，向其他同学证明他们也懂所学的内容。米歇尔说："这种情景对全班产生了积极的影响，在五六年级时，这一点很重要——要使孩子知道聪明人人有份，我有你也有。"

戴安娜与从前判若两人，米歇尔说："她积极参与课堂活动，开朗活泼，爱说爱笑"，而且如同班上其他同学一样，"自信心越来越足"。随之而来的，米歇尔说："她的阅读成绩有了显著提高，从落后至少两个年级一跃达到六年级的要求。她成功了——通过了所有的考试和小测验，完成了所有的学习任务。"米歇尔特别指出："最重要的是，她不再整日畏畏缩缩地藏匿在头套下。体验到学业的成功，她感到自己不必躲躲藏藏，能够大大方方地直面六年级的学习挑战。"

何谓合作学习？

萨拉顺利推行的思考—结对—分享这种模式，是众多有效的合作学习结构之一。简言之，合作学习是学生主导而非教师为主的学习。合作学习时，学生分成人数不等的小组进行学习，并管控自己的学习。在合作学习的整个过程中：

> 学生同心协力实现共同的学习目标。学生被分派到各小组，学习指定的教学内容，同时力争每个组员掌握教学内容。时时督促每个组员落实个人学习责任，以确保所有学生都努力学习。……由此，每个学生认识到，要实现自己的学习目标，唯有学习小组中的其他学生也实现学习目标。

斯莱文认为，"合作学习是一种非传统的教学体系"，其中包括：

> 合作任务结构，即学生分成4～6人的异质小组进行学习。还有合作激励结构，即学生根据其小组的学习表现得到表彰、奖励或（有时）分数。（Robert Slavin，1983，p.3）

综合约翰逊等人的看法（Johnson and Johnson，1986；Slavin，1983），笔者认为，合作学习是任何精心组织、系统安排的小组学习活动，学生在小组中齐心协力地实现共同的学习目标。

为何采用合作学习？

教师和研究人员都认为，合作学习是一种高效教学策略（或说一套高效教学策略），因为合作学习可以——确保学生专心学习；促进形成性评价；促进差异化教学；促使学生合作建构知识；发展沟通技能，为校外生活做好准备。下面分别予以讨论。

确保学生专心学习。关于人脑如何接受信息的研究——如梅迪纳在《惟脑是从：职场、家庭、学校中心想事成的十二项原理》中概括的研究成果——表明，绝大多数人若要长时间经历同一种活动（如听课），难以始终如一地聚精会神。合作学习将教师主导的学习变成学生主导，正是这种方式转变了学生的行为，促使学生积极主动地专心学习。或许，更重要的是，周密安排的合作学习会促使每个学生争分夺秒地完成学习任务，结果学生除了专心学习，别无选择。

促进形成性评价。本书多次提到，形成性评价是有效的教学策略，因为（1）学生清楚地了解自己的学习现状，会更努力地专心学习；（2）教师在了解每个学生学习现状的基础上，能够采取因材施教的教学措施。合作学习为实施形成性评价提供了多种机会，因为它要求学生自造某种"产品"（如一段口头应答，一篇书面评论，一幅示意图等等）来证明对学习内容的理解水平，教师只要审视学生拿出来的"产品"，马上就可看出学生是否掌握了该学会的知识、技能和大思想。如果有必要，再根据学生的学习需求做出调整教学的策略，促进学生好好学习。

促进差异化教学。当今，教师面对的一大挑战，就是不得不去给一群学习能力、兴趣、特长千差万别的孩子上课。合作学习使教师可按有利于开展差异化学习的方式给学生分组。例如，教师可将愿意深入探讨同一问题的学生分在一组（采用第 11 章所说的改进型开放空间技巧），也可将对同一问题极感兴趣的学生分在一组，与此类似，也可将有同样特长的学生分在一组，并给他们布置可发挥特长去完成的学习任务。其他分组方式包括将有同样学习需求的学生分在一组，或将有不同学习特长的学生分在一组，这样学生在学习有关的知识、技能、大思想方面是可以互相帮助的。

促使学生合作建构知识。学生相互讨论所学内容有助于深入细致地理解这些内容，之所以如此，有维果茨基所说的原因（1978）：每个人的学习都处在与他人不同的起点。精心安排的合作学习使不同理解水平的学生各抒己见，这样，你来我往的讨论可促使学生进入最近发展区（维果茨基）。如果我与学习起点比我高的人交谈，我们之间的讨论将促使我的理解水平逐渐接近他们的水平。维果茨基这样写道："今天孩子们合力才能做的事，明天他们独自就能做。"（引自 Bennett, Rolheiser, & Stevahn, 1991, p.16）此外，由于学生在与别人讨论问题时知道自己必须讲得清楚明白，尽力寻找表述思想的合适词语也促使学生澄清和深化学习所得。合作学习常常鼓励学生采用表达思想的新方式——如释义法——这同样促进学生的学习。

发展沟通技能。学校按教学科目——如数学、英语、科学、社会研究、艺术等——传授相关的知识、技能，可学校同样有责任传授教学科目之外的知识、技能和大思想，如怎样与他人进行有效的沟通，建立和睦的关系。如果学生要学会与他人有效互动的技能，可在校或在家，可在社会上或以后的人生中畅通无阻，那么他们就要多做有效沟通的练习，而合作学习易于开展这样的练习。不亲身入水难以学会游泳技能，与此颇为相似，若无身临其境的实践和反馈也难以学会沟通技能。合作学习为学生提供了练习各种沟通技能的机会，如留神倾听、清晰表述、依次发言、交流眼神、释义转述等。如果有随时可用的微型摄像机，学生可定期摄下自己沟通实践的录像并观看，从中发现自己作为沟通者有哪些长处，有哪些可以改进的地方，取得了什么样的进步。

为校外生活做好准备。伦乔尼在《团队的五大机能障碍》（*Five Dysfunctions of a Team*，2002）中开篇就是对职场与业界的断言："体现最终竞争优势的，不是资金，不是策略，不是技术，仍然是团队精神，因为团队精神既强大也珍贵。"（Patrick Lencioni, 2002, p.vii）麻省理工学院组织学理论家沙因（Edgar H.Schein）为艾德蒙森（Amy

Edmondson）所著的《团队精神：组织在知识经济中如何学习、创新、竞争》（*Teaming*：*How Organizations Learn，Innovate，and Compete in the Knowledge Economy*，2012）一书写了前言，里面说："我们的文化常常是出于胜任或完成某项任务的实用目的，才去认可团队和集体的价值，尽管如此，团队和团队精神总是社会和社群的根基。"（p.xi）各行各业，无团结合作就难以成事。要使学生为校外生活做好准备，教师可用合作学习向学生传授如何与他人有效合作的人生技能。一旦学生学会在学习小组中如何与他人相处，学会与他人合作的技能，他们也就学会了最重要的就业技能。

合作学习得以奏效的关键因素

明了所用的学习结构。实施合作学习看起来简单，不就是"给孩子分分组，然后让他们互教互学"，实则绝非如此。人们要谨防弗兰所说的"假明白"。"假明白源自过分简单地解释变革，以偏概全地认识所提出的变革。"（Michael Fullan，2001，p.77）如果教师对学生为何开展合作学习，学生该做什么和该怎样做都是自以为是的"假明白"，那么会带来合作学习告吹的"真风险"。为了避免此种风险，教师要深入理解打算采用的合作学习结构，其办法是——写明以下各项：（1）意欲实现的学习目标，换句话说，采用这种合作学习结构旨在帮助学生达到哪些具体掌握水平；（2）学生该做什么；（3）学生该怎样做（参考 12 章所讲的，学生在合作学习中该有什么样的言谈举止）。此外，要防范"假明白"，教师可考虑下面列出的奏效因素（参见表 7.1），采用相应的措施。

表 7.1　奏效因素的核查表

奏效因素包括	√
教师明了所用的学习结构。	
教师营造了令人安心的环境。	
教师给参与合作学习活动的学生明确写出了该如何做的要求。	
学生已经清楚在合作学习活动中该如何做的要求。	
学生学会并运用适当的社交技能进行积极而有效的人际互动。	
教师周密考虑了每个学生小组的最佳组合。	
教师给予了学生开展每项合作学习活动的充分时间，但又没使学习松懈拖沓。	
有学生先于其他学生完成学习任务时，可使他们去完成附加的任务。	
当全班完成任务的时间少于预定时间时，教师备有可供布置的附加任务。	
当全班完成任务的时间超过预定时间时，教师备有调整教学进度的措施。	
教师有效地使用"提请注意"讯号。	

营造心理安全的学习环境。哈佛大学领导与管理学教授艾德蒙森长期研究人们如何共同工作和共同学习，尽管她的研究重点放在各种组织中成人间的合作，可研究成果对学校也有启示意义。艾德蒙森的一个主要发现是，人们心理安全，才能卓有成效地共同工作和学习。艾德蒙森写道："在企业、医院或政府部门，人们之间的相互疑惧常常导致议而难决、决而难行"，她随后这样说：

> 在心理安全的环境中，人们相信即使自己犯了错，不会因此遭到别人的惩罚或藐视；亦相信自己请求帮助或告知时，不会惹来别人的发怒或羞辱。当组织中的人们相互信任、相互尊重时就会产生这样的信念，产生一种信任感，谁都不会因为直言不讳而受到组织的刁难、排斥或惩处。（Amy Edmondson，2012，pp.118-119）

艾德蒙森所揭示的"心理安全"，对组织中的学习是必不可少的，对课堂中的学习也是极为重要的。如果学生不敢发言，不敢冒险，不敢求助，那么就会与许多学习机会失之交臂。艾德蒙森根据其研究结果，就如何创建心理安全的集体，向组织领导人提出了可供采用的策略性建议（参见"创建心理安全的领导者行为"）。对这些建议略加调整，教师就可用来推进合作学习。

创建心理安全的领导者行为

- 亲切待人
- 承认并非无所不能
- 敢于承认失误
- 欢迎人人参与
- 强调失误为学习机会
- 确定行为准则
- 做到谁违规谁担责

亲切待人。领导者能够"通过亲切地善待下属来激励全体员工共同学习"（Edmondson，2012，p.138），教师同样可以在每次合作学习时关注每一个学生的成功，并向学生讲清楚，关于学什么、如何学等一切有助于学习的任何问题，学生有问，自己必答。

承认有所不能。"说来奇怪，"艾德蒙森说："许多领导者不愿公开表示，他们其实并不是对每一个问题或挑战都有解决办法……不过，承认自己有所不能，犹如发出一个意在言外的邀请，欢迎别人不吝赐教。"（2012，p.140）。课堂上也是如此，当教师清楚地表明自己的知识是有限的，也是学习者，并非无所不知，那么教师就在激励学生与自己一起孜孜不倦地求知。

敢于承认失误。"为了创建心理安全的环境",艾德蒙森说:"组织的领导者必须敢于承认自己的失误,由此来证明组织是允许失误的。"(2012,p.140)教师可如组织的领导者一样,以承认自己的不足之处来鼓励学生不要怕失误。

欢迎人人参与。"如果员工认为领导者和主管人乐于听取自己的意见,重视自己的贡献,他们就会踌躇满志地去工作。"(2012,p.141)教师要像萨拉一样(她的事迹见本章开头),想方设法地使所有学生参与学习。"一个不能少"尤为重要,教师对如何督促所有学生学习必须有未雨绸缪的预案。

强调失误为学习机会。关于组织运作有各种或真实或虚拟的典型故事,无论真假都突出把失误视为学习机会的重要性。艾德蒙森的书中记载了由卡罗尔告知的一个故事:国际商用机器公司总裁小沃森手下的一个经理,有次因决策失误损失了1千万美元,沃森问:"你知道我为什么叫你到这儿来吗?"经理答:"我想你叫我来是开除我。""开除你?"沃森反问后自答道:"当然不!让你得到教训我可刚花掉1千万美元呢。"(2012,p.142)

艾德蒙森说:"下属出自善意办了适得其反的冒险事,领导者不要因此加以惩处,这样做可以鼓励下属以吸取教训的态度来看待失误,应对失误。"(2012,p.141)。教师也应该在课堂上着手营造这么一种学习氛围,学生在里面用不着担心犯错。营造这样的氛围,教师只需宽容来自学生的各种回答,赞赏学生为回答(不论对错)所作的努力,避免嘲笑不准确的回答。

确定行为准则。"不过,相反相承的是,如果领导者尽可能说明什么是该受指责的行为,明确划定允许的行为与不允许行为之间的界限,那么下属比起自己揣摩时会更有心理安全。"(2012,p.143)鉴于下述(本书也屡次提到)的理由,在每次学习活动时,教师应该向学生毫不含糊地说明什么是该做的,什么是不该做的。

做到谁违规谁担责。"领导者的职责,"艾德蒙森说:"就是要使下属明白,不管是谁犯了违反行为准则的过失,都必须得到后果自负的严正处理。"(2012,p.144)。这条原则也适用于课堂,一旦教师为合作学习确定了行为准则,就要确保学生遵守行为准则。

确保学生明了学习要求。正如本书第三编所说,要使学生产生足以促使自己学习的行为,教师必须向学生说明各项学习要求:(1)学生要去做什么(如认真而专心地参与活动);(2)学生该用多大的音量谈话,该谈什么,不该谈什么;(3)学生在每次活动或活动转换时,有哪些可允许的形体动作。

教师不要以为向学生提出了学习要求,学生就会自动地遵照学习要求。因此,教师还需花费大量的时间来使学生确实明了要求,并能按要求去做。教师为此不妨采用第2章所说的"由我来做""由我们来做"和"由你(你们)来做"这种教学套路。

传授社交技能。我的同事弗农为合作学习编制出经研究证明有效的一整套社交技能课程。根据弗农的看法:

卓有成效的合作需要社交技能，绝不要以为社交技能可以无师自通。学会作为合作先决条件的社交技能，常常需要大量的时间和练习。不过，这些技能若在课堂上系统地传授给学生，学生在任何一个团队都能成为善于合作的出色成员。（Sue Vernon，1996, p.1）

在《SCORE 技能：合作小组的社交技能》（*The Score Skills：Social Skills for Cooperative Groups*，1996）一书中，弗农编制出一套设计周密、指向明确的课程，用以给学生传授"五项社交技能"："这五项社交技能为学生奠定彼此之间以快乐、合作、有效的方式共同学习的基础，从而可构建出成效显著的学习型团体。"（p.4）弗农的研究（详见其书）表明社交技能教学能对学生如何互动产生重大影响。弗农建议，学生应该学习按缩略词"SCORE"所示的五项技能。具体说来，即教会学生如何交流思想（share ideas）、赞美他人（compliment others）、帮助或激励他人（offer help or encouragement）、谦和地提出改进建议（recommond changes nicely）、保持自我克制（exercise self-control）。

除了弗农所说的 SCORE 技能，我认为至少还要传授两项社交技能。首先，如果学生同时开口，人多口杂，合作学习活动必将难以进行，因此要教会学生轮流发言的技能；其次，要教会学生相互倾听的技能。倾听并非只是用于合作学习的技能，而是学生可用于校内外所有活动领域的技能。为确保学生习得倾听技能，教师应该（1）解说这项技能；（2）演示这项技能；（3）给学生提供练习此项技能的各种机会。向学生传授倾听技能，教师就可增强学生的学习能力（学生听懂所教的内容才能学得扎实），减少学生的行为问题，并确保学生学到一项对其人生至关重要的技能。

确定每个小组的最佳组合。在给学生分组前教师起码应该考虑两大因素——小组规模和组员搭配。首先，学生尚未全面明了所用的合作学习结构及其学习要求时，最好先实行小规模分组，通常是两人搭档，因为小规模小组易于管理。在教师促使学生学习如何进行有效沟通的课堂上，两人搭档也是一个可见成效的办法。教师还应考虑有哪些学生便于共同学习。有时教师根据同样的兴趣或特长给学生分组，从而使学生专心致力于特定的学习任务或内容；有时教师则将有不同特长的学生分到一组，以便每组都有以不同方法解决学习问题的学生。不过，有时教师尽量不将各有所好的学生分在一组，以免他们各行其是而相互干扰，不能同心协力地去完成学习任务。

合理地管理时间。时间管理的好坏决定着合作学习活动的成败。首先，教师应使学生恰好有开展一轮合作学习活动的时间。如果时间不够，学生就（1）学不到本该从参与活动中习得的东西；（2）感到曾为完成任务做出的努力是白费功夫；（3）易于在随后的合作学习活动中敷衍了事。反之，如果时间过多，活动的开展就会拖泥带水，学生会因感到乏味而分心。

改善时间管理的一个方法是，一旦某组学生完成了预定的活动，教师就再给他们安排一个活动，接续的活动应该是一个饶有兴味的学习活动，足以使学生始终全心全意地参与其中，直到所有小组都完成了相应的任务。用这种方法，教师可以促使学生专心学习，也使所有学生都有完成任务的充足时间。

教师还应从全局观出发掌控整个课堂教学时间，因合作学习的进程难以控制，尤其刚开始开展某种合作学习活动时，要给学生多少时间是难以确定的。有鉴于此，教师要有应对以下两种情况的调整预案：一种是开展活动的用时超过预定时间（常有的事），另一种是用时大大少于预定时间（偶尔有之）。当合作学习的用时超过预定时间，教师就该减少或取消教学计划内的其他学习活动；当合作学习的用时少于预定时间，教师就该添加学生能够按时完成的其他学习任务，这样就使学生充分利用了课堂学习时间。

使用提请注意的信号。合作学习以有趣的学习活动吸引着学生，常常令学生感到恋恋不舍，久久回味。因此，如何使刚参加过某个合作学习活动的学生再次集中注意力，对教师来说是一个重大挑战。许多教师发现，教给学生某种提请注意的讯号是一个恢复他们注意力的有效办法。例如，教师告诉学生，当他们举手说道："大家请注意"，学生也要尽快举起手并停止说话。其他提请注意的信号包括：教师有节奏地拍手，学生有节奏地拍手回应；快速地开灯关灯；弄出某种声响，如钟声或铃声。

合作学习结构

在研究人员创建的或调查的各种合作学习结构中，有几种是教师常常用来帮助学生习得和掌握学习内容的，例如，既有"团队游戏竞赛"（Devries & Edwards，1974）和"学生团队成绩分组"（Slavin，1978）这类通用的合作学习结构，强调团队的所有成员都达到预定的教学目标，才算实现了团队目标，获得了团队成功；也有用于教阅读和写作的专用合作学习结构，如"合作性综合化阅读与写作"（Stevens, Madden, Slavin, & Farnish，1987），要求"学生遵循下面的教学程序：教师讲授→小组练习→小组预评→测验"（Slavin，1990）；还有"小组调查"（Sharan & Sharan，1976），各组学生（2～6人为一组）通过小组探究、小组讨论来共同学习，并按合作计划来安排小组项目，而完成小组项目则要求每个组员完成各自的任务。

根据我的经验，下面五种合作学习结构可方便地用于各不相同的课堂教学和人数不等的学生小组：求教邻座（Johnson & Johnson，1991）；思考—结对—分享（Lyman，1987）；拼接法（Aronson，1978）；按分排队（Kagan，1990）；轮流法（Kagan，2009）。

求教邻座（或求教搭档）。求教邻座是最简单的一种合作学习结构，却能非常有效地提高学生的专心程度、验证学生对所学的理解、促使学生为参与课堂讨论做好准备（参见

表7.2）。这种结构虽说学生易于掌握，但像实施其他的学习结构一样，教师也必须事先向学生讲明求教邻座时该有什么样的言谈举止。

表7.2 "求教邻座"核查表

学生要知道……	✓
谁是自己的学习搭档	
有什么在求教邻座前必须完成的任务	
与搭档共同完成的任务（如证明学习所得、对比答案、交流看法等）	
给全班展现的成果（如一篇文章、一段评论等）	
相互沟通的方式（尤其是应该怎样倾听和交谈）	

教师上课时先按两人一组的方式配置全体学生，然后在上课的任何一个环节促使学生"求教邻座"（"邻座"指所在两人组的另一个学生），就所学内容进行讨论。例如，学生可就一个引发争论的问题发表看法，或用自己的话解说有关的学习内容，或相互提问来确证自己是否掌握了有关内容。

求教邻座可暂时中断原有的教学进程，便于学生为课堂讨论做好准备，验证自己的学习所得。虽说求教邻座随时想用就用，但像使用其他学习结构一样，用之过度则适得其反。要学生每五分钟就来一次求救邻座，和要学生一直枯坐听课一样令人厌烦。因此，重要的是，要变换地采用本章及本书中提到的各种合作学习结构。

思考—结对—分享。 在实施思考—结对—分享这种活动时，每个学生首先要独自思考新学的内容，并以文字记录自己的想法，如写在便条纸或学习日志上（参见表7.3）。学生写下的或是对某个即将讨论的问题的看法，或是对某道习题的解答，或是研讨某一课题的思路。

表7.3 思考—结对—分享核查表

学生要知道……	✓
谁是自己的学习搭档	
什么是要做出回应的促思提示	
有多少写出回应的时间	
可利用预定的全部时间进行思考和写下回应	
给全班展现的成果（如一篇文章、一段评论等）	
相互沟通的方式（尤其是应该怎样倾听和交谈）	

学生写下自己的想法后，就要向另一位同学（搭档）表述自己的想法。有时，学生通过看是否与搭档有同样的想法来验证自己的学习所得，有时，教师要促使学生向搭档解释或说明自己的答案。当互为搭档的学生交流各自的看法时，教师要提醒他们辨识其中的异同之处。

学生向搭档表述过自己的想法后，教师会要他们向更多的同学表述自己的学习所得。有时，教师只是要求两人组的学生举手发言，谈谈他们讨论的结果；有时教师会要求所有学生挨个回答问题；有时教师让学生自己编组，例如，组成太阳队或月亮队，热狗队或披萨队，然后让太阳队或热狗队首先发言。

重要的是，学生要先思考并写下自己的想法后再表述，之所以如此，部分原因是学生有机会调用已有的知识。如果学生在发言前没有思考的时间，许多学生因无暇借助已知只有附和搭档的看法，这样将违背实施这种合作学习结构的本意。

拼接法。按拼接法开展活动时，学生被分成小规模小组，要求每组只学习有关教学内容的一部分，通常是教科书中几页的内容或其他类似分量的阅读材料（参见表7.4）。有时教师给学生提供示意图或填空图，帮助学生寻找和梳理学习思路。

表 7.4 "拼接法"核查表

学生要知道……	✓
参与第一项活动时所属的小组（可写下代表其小组的号码）	
参与第二项活动时所属的小组（可写下代表其小组的号码）	
学习有关内容和综合学习所得时的合作方式	
必须拿出的作为参与第二小组条件的成果	
转入第二小组前必须拿出的得到教师认可的成果	
在两个小组中相互沟通的方式（应该有什么样的言谈举止）	
记录从第二小组的同学那学到的东西（通常用记笔记，或填写学习表格的方式）	

每个小组学完有关教学内容中各自该学的那部分后，教师将学生重新分组，并使每个新组中至少保留原先小组的一个成员。例如，原先分为五个组，那么重新组编的每个组中，至少有一个组员是来自原先五个组的。新组中的每个学生要轮流向其他成员讲授他们在第一小组所学的东西，这样，能促使学生津津有味地了解并交流大量信息。

拼接法比本章所述的其他合作学习结构复杂，要使其发挥作用关键在于促使学生拿出令人满意的成果。一般说来，这意味着教师要确保每个学生清楚地知道，自己在第一小组和第二小组必须做到什么。教师事先可能要学生相互检查以摸清每个学生的学习起点，也必须确保每个学生清楚地知道，自己在"拼图"的第二个阶段该进入哪个小组、该有什么样的作为。如果每个新组不包括来自原先小组的成员，那么完整的"拼图"活动就无从谈起。让学生记下一个号码，表示自己该进入第二小组，然后通过复核号码来确知每个新组包括了应有的成员，以此保证每个学生都可恰如其分地配置到位。

学生常常忘乎所以地参与拼图活动，因此教师有必要巡视教室，去检查各组学生是否学到该学的东西，然后再将他们编入对其所学要进行宣讲的第二小组。

按分排队。按分排队（Kagan，1994，2009）是一种令人感到好玩并焕发学生活力的学习结构。因其促使学生离开座椅在教室中来回走动，引导学生用可见的动作展现自己的见解，这种结构还能激发既有趣味又有意义的讨论。（参见表 7.5）

表 7.5 "按分排队"核查表

学生要知道……	✓
予以考虑的问题	
用于考虑问题的规定时间	
按分排队时各个分值在教室中的规定位置	
为何被要求按分排队	
何时该走动，以多快的速度走动	
该谈什么，以多高的嗓音谈论	
到达与分值相应的排队点后该做什么	

实施按分排队时，教师先要提出一个问题，并设计一个评分量表，使来自学生的每一个可能的答案都有相应的分值。例如，教师采用一个 1～10 的评分量表，1 分表示最适合的答案，10 分表示最不适合的答案。然后，教师要求学生对照量表给自己想到的答案打分，并按分数的高低顺序离座排队。当学生排好队，教师引导学生就所提的问题进行讨论。讨论结束时，教师或许要求学生再次考虑自己的排队位置。

要使按分排队顺利进行，教师必须确保学生清楚地知道要他们考虑的问题，并有考虑此问题的充足时间。我发现，做到这一点有个不错的办法：先让学生写下反映其看法的数值，再让他们去相应的数值点排队。学生还要知道该有什么样的言谈举止来开展活动，尤其要知道何时走动、以多快的速度走动，以免在教室中穿来插去干扰教学。另外，学生也要知道该谈什么、以多高的嗓音谈论、到相应的排队点时该做什么。最后，学生必须知道为何要他们参与这种学习活动。

有些时候教室面积小或人数多，教师难以采用这种学习结构。不过，如果教师坚信按分排队对促使学生掌握有关的知识、技能和大思想是重要的，不妨将学生带出教室去排队。从"教学频道"播放的一段视频中可以看到，列克星敦初中的科学教师阿拉斯代尔，为加深学生对地球演变史的理解，就把学生带到室外开展按分排队。

按分排队的一个变体是先在教室四个角落贴上回答某个问题的四个不同答案，然后要求学生走向最能代表他们的答案或看法的角落。这个方法最好用在便于学生走动的大教室，但也不失为一种促使学生活动一下手脚或开始讨论的简易方法。

轮流法。轮流法是促使学生集思广益的便捷方法，"轮流"使每个学生都有机会为别人提供自己的独到见解，而且学生觉得这样做非常有趣。（参见表7.6）

表7.6 "轮流法"核查表

学生要知道……	✓
予以回答的问题	
考虑问题的规定时间	
向谁传递纸条	
怎样总结学习所得	
怎样向全班分享学习所得	

实施轮流法时，教师将学生分成多个小组，让学生把自己的解题思路写在一张纸上，然后将纸条传递给同组坐得最近的同学，由这个同学在纸上写上自己的解题思路……待同组所有学生轮流写上自己的解题思路后，小组活动即告结束。我发现，如果学生各有一张纸用来书写和传递，全组学生从始到终都会兴致勃勃，可如果全组只用一张纸，有些学生就把太多的时间花在等待观望上，而没有足够的思考和书写的时间。

轮流法可用于复习已学的内容，或促使学生讨论先前的知识来给学新课开路。例如，钻研小说《麦田的守望者》（*Catcher in the Rye*）时，学生可用轮流法集思广益，以便从多种角度考察主人公霍尔登·考尔菲尔德的性格。如果用于三人组，很可能照如下的程序实施：发给每个学生一张纸，纸上有一个关于性格分析的提示性问题，这样，第一个学生按其提示会写下霍尔登的自我形容，另一个学生按其提示会写下霍尔登有哪些揭示其性格的行为，第三个学生按其提示会写下其他人对霍尔登的看法。给学生书写的时间很短，或许三分钟，时间一到教师会要学生将自己的纸条传递给右边的学生，接过纸条的学生又会按上面的提示添写自己所知的东西。

一旦解答完所有的问题，教师会要求所有学生在班上相互交流自己的学习所得。这样一来，学生可以表明，他们学到了哪些知识，从其他同学处获得了哪些教益，怎样深化对大思想的理解，就上例而言，就是如何了解作者在小说中揭示人物性格的各种手法。

化思为行

对学生

1. 要发现某个学习结构是否有效或学生是否按要求参与活动，一个最简单的方法就是问问学生本人。例如，在一项活动结束后，教师对学生进行一次不记名的简短调查，要求学生就自己是否按特定要求参与活动的表现评分（五分制），如倾听、排队、相互鼓励等。

2. 可以让学生评价自己专心学习的程度，注意自己属于哪种程度：（1）全心全意；（2）战略性顺从；（3）置之不理。

3. 可以让学生提出如何改进某学习结构，从而得到寓教于乐的建议，上课结束后询问学生的意见费时并不多，但教师这样做能促使学生专心学习，并得到一些有价值的建议。

对教师

1. 从未实施过合作学习的教师，可先从易于操作的学习结构上手，如用"求教邻座"的学习结构。

2. 当引进一个看似简单的学习结构时，教师也应该仔细考察这个学习结构，以确保自己对学生将如何参与学习活动完全有数。

3. 教师也应该仔细审阅奏效因素核查表，以确保采用的学习结构会取得成效。

4. 教师应该去求教那些已经有效地实施合作学习的同行，从中获得有关的启示和对策。

对教学辅导员

1. 一般说来，如果教学辅导员要帮助任课教师实施合作学习，这样做并非是因为教师对合作学习一无所知，而是因为任课教师担心或害怕急剧地改变原有的学习方式。因此，教学辅导员要特别注意文中列举的使合作学习得以奏效的关键因素。

2. 教学辅导员要千方百计地确保任课教师对合作学习的第一次尝试不能失败，因此，明智的做法是，教学辅导员应建议先采用简单的合作学习结构（如思考—结对—分享），再采用较复杂的合作学习结构（如拼接法）。

3. 教学辅导员也可建议教师拟定实施合作学习的细则，以确保他们全面落实合作学习。教师若是初次实施合作学习便告成功，很可能会继续采用合作学习，教学辅导员应尽其所能增加这种可能性。

4. 教学辅导员可以充当教师的第二双眼，观察学生以弄清他们是否明白自己的学习任务，是否致力于完成学习任务，也可与学生进行简短的交谈，以弄清他们是否做了该做的事情，是否从合作学习的活动中学有所得。

对校长

1. 实施合作学习时最重要的是使学生学有所得，因此，进行巡视的校长要特别注意合作学习小组内的交谈。巡视时要注意:(1)学生是否致力于学习任务;(2)所有学生是否积极地参与活动;(3)活动是否适合于实现学习目标。

2. 校长急需考虑的两大要事是:(1)教师不采用合作学习,是否有正当的理由? (2)教师采用合作学习,是否还有更有效率的学习形式? 在有些情况下,学生进行合作学习要比采用其他学习形式花费更多的时间,在有些情况下,因教师一手操办教学,学生毫无学习热情,校长或许会亲临教学现场,建议教师采用合作学习(或其他的高效教学策略)以促使学生专心学习。

3. 既然教师要取得教学的成功,有赖于有效地实施合作学习,而看看别人如何实施合作学习是非常有用的。因此校长应该多想办法,让教师可随意去看看其他教师如何引导学生体验各种合作学习结构的。例如,为了让教师摆脱上课的限制,可聘请代课教师;校长也可临时代一堂课,使教师可到其他教师那儿听课。

行有所思

合作学习有助于应对学生的两个基本需求——专心和学习,因此,教师或许会把提高从学时间(95%的学生致力于学习任务)或学习成绩(所有学生都达到"优",或80%以上的学生达到"优异")作为改进教学的目标。据我的经验,在实施合作学习时,难以用标准化的方式来测量从学时间(如每五秒要测试一个学生),一个较为合适的方法就是观察每个学习小组,并注意学生是否都在完成手头的学习任务。

教师可用两个简单的方法来评判学生是否在合作学习活动中学到了该学的东西:其一,教师在一项合作学习活动结束时给学生做个小测验;其二,在课堂教学结束时要学生回答一张退场券,从而弄清学生是否学到该学的东西。

有些教师和教学辅导员会把教师的目标和学生的目标相互匹配。例如,教学辅导员米歇尔有时就同时收集教师课堂谈话和学生课堂谈话的资料,利用智能手机的跑表功能(或真正的跑表)可以轻而易举地做到这一点。许多教学辅导员用跑表记下学生谈话的时间,然后其他教学时间可认为是教师谈话的时间,要获得更精确的数据,教学辅导员可用两个计时器,一个给教师的谈话计时,一个给学生的谈话计时,剩余的时间可作为"过渡时间"。

本章中各种核查表同样可以作为观测工具,用以评判是否有效地实施了某个合作学习结构。

小　结

合作学习可以定义为:任何精心组织、系统安排的小组学习活动,学生在小组中齐心协力地实现共同的学习目标。合作学习之所以是一种高效教学策略,是因为——

1. 学生人人有必做之事,学习方法形形色色,从而确保学生专心学习。

2. 促进形成性评价。

3. 促进差异化教学。

4. 促使学生合作建构知识。

5. 发展沟通技能。

6. 为校外生活做好准备。

合作学习要取得显著成效，教师必须——

1. 清楚了解学生将用到的学习结构。

2. 营造学生之间相互依赖的氛围。

3. 向学生传递学习上的期望。

4. 传授社交技能。

5. 确定各小组的最佳组合。

6. 有效地管理时间。

7. 使用"提醒注意"的讯号。

有五种合作教学结构便于教师用于不同的场合、不同的学生，即——

1. 求教邻座。

2. 思考—结对—分享。

3. 拼接法。

4. 按分排队。

5. 轮流法。

拓展阅读

David and Roger Johnson's *Learning Together and Alone: Cooperative, Competitive, and Individualistic Learning* (1975).

Barrie Bennett, Carol Rolheiser, and Laurie Stevahn's *Cooperative Learning: Where Heart Meets Mind* (1991).

Spencer Kagan's *Cooperative Learning* (2009).

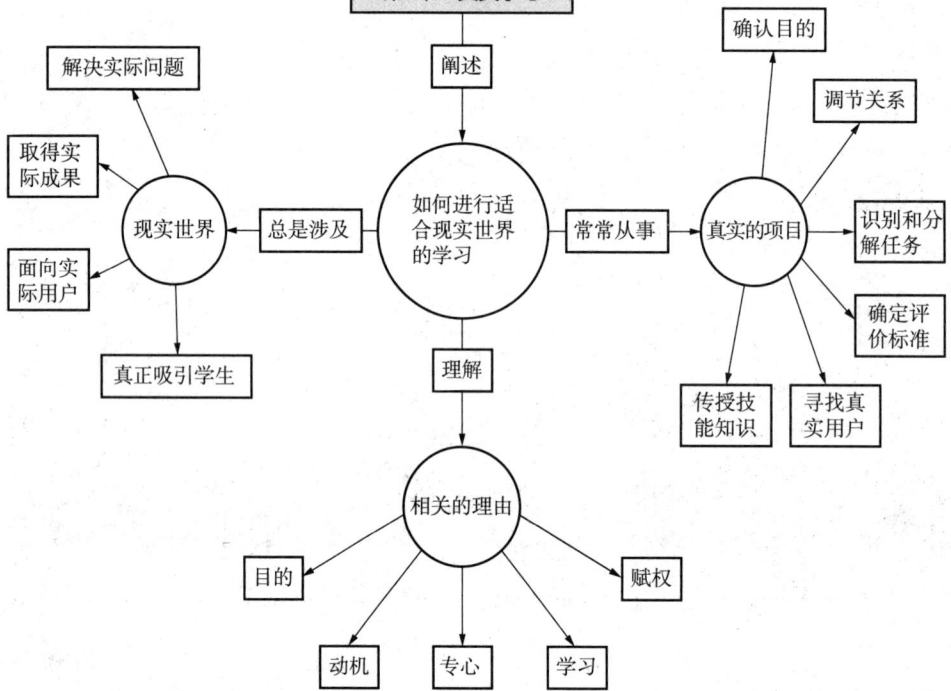

第8章　真实学习

阐述

如何进行适合现实世界的学习

总是涉及 —— 现实世界
- 解决实际问题
- 取得实际成果
- 面向实际用户
- 真正吸引学生

常常从事 —— 真实的项目
- 确认目的
- 调节关系
- 识别和分解任务
- 确定评价标准
- 寻找真实用户
- 传授技能知识

理解 —— 相关的理由
- 目的
- 动机
- 专心
- 学习
- 赋权

第 8 章　真实学习

　　埃米·施莫尔（Amy Schmer）在科罗拉多州科林斯堡普莱斯顿中学任教，如果你不经意间走进她上六年级科学课的课堂，很可能看到那些 10 ～ 11 岁的孩子正在兴致勃勃地探索本该由生物学专家才去钻研的各种课题。学生或是琢磨如何给野生动物提供一种洁净的水源，或是争辩非土生植物带来的挑战，或是考虑放牧所起的作用，或是与来自埃斯蒂斯帕克的鸟类专家一起讨论叫枭、角枭、北方矮枭的不同需求。不管学生做什么，那种专心和兴奋的程度会令任何教育工作者喜出望外。

　　大卫·尼尔斯（David Neils）是一位推进教育改革的积极分子，17 年来力促学校确保学生进行真正的学习——真实学习，而普莱斯顿中学的教师长期以来与尼尔斯建立了密切的合作关系。尼尔斯对学生寄予厚望，绝不认可这样的观点：孩子们可以心生厌恶但要百依百顺地完成学业。他对我说：

> 　　如果年轻人丧失自信，缺乏技能，不能提出独立见解，不能有所作为，那我们的教育制度一定是出了毛病。你看看，即使在今天，也有不少中学生离校后对人生毫无准备。他们的各种人生规划是肤浅的，或是出自一时的心血来潮，或是以谋利为基本目标，如"我要去干技术活儿，因为这样我就能赚大钱"。他们不去接触各类专业人员，可专业人员能发掘他们的潜力。我认为，孩子们一旦自己能走路了，就要开始进行真实学习。从幼儿园起至研究生院，真实学习应该成为他们所受教育的鲜明标记。

　　尼尔斯与我合作已逾十载，他对学生的深切关怀常常示以咄咄逼人的谈锋，我俩会面时不止一次以面红耳赤的辩论告终。（我妻子珍妮在旁会立即提醒我，我的固执己见才是我与大卫热烈争辩的主因。）尽管有时我与尼尔斯看法不同，但他总是促使我深入思考这样的问题：教育到底是为了什么？我们如何才能干好教育工作？总而言之，尼尔斯大力倡导的真实学习，已经结出丰硕的果实。

　　尼尔斯的成就得到广泛认可，布朗森、罗宾森（Po Bronson and Sir Ken Robinson）等名人在著作中赞誉他；在《财富》《美国新闻与世界报道》等刊登的重点文章中介绍他；人们更是为他苦心创办的"国际远程导师辅导中心"叫好。该中心利用四通八达的互联网，使学生可受教于来自世界各地全球性组织中见多识广的专家（这些组织有惠普、万事达、英特尔、谷歌、墨克、富国银行等公司和乔治·卢卡斯教育基金会）。

不过，对尼尔斯而言，远程导师辅导本身并非是目的，而是支持他真正看重的"学生的真实学习"的一种手段。尼尔斯曾告诉我："我真希望，自己既能管理好这样的项目，又不用看着计算机。可在现存教育体制中，远程导师辅导是使学生能便捷而有效地接触专业人员的唯一办法。"

当尼尔斯不必亲临学校指导时，他乐于去拍摄美洲狮等猛兽，常常到离家不远的科罗拉多山区消磨时光。靠近他家有处山间休闲度假区，叫希尔万谷迎宾农场，占地 3000 英亩，主要供人们举办婚礼、召集会议、开展户外游乐活动等。有次尼尔斯在农场附近摄影时，突然意识到，这广袤的山区恰是学生做科研项目的宝地。于是，他给山区各地的农场主打电话，询问他们是否欢迎学生到其属地做些事情。结果迎宾农场的主人苏珊·杰瑟普（Susan Jessap）对他说，她的父亲历来希望学生到农场做解决实际问题的科研工作。"这样一来，"尼尔斯眉飞色舞地告诉我，"我们一下子有了长期做真正科研的 3000 英亩，后来从一处可供租赁的国家森林又得到 4000 英亩，就这样我们拥有了 7000 英亩的户外大课堂。"

得到可使用迎宾农场的承诺后不久，尼尔斯约普莱斯顿中学的教师施莫尔见面。施莫尔一到迎宾农场就感到此处是学生从事科研的好地方，并邀请尼尔斯给她的六年级学生讲一讲怎样从事科研工作。尼尔斯对我说："我可不能让学生错过利用农场的好机会，我让他们知道我做的事，我管理的远程导师辅导项目，我打算给学生提供从事真正科研的各种机会。并让学生自己选择，是不时到野外做科研呢，还是在校按部就班上课。施莫尔让学生自己商定是否从事野外科研，话音未落，学生一致赞成。"

做什么野外科研，学生有多种选择，不过有待决定的研究重点是水源、野生植物或野生动物。那年九月初，学生确定将改善野生动物的生活环境作为科研重点，因为这项研究势必要连带着研究水源和野生植物等问题。尼尔斯特别说明："决定是学生做出的，我们可没有指手画脚。"随后，他讲了这项科研起步时的情景：

> 学生首先弄清农场里有哪些常居的动物。随后他们通过求教于远程导师和其他野生动物专家了解到，要改善野生动物的生活环境，必须着重解决四大问题，即使野生动物有地方觅食，有地方饮水，有地方藏身，有地方育息。接着考察当地各种动物的习性，由此体现出这项科研的真实性——因为学生探索的问题就是该领域专家关心的问题，考察的动物有山猫、猞猁、美洲狮、黑尾鹿、驼鹿、郊狼等。他们还从专家那儿得知哪些动物的生活环境亟待改善，最先要改善的是哪些地方。

尼尔斯接着说："首当其冲的是饮水问题。"学生到农场一看，虽然有条横贯而过的大水沟，但只有蝙蝠等飞禽才能到那儿，走兽能寻到的水则十分稀缺。学生认识到，只有他们安装某种供水设施，这种情况才能彻底改变。

尼尔斯向我介绍了学生的做法：

学生在有关导师的指导下研究以下问题：该安装什么样的供水设施？在哪儿有成功地安装供水设施的专业人员？由于犹他州在这方面有丰富的经验，学生又联系州外的专家，向他们请教关于安装供水设施的知识和技能。学生按其指导要将一只大水罐埋入地下，水罐是一家公司捐赠的，可储水50加仑。我们挑了一个星期六动手安装，要求学生及其家长一起上阵。那天，六年级学生挥动着铁锹铁镐干得热火朝天——你猜怎么样，挖出一个大深坑，挪开了重逾100英磅的石块。

十月初，我们安好了空水罐，还在一边架设了一台自动摄像机，十一月十三日（星期五）早晨，学生第一次给水罐注满了水。从星期五夜晚到星期一清晨，我们从摄像机中得到92张可见到动物出没的照片。星期二我们把照片放给学生看，引起一片欢腾，沉闷的气氛一扫而空。那些十一二岁的孩子个个圆睁双眼，叽叽喳喳说个不停，因为摆在眼前的都是真真切切的。孩子们亲眼见到了他们努力的成果。

尼尔斯接着说道："孩子们完全着迷了，那可是实实在在的收获。靠自己的努力或与别人合作干出了出色的活儿，三天内就见到了美洲狮的真身——这还不令人感到自豪吗？"不过，科研活动并未就此结束。随着天气日渐寒冷，水罐一灌水就会结冰，学生又尝试寻找各种防冻的办法。他们先将许多橡皮球放进水里，其思路是，太阳照在橡皮球上，球上吸附的热量会传递给球旁的水，罐里的水就不会结冰了。不过，他们马上发现，一旦温度骤降10度左右，这个方法就不灵了。

于是，学生再次求教远程导师，想了解野生动物专家是不是还有其他防止水罐结冰的办法。尼尔斯介绍了学生如何采用第二种方法的过程。

学生了解到可用电动熏蒸机，学到了关于熏蒸机、整流器和电压的知识。因为无法将电力输送到水罐处，学生就要弄清楚需要多大电量的太阳能电池板，如何驱动熏蒸机，要什么样的整流器。于是，学生决定在教室外安装一个同样大小的水罐，以便在露天的条件下验证他们的各种想法。费时一个多月，通过不断地测试，不断与远程导师讨论，学生找到一个百试不爽的防冻办法。最后，学生可使熏蒸机日夜不停地运转，水罐再也没有结冰。

这样的真实学习持续了整个学年。在远程导师的帮助下，学生学到了有关供水、熏蒸机、太阳能的丰富知识和实际操作技能。尼尔斯说："我们都从未指望高中生能做到这种水平。"施莫尔还请各领域的专家作为特邀教师给学生上课。"有一次，请来埃斯蒂斯帕克的一位枭类专家，学生向他提出了50多个专业性问题。"尼尔斯说："上完课他在教室门口对我说，他以前从未见到这么好问的学生，就是在高中生身上也从未见到如此认真好学的表现。"

我曾问过尼尔斯，为何要大力支持如施莫尔的学生所进行的那类科研项目。他回答说，他这样做的主要原因是，学生可从中看清自己能够有所作为的潜力。

> 我想让年轻人知道他们能干出一番事业，能有所贡献，会因有一己之力在内的贡献感到无限快乐。极端快乐的产生，不是因为个人积攒大量的物质财富，而是因为能为造福这个星球和人类出一把力。人在蹒跚学步时就能因助人而体味到这种极端的快乐，而青少年极易返回两三岁时的这种心态。如果年轻人经常保持助人为乐的童心，他们就能做出更大的贡献，有着更为成功的人生。要给"成功"下个最合适的定义，就是做出了不计较个人得失的奉献。另外，我现在的所作所为，也是在回报童年时教导过我的老师。

何谓真实学习？

《牛津英语词典》中用了一页多的篇幅来解释"authentic"的各种意义，不过该词最通用的意义是指所描述的对象是真正的、确实的，不是仿造的、伪造的。例如，我们或许说"现在出售一本斯坦贝克（John Steinbeck）所写《伊甸园之东》（*East of Eden*）的authentic首版书"，其含义是用"authentic"首版形容该书，那么这本书的价值就远超后来的再版书。根据《牛津英语词典》的释义，形容某事物是"authentic"，那该事物就是"real, actual, genuine"（均为"真实"之意）。

那么，就我们所说的"authentic learning（真实学习）"，也就是指学生在学习过程中所经历的一切都是"real, actual, genuine"。学生着手解决某个实际问题，是一种真实学习。例如，学生给教师修理电脑显然就是在解决一个重要的实际问题。不过，学生只是为了通过考试才去死记硬背关于计算机方面的术语（很可能考后一周就将这些术语忘得干干净净），这样的学习绝不是真实学习。

学生去完成能出实际成果的任务，是一种真实学习。例如，施莫尔班上的学生针对一个实际问题——如何从给迎宾农场的动物供水着手来改善当地野生动物的生活环境，拿出了各种切实可行的办法。

对真实学习的评价要用实际标准，即评价真实学习的标准是源自实际任务自然而然的要求，就上例而言，即改善野生动物的生活环境。在真实学习中既然是由实际成效来考量完成任务的优劣，那给"优异"的定位往往大大高过其他的学习活动。

最后，真实学习能真正地吸引学生，因为学生感到真实学习是联系实际的，既有趣又重要。真实学习是学生乐于从事的活动，因为感到为此花费的时间是有价值、有成效的。参与真实学习的学生，用史莱克蒂的话说（Phil Schlecty，2011），是真正地一心向学的学生。一般说来，真实学习才具有促使学生一心向学的各种条件：以学生的意见为主确定要探究的实际课题；由学生确定课题研究的核心问题；确定开展课题研究时所需完成的各项任务，并在学生中分配这些任务；确定向导师求教的方法；根据出自课题研究的真正要求，确定"优异"的评价标准。（参见表 8.1）

表 8.1　真实学习核查表

真实学习总是涉及	✓
某个实际问题	
某种实际成果	
使用实际标准的评价	
学生真正参与的学习	

真实学习是项目学习吗？

托马斯在考察关于项目学习（project-based learning/PBL）的研究时说："在项目学习的旗帜下有着形形色色的做法，很难判断哪一种做法是或不是项目学习。"（John W.Thomas，2000）。本德是这样描述项目学习的："针对一个非常有趣但棘手的现实问题或任务确立相关的研究项目，利用这样的项目促使学生同心协力地解决问题，并从中学到相关的学科知识。"（William Bender，2012，p.7）托马斯确定了判断"项目学习"的五个"关键"标准：

- 重视而不是轻视学校课程；
- 集中于这样的问题，即该问题能"驱动"学生接触并掌握某学科的主要概念或原理；
- 使学生参与科研式的调查研究；
- 由学生主导项目研究进程；
- 切合实际情况，而非迎合学校要求。

从许多方面来看，项目学习与"真实学习"是一回事。项目学习只要把重点放在项目的"真实性"上而非项目本身上后就是真实学习。项目学习要成为真实学习，必须满足核查表中的标准：（1）要解决一个实际问题；（2）产生解决问题的实际成果；（3）用实际标准予以评价；（4）学生真正地参与其中，因为他们发现这个项目有趣味、有意义，并与个人有关联。

学生在从事项目学习时常常要与其他同学合作，但真实学习并非总是如此。合作学习尽管有多种益处，但真实学习对学生而言既可是个体学习也可是合作学习。例如，一个学生就可发起一个劝说同学不要发短信的活动，也可分析学校食堂饭菜的营养成分并给出如何提供健康食品的建议。真实学习所体现的重要性，不在于学习方式（个体学习或合作学习）而在于学习内容本身。

当学生参与真实学习时，尼尔斯告诉我："我看得出来。我从学生的眼神中看出来，我从学生的相互交谈中看出来，我从学生的专心程度中看出来：学生知道他们当下所学的是实打实的本领。"

为何学生应该参与真实学习？

乍一听这是一个愚蠢的问题，有点像问"我们口渴时为何应该喝水呢？"如果学生全心全意地投入项目研究，奋力达到实际标准，完成利国利民的任务，真实学习能使学生获益不是显而易见吗？不过，考察为何我们要用真实学习的理由，其重点是弄清真实学习如何有助于学生兴致勃勃、干劲倍增、专心致志地"为求甚解"而"学而不厌"。

目的。戴蒙在《立志之路》（*The Path to Purpose*，2009）中令人信服地指出，若无人生目的，学生将不会过上丰富多彩、有所作为的人生，他这样说：

> 当今无处不在的问题是许多年轻人心溺其中的空虚感，致使他们在本该确立目的并为此前行的时候却总是浑浑噩噩地虚耗大好光阴。对今天的许多年轻人来说，冷漠和焦虑成为他们的主要心态，凡事不在意，甚至凡事皆怀疑，取代了年轻人本该心怀的美好憧憬。（William Damon，2009，p.xiv）

真实学习不能万无一失地在每一个"冷漠和焦虑"的学生心中点燃热情向上的火苗，但此种学习的某些特性足以使许多学生认识并发挥自己的潜力。首先，从事真实学习就有助于学生看清确立目的和实现目的的重要性，因为在整个真实学习过程中，学生都要清楚地知道为何而做。其次，既然真实学习要求尽力拿出可解决实际问题的实际成果，学生置身其中就可看到确定目的与实现目的之间的天然联系。

更重要的是，唯有真实学习，才能使学生心中涌出钻研有意思、有意义的项目的愿望，而这正是教育的一个重要目的。真实学习——周密安排切合实际并饶有趣味的各种学习活动，并从中显示尽力完成现实项目的重要意义——足以使学生更深刻地理解"目的"的作用。

尼尔斯认为，促使学生"确定目的"，是真实学习所能发挥的重要作用。他对我说：

学生需要知道自己在"两者"之间的位置，我说的"两者"，一个是天生能力，另一个是做某事必须具备的专家能力。你必须教会学生如何寻觅并增长自己所欠缺的专家能力，但不可鲁莽行事。首先是要学生与有相同趣味的人们进行交流，其次是共同查明哪些是内行专家日思夜想的项目，再次是将自己了解的情况告知导师以求指导。此后，学生要做出具体决策，将努力集中于内行专家所考虑的一个具体需求上。这一环是真实学习中最关键的，一旦做出该做什么的目标性决策，就有了环环联动的"多米诺骨牌效应"。

意义。真实学习之所以"真实"，是因为学生探讨的是对社会、对环境甚或对全球有意义的现实项目。普莱斯顿中学的学生就做了许多有意义的课题：一位学生先求教于来自全球性医药公司默克的远程导师钻研疟疾防治问题，后与一组医务人员合作给某发展中国家的一个农村运送蚊帐；有些学生为柯林斯堡动物救助中心开办了一个面向公众的播放节目，向人们发布该中心的有关信息；还有的学生发明了塑胶把手，便于学生打开存物柜。

在真实学习中，学生要解决的问题，无一不是因促进公益而彰显其意义的。通过亲历亲为地解决这样的问题，学生心中会产生一股强烈的自豪感。

切身。做有意义的事是重要的，但唯有学生觉得与己有关，才会下力去做。如果学生对某个课题毫不在乎，就不会全力以赴地去钻研。反之，如果学生从事的是自己时刻挂怀的项目，则常常有着连自己都想不到的冲天干劲。总的说来，学生真心实意地关注所作之事，才可产生真实的学习。通过设计引发学生关注的项目，教师可引导学生获得出色的学习成果。

大千世界充满着吸引学生的形形色色的项目，如环境保护、野生动物、营养保健、社区发展、教育教学等问题以及发展中国家面临的诸多难题，重要的是要使学生钻研他们真正关心的项目。鲍斯和克劳斯在《再现项目学习》（*Reinventing Project-Based Learning*，2007）中说：一个真正的上乘项目，是一个能将学生的激情和兴趣挂钩的项目。

> 原帕洛阿尔托研究中心首席科学家约翰·西里·布朗曾建议说，我们应该考虑一下"激情本位学习"……想一想：什么足以激发学生的求知欲并使他们感到学习是重要和有趣的呢？学生与同学及他人之间如何互动才使他们感到振奋与自豪呢？什么样的活动、体验、工具等让学生兴高采烈呢？你若能调动学生的激情，学生就更能进行潜心的研究，更能获得丰厚的学识。引发学生激情的项目有助于将学习的情感性和社会性连在一起。（Boss and Krauss，2007，pp.52-53）

动机。学生感到有意思、有意义、有关联且由学生选择的项目，通常也是学生积极主动地去完成的项目。德赛等人的研究表明为别人设定的目标而奋力追求的人十分罕见，从而使人们对动机有了新认识。平克在《内驱力：出人意料的动机新知》（*Drive：The Suprising Truth About What Motivates us*，2009）中概括了动机研究的成果，指出："人们为自己设定目标并努力实现目标，这通常是合情合理的，但目标若是由别人强加的，如销售指标、经济增幅、标准化考试分数等，有时则会产生为害不浅的副作用。"（Daniel Pink，2009, p.50）

学生在校学习时碰到的大都是外部强加的目标，不过在真实学习的过程中，尽管也要使学习遵循州立核心课程共同标准，但学生对下面重要问题有举足轻重的发言权：课题要解决的具体问题、解决该问题的方法、课题评价的质量标准。对许多学生来说，增加在学习中的发言权，也就带来了日益强烈的学习动机。

专心。如果学生的所学，是他们自选的，并感到是重要的、有趣的，他们就会专心致志地去学。斯特朗等人在《教育领导》学刊上发表了一篇有分量的文章，概述了由他们主持的一项历经 10 年的教学科研项目。在开展该项目时，他们请教师和学生描述"哪类学习任务是令人全神贯注的""哪类学习任务是令人极为讨厌的"，从回答中发现了高度的一致性。

> 根据学生的观点，令人专心的学习任务是能激发他们的求知欲，允许他们发挥创造性，促使他们与别人建立良好的关系，同时也是他们擅长的。而说到令人厌恶的学习任务，师生都指出是重复乏味的、无需动脑的、别人强迫的。（Strong, Silver, and Robinson，1995, p.8）

真实学习具有"令人专心"的一切特性：学生从事自我选择并满足求知欲的课题研究，为学生提供表现自我的机会，促使学生做出引以为自豪的业绩并品尝成功的滋味。

学习。我在前面曾区分了两类知识：一是程序性知识，是要亲自动手完成各种学习任务时才可学会和掌握的知识；另一是陈述性知识，是可通过书本、讲课、课堂学习而传递的知识。学习两类知识都很重要，在多数情况下，学习陈述性知识是学习程序性知识的必要前提。不过，由于程序性知识是关于如何做的知识，学习这种知识则有更深刻的影响。

既然真实学习总是发生在学生解决现实问题的"现场"，那么学生从中所学到的大部分知识是程序性知识。学生可学到各种"如何做"的技能：如何确定一个问题，如何制订一份行动计划，如何寻找专家顾问，如何向导师求教，如何与人沟通，如何主持研究，如何开发新产品，等等。既然程序性知识必须亲身实践才可学会，学生也就更能记住其所学，学习程序性知识之所以特别重要，是因为学生在校所学大都不是程序性知识。

才干。学生进行真实学习时——按现实的标准衡量，执行重要的现实任务，提供解决现实问题的办法，他们就有机会认识到自己有"改天换地"的能力。克服重重困难而完成一项自己关心、社会受益的任务，是增长自身才干的必由之路。

尼尔斯给我讲了一个六年级学生科恩得益于真实学习的故事。科恩在北京的一位导师的指导下，策划、推销、管理一座儿童夏令营，并为此与科罗拉多州立大学建立了托管合作关系。不到三天夏令营就招满了名额，因此科恩决定再做其他的事情。尼尔斯说道：

> 夏令营推销出去一周后，科恩找到我说："我的夏令营已经招满了人，从现在到学期末还有一段空闲时间，我的导师和我准备再做一个项目。"我问："什么项目？"他说："我们已经做了前期调查工作，发现残疾儿童如果多锻炼身体，就能提高在校的学习成绩。根据我们所作的调查，我校（普莱斯顿）的残疾学生更应该多参加锻炼身体的活动。现在，我和导师正在商讨有关建议，由我提交给校长，我希望校方接受我们的主意。"两周后他和校长进行了长达一小时的面谈，面谈后在校园里到处找我，一见面就自豪地说："尼尔斯先生，我的建议基本上被接受了，校方打算从明年起采取一些调整教学的措施，使残疾学生能多锻炼身体。"他说话时噙着泪水，此情此景，难道还需多说吗？

设计真实学习

当教师促使学生进行真实学习时，他们就从知识来源的主要提供者变成学习过程的推动者。但由于教学目标一如既往——确保学生有最丰硕的学习收获，教师的工作不会因真实学习而有丝毫松懈。不过，教师在真实学习中要特别关注的是在传统学习中受到忽视的方面。

在学生进行真实学习时，或许，教师所能起的最大推动作用就是确保学生在推进项目的每一个关键问题上都做出抉择。为顺利开展项目，教师指导学生的工作包括：（1）引导学生选择一个课题并确定其意义；（2）帮助学生寻找导师或专家并建立良好的关系；（3）指导学生确定和分配具体任务；（4）与学生共同制订评判成效的标准；（5）指导学生为推广项目寻找实际用户；（6）直接向学生传授完成课题研究所需的社交技能或其他技能。具体参见图表8.2。

表8.2　有效的真实学习核查表

在设计真实学习时，教师要	✓
引导学生确定项目探究的目的	
协调学生与导师或专家的关系	
指导学生确定和分配具体任务	

在设计真实学习时，教师要	✓
与学生共同确立判断成效的标准	
帮助学生确定项目的真实用户	
向学生传授必要的知识与技能	

引导学生确定项目探究的目的

启动真实学习需有一个明确的目的，该目的可用一个要探究的问题或预定的目标来表示。巴克教育研究所的拉默说："项目探究起始于一个驱动性问题，这个问题清楚表明了项目活动的目的，学生要完成的各项具体任务都要集中于这个重点……（这个驱动性问题确保）学生总是明白'为何我们要这样做？'"（John Larmer，p.40）

教师直接告诉学生做什么项目和怎么做项目是一个让自己省事的办法，可这种奉命行事的办法却大大降低了学生的学习热情，要使学生真正地欢迎真实学习，就得让学生自己做出如何开展项目活动的抉择。对任何人来说，无论大人还是小孩，都不会对"奉命行事"感到欢欣鼓舞的。对学生来说一个更好的办法是，先进行各抒己见的集体讨论，然后通过投票（或无记名投票）决定真实学习的专题项目。

教师应该帮助学生确实弄清有何可利用的学习机会，例如，最好像施莫尔的学生那样有到科罗拉多山脉的农场进行实地考察的机会。可惜的是，类似的机会并非俯拾皆是，教师得用一些其他的策略，如播放探究某专题的视频、邀请专家到校演讲、通过 Skype 或 Facetime 软件与专家进行"面谈"、阅读报刊或网站的文献。

真实学习要做到名至实归，关键的阶段在于学生选出"集大成"的项目，这意味着学生选出的项目既有实用价值（引起他们的关注），也有趣味（激发他们的想象力），还有意义（他们可以做出有益于社会的贡献，并愿意为此花费时间）。学生不选出符合上述条件的项目就绝不罢休。（参见表 8.3）

表 8.3　项目择选条件核查表

这个项目是否	✓
有实用价值？	
有趣味？	
有意义？	

为了确保学生要做的项目的确是切合实际的，教师应该随时留心可使学生做得出色的

项目，为此教师要想方设法了解学生的爱好与兴趣，如与学生进行一对一的交谈、开展兴趣与爱好调查、利用每一次师生互动机会来了解学生情况。

选择项目阶段面临的难题是如何使学生要完成的任务符合学校的各项学习目标（如州立核心课程共同标准）。我在第一编中指出，如果教师忽略课程标准，学生就难以学到基本的、关键的知识、技能和大思想。可是，符合所有课程标准的学习未必是真实学习，教师跟在课程标准后面亦步亦趋，绝不可能使学生为其学业成功做好充分的准备，这样的前车之鉴数不胜数。教师提出一个要探究的项目时应该力图"两全其美"：促使真实学习活动既要确保学生学到那些非学不可的东西，也要保证学生所做的是解决实际问题的事情。

最后，教师要懂得明茨伯格和克里斯坦森所说的预定策略和应变策略。完满的学习计划必须是预定的，从而提前部署教学重点，指引学生学习教师、课程指南、课程标准所强调的那些"必要"的知识、技能和大思想。但在真实学习的过程中，教师也必须准备迎接不期而至的各种学习机会。解决现实问题的工作往往是杂乱无章的，需要随机应变地边干边学。学生若从事这样的工作，天天都可能遇到出乎意料的学习机会，错过这样的机会也就失去了开展真实学习的主要理由。

协调学生与专家或导师的关系

真实学习的特点之一是学生要向各行各业的校外人士求教，借助他们的相关知识来推进项目研究。学生求教通常有两种形式：一种是直接求教于项目探究所涉及专业的专家（如施莫尔的学生求教于野生动物专家）；另一种是求教于对项目开展能给予指导和支持的导师。专家帮助学生理解项目研究中的专业性问题，导师则帮助学生在进行真实学习时找到所需的信息并提供各种各样的支持。

教师可以采取各种方法促进学生向外求教

首先，由教师牵线搭桥，找到与学生合作共事的导师，其中一个途径是借助有关的中介机构，如尼尔斯开办的"国际远程导师辅导中心"，为学生找到所需的导师。此外，教师也可以借助乐于为学生提供导师辅导的各种社会团体。为了保护学生，所有的导师辅导活动必须限于学校可控范围之内，如果涉及电子邮件，所有的电子邮件必须公之于众。国际远程导师辅导中心有内部的防范措施以确保所有的导师辅导活动得以过滤、监管、存档，而且不准互通电子邮件。所有的导师辅导活动都通过一处安全的网络平台（www.telementor.org）进行，迄今为止 11 个国家的 46000 名学生通过该中心受到远程导师的指导。

其次，由教师指引方向，让学生找到可直接联系并求教的专家。教师通常会在学生找专家或导师上助一臂之力，有时似乎又在"袖手旁观"，此时学生得了解如何与导师进行得体而有效的书面沟通。不过，教师在学生找导师上不要多加干涉，最好让学生自己做主，正如尼尔斯所说："请专家的一切沟通事务都应由学生操办。如果学生走到三岔路口，教师应让学生选择走哪条路，这会激发学生做事的积极性。"

指导学生确定和分配具体任务

学生一旦择定某个项目，就要确定所应完成的各项任务以及担负各项任务的人选。一般说来，学生从事的是深信自己足以驾驭的项目，也有确定和分配具体任务的权力，学生完全可以自主地做出有关决策。不过，有时项目研究涉及很复杂的任务，教师就得指导学生进行有关的商谈，以确保任务确定得合适、分配得合理。教师还应教会学生如何使用组织管理的工具，如怎样使用甘特图———一种用于项目管理中分配任务和责任的计划性工具（欲知详情可查 ganttchart.com）。这个阶段的"真实"体现在不要有毫无意义的任务，所做的任何事情不是为了打发时间。学生做的工作应该有助于他们解决实际问题，否则就不应该去做，那些叫人昏头昏脑、瞎忙一气的任务不属于真实学习。

帮助学生确立判断成效的标准

真实学习之所以"真实"的一个缘由，在于可用现实的标准判断其成效。最方便的成效标准就是看学生是否圆满地解决了他们要解决的问题，例如，判断施莫尔的学生有何学习成效，就看他们是否为迎宾农场的动物解决了供水问题，而事实证明他们解决了这个问题。

判断成效的标准要根据所做的项目自然而然地确定。例如，如果学生要做实验，那就是实打实的科学实验。也就是说，学生通过实验要考察的问题也是该领域科学家正在打算解决的问题，而不是那种在科学博览会上重复了上千次的实验。另外，学生应该应用科学方法——确定研究课题、采用随机分配、控制误差范围、保证测量的效度和信度。

学生在确定项目成效标准时，可以听取专家的意见或参照专家的研究报告，或在导师帮助下找到所需的信息。教师在这方面也可促进学生开展关于"优质工作"的讨论，如给学生展示不同质量的产品，要求学生区别其中的差异。在真实学习中，劣质工作毫无立足之地，实际问题呼唤高质量的解决办法。

帮助学生确定真实的用户

一个项目有真实的用户，这个项目就是真实的。听取真实用户的意见可明确项目研究的重点，学生不管从事何种项目研究，都要问问自己："我们的用户对我们的项目有何看法？"

因此，从事社区改善项目的学生可请地方官员来给自己上上课，意欲创办企业的学生可请企业领袖听一听自己的创业计划。根据项目的性质，学生可请校长、市长、购买产品的顾客、大公司总裁等。一句话，凡是学生认为合适的人都可请来对项目提出自己的看法。另外，邀请某位业内要人到校坦率地提出反馈意见，既能鼓舞人心，也体现了项目研究的重要意义。

教师有时需要引导外部用户，以确保他们不仅实话实说，而且以建设性方式提出反馈意见。如果一团和气地尽说好话，学生就可能错过了一次极为重要的学习机会。反之，如果百般挑剔地全是恶评，完全忽视学生的实际成效，那可能导致项目草草收场，让学生的真实学习半途而废。

向学生传授完成项目所需的知识和技能

不论要完成什么项目，学生都必须学会所需的知识和技能。例如，要完成一项科学项目，学生需要懂得科学方法以及应用各种测量手段；要完成一项推销项目，学生需要了解市场定位原理、劝服的基本方法、书面写作或画面设计技能等。另外，在任何依靠合作才可成功的项目中，学生需要学会重要的人际沟通技能。

为了帮助学生牢记完成项目所需的知识和技能，教师可在"现场"直接向学生传授这些知识和技能。学生若能明白为何学习和如何应用这些知识和技能，常常会倍加努力地专心学习。

体验学习：真实学习的一种替代形式

真实学习的经验可以推广到学生的其他学习方式，体验学习就具备真实学习的许多成分。我认为，体验学习是指有下列特点的任何学习活动：允许学生体验所探索的现象，采取"角色扮演"的学习方法和策略，践行学习内容中的知识、技能、大思想。

有效的体验学习给学生提供一个模拟的学习环境，其中包括某单元学习内容的部分或全部因素，学生从中可以得到一种亲临现场的体验。学生的体验学习有多种方式，如角色扮演、诗歌朗诵、了解不同国家的就业状况等。

体验学习有助于学生运用所学的新概念，回想起所探讨的某种现象的具体属性，刷新自己的想法、见解和行为方式。体验学习的关键在于使学生通过模拟"真实场景"来体验教学内容，用以了解"局中人"的理智、情感、感觉。

苏姗在赖尔森理工大学开设交际课程，她在课堂上利用体验学习来强化学生对跨文化交际的学习。苏珊讲述了跨文化交际的有关内容后，将学生分为三组，并说每一组要学习并表现出一种独特文化。然后，每组学生手持相关的《文化指南》进入不同的研讨室，在那儿快速了解他们所要表现的文化特性，最后将三组集合起来展现各自所代表的文化。当然，各组表现出来的文化特性大相径庭：有的组的人际距离是20厘米，可有的组的人际距离是 60 厘米；有的组举办神圣的宗教仪式，可有的组都是无神论者；有的组热衷社交活动，爱吃爱喝，可有的组坚信时间就是金钱，奉行斋戒，如此等等，不一而足。

当苏珊要求各组"做一笔交易"时，鉴于各组之间的"文化差异"而难以成交。这样的体验学习往往促使学生警醒，反思自己对待有不同文化背景的人们的态度。

意味深长的故事

有一次，我和尼尔斯谈论他在普莱斯顿中学推进的活动，他给我讲了一个故事，以此说明学生为何喜爱真实学习。这个故事"一语道破"了真实学习和传统学习之间的区别。

> 那个学期末，施莫尔的岳父去世，她要离校十天，要我帮着代课，还安排了一位代课教师和我一起给学生上课。那时，科罗拉多州发生了多起森林大火，施莫尔认为，学生学一些火灾生态学的知识是有好处的。因为她要处理私事无法亲自上课，就建议最好先用课本中的一篇文章，于是那位代课教师就对学生说，施莫尔要他们好好读课本。一个学生面带吃惊的神色望着我说："什么？我们可不是课本族，我们是实干族。得有人告诉他，我们绝不死读书！"

化思为行

对学生

1. 确保学生积极地参与真实学习的全程：选择研究的专题；确定所要接触的专家；确定向导师求教的问题；在教师的指导下确定成效的标准。

2. 鼓励学生为如何改进以后的真实学习项目提出建议。

3. 鼓励学生谈谈自己的兴趣、爱憎、担心和恐惧。只有学生真正在乎他们所从事的项目，真实学习才是有意义的。

对教师

1. 要舍得花时间与学生交谈，以找出令学生最感兴趣的问题或专题。

2. 随时留心可开展真实学习的场地。

3. 接触社会团体，从中找到可为学生提供既安全又有价值的辅导的合适人员。

对教学辅导员

1. 与教师合作，先从小型但高质的项目开始了解真实学习。

2. 留心教师可用来开展大型项目的资源，例如导师、场地、有助于完成任务的技术手段等。

3. 查阅 www.telementor.org、www.bie.org 等网站，从中了解其他的项目，建立一个可与教师分享的项目库。

对校长

1. 或许最重要的是让教师知道，他们有充分的自由尝试各种诸如"真正学习"的创新性学习，因为不可能为此类学习设定一个齐步走的教学进度。

2. 在你的学区和其他校长进行对话，探讨真实学习与传统学习相比有何长处。

3. 安排你校的教师参观那些成功地实施真实学习的学校。

行有所思

测量真实学习实效的最佳办法是通过"三脚架调查法"（可查 tripodproject.org）"盖洛普学生调查法"（可查 gallupstudentpoll.com），以及教师自编的学生学习态度调查表得到关于学生态度的资料。

小　结

1. 真实学习是涉及实际问题、实际成果、实际用户的学习。

2. 学生乐于参与真实学习，是因为真实学习有意义、有趣味、有实用价值。

3. 真实学习有助于学生领悟重要的目的，从而推动、吸引他们实现目的，并经此增长才干。

4. 真实学习因发生在现实世界之中，有助于学生学会程序性知识。

5. 设计真实学习的教师会从知识的发送者变成学习的促进者。

拓展阅读

Larmer's *PBL Starter Kit* (2009).

The Buck Institute for Education's website: www.bie.org.

The International Telementor Center's website: www.telementor.org.

Suzie Boss and Jane Krauss's *Reinventing Project-Based Learning: Your Field Guide to Real-World Projects in the Digital Age* (2008).

William Bender's *Project-Based Learning: Differentiating the Instruction for the 21st Century* (2012).

第三编
团队建设

每天，教学辅导员莉·摩尔赞（Lea Molczan）和阅读课教师乔迪·约翰逊（Jody Johnson）都会聚在莉的教室一起共进午餐，午餐是他们唯一能聚到一起进行交流的时间段。乔迪通常会拉一张课桌并在莉的桌子旁，共同协商和拟定授课计划。教室里堆满了莉收集的书籍、励志语录册、招贴和新奥尔良的圣徒纪念章，两人就餐时会像两位朋友见面时那样无话不谈，不过，他们总是情不自禁地谈到乔迪任教的七年级阅读干预班。

乔迪是一位有着20多年教龄的优秀教师，在教学方面卓有建树，几乎没有她调教不了的学生。但是在这个由8个男生和2个女生组成的阅读干预班里，她却遇到了棘手的问题。大多数学生或许是学校里最差的学生，英语理解程度有限，所学课程多数挂科，基准测试从未通过。他们自感是同学中的"学渣"，觉得阅读毫无快乐而言。许多人甚至自暴自弃，放弃了阅读。

最令乔迪感到担忧的是，班上的学生已经对学业不及格习以为常。他们不想学习，却把大部分的精力放在如何逃避学习上。有一个学生（此后称为"丹尼斯"）尤其厌学。他每天来到教室，就坐在教室的后排，脑袋耷拉在课桌上，什么也不干。来学校5个月了，他上课时从未拿出过课本。

每天乔迪都不知道丹尼斯和其他同学会弄出什么动静来捣乱课堂。在一次朗读课上，学生读到一本面向青少年的滑稽小说《大内特：独往独来第一人》（*Big Nate: In a Class by Himself*）。[①] 这本小说的主人公创下了放学后被留校处罚的最高纪录。当乔迪问起班里有多少同学曾经受过校内停学处罚——在其他处罚无效的情况下采取的一种处罚时，所有学生都举起了手。"他们都有过在不同的学校待在不同的校内停学处罚间的经历。事实上，有些学生还多少以此为自豪呢，"莉说道。

学生的捣乱行为令乔迪十分沮丧。在这群学生面前，她感觉自己好像是一个刚入门的新手，而不是一个有着20多年教龄且具有丰富教学经验的成功教师。莉说道："每天午餐就要结束时，乔迪就会产生一种强烈的恐惧感，她感觉自己正在失去动力，正在失去她的学生。"

莉继续说道："乔迪似乎也看到了学生可能成功的一些潜能，她感到虽然他们是许多人已经放弃的孩子，可是她并不想放弃他们，她对他们的失败有自己的想法。"乔迪和莉寻找那些可能会引起学生兴趣的书籍，并一起讨论乔迪可能采用的不同的教学方式。乔迪尝试用想到的各种方法去接近学生。她改革了教学活动，尝试了不同的奖励和惩罚手段，甚至腾出时间让学生和宠物小仓鼠一起玩耍（仓鼠是学生喜欢的小动物），可是一切都无济于事。

---

① 林肯·皮尔斯（Lincoln Peirce）创作的《大内特》系列小说，讲述了主人公大内特上学时各种令人捧腹大笑的故事。——原作者注

有一天，莉决定给乔迪的阅读干预班录像，然后两人分别观看这盘录像。映入他们眼帘的是，上课一开始班里就一片混乱，许多时间都被浪费掉了。虽然有些学生做了上课准备，但其他的学生却交头接耳，在教室里乱扔东西，根本没有安心学习。尽管乔迪一直在维持秩序，但毫无作用。莉和乔迪在录像里看到的情况是，上课的头 10 分钟全浪费掉了，而一堂课只有 45 分钟的时间。开头的这 10 分钟的混乱现象一直延续到整堂课中，可以说这堂课对于每一个人来说都是一场折磨。怪不得乔迪对这个班有恐惧感。

莉和乔迪决定要向学生讲明对他们学习上有哪些期望——寄托期望是本章所述的建设学习团队的核心活动之一。两人对所有的学习活动和衔接活动提出具体要求，特别是针对课堂的头几分钟有明确规定。他们写出课堂每一项活动的目标（在 3 分钟内为开始上课做好准备），什么样的讲话是可行的（在听课期间），什么样的走动是允许的（到教室的后面，拿起你的活页本，回到你的课桌，开始准备上课）。他们定下的目标是 3 分钟内为上课做好一切准备。

为了让学生牢记这些期望并按期望行事，他们想出了一个促使大家落实的点子。讲故事是乔迪的长项。尽管学生通常不愿意参与其他的学习活动，但是他们却喜欢听她朗读《大内特》里面的故事。她告诉学生，每天朗读故事的时间到 11:22 分（上课时间是 11:12 分），如果他们 8 分钟做好上课准备，那他们听故事的时间只有 2 分钟，但若 2 分钟能做好上课准备，那听故事的时间就有 8 分钟。

学生很快就达到了 3 分钟为上课做好准备这个目标。自乔迪向学生讲明她的期望，并按期望形成新的教学常规后，通常在 3 分钟内就可以开始她的授课了。通过不断娴熟地运用和强化这些期望，乔迪每天为每一个学生增加了 7 分钟的学习时间，按一学年 181 天来算，她实际给学生增加了一个多月的学习时间。

既快速又平稳地开始上课，接下来便一切顺理成章，良好的课堂气氛延续到整节课之中了。学生越加一心向学。一位教研员杰夫·利弗林（Jeff Levering）到乔迪的班上听课后这样说道："现在连丹尼斯也变为一个积极的学习者。他不仅愿意学习，而且还学得不错……他可真是 180 度大转变。"

乔迪的教学也有了变化。另一位教研员巴布·密立根（Barb Millikan）也听了乔迪的课。她注意到乔迪大大增多了表扬学生的次数。他说："在乔迪和莉给学生确定和讲明这些期望之前，乔迪的重点是放在纠正学生的错误上，如果表扬是 1 次的话，纠错就达到 5 次或 6 次。"巴布和杰夫的观察数据显示，讲明这些期望之后，乔迪更加乐于表扬学生。例如，在一次上课中，表扬 42 次，纠错 13 次。乔迪本人也更乐于肯定学生的长处，看到丹尼斯的进步尤其高兴。巴布说："乔迪和学生一样，越干越有劲。"

教研人员密立根和杰夫长期观察乔迪的课堂教学，亲眼看到了班上的变化。我请密立根描述乔迪授课时的情形，她在电子邮件中是这样回复我的。

高效教学：框架、策略与实践
High-impact Instruction

前不久，我和杰夫去乔迪的班上听课，学生巨大的变化……震撼了我们。班级里秩序井然，学生都坐在教室的前两排，就在乔迪的跟前。丹尼斯坐在最前排，要答题时举手，目光注视着乔迪的一举一动，对待同学们也很有礼貌。一天，一个学生在黑板上写了这么一句话：这堂课不用给我们朗读故事书！上课开始时，学生要求乔迪离开教室，她同意离开并对学生说："我知道你们这样做肯定有充分的理由，但是记住，我的读故事时间到11:22分结束。"乔迪站在门外，而此时学生都在窃窃私语，在要献给乔迪的自制贺卡上写下他们的心声。一个学生突然问道："教师该没有走吧？""傻瓜，她怎么会离开。我们要感谢她，不就是因为她是最舍不得我们的老师吗？"此言一出，所有的学生都松了一口气。

乔迪回到教室，上课像往常一样继续进行。乔迪表扬学生为学会阅读做出的努力，现在差不多可把一本书顺畅地读下来了。下课的时候，学生纷纷将自制的贺卡送给乔迪。看到孩子们在贺卡上的留言，乔迪泪如泉涌。她说道："起初这是我碰到的最糟糕的班级，但是经过我们双方的努力，这个班已经成为我最喜爱的班级。"丹尼斯的留言是："你最喜爱的学生我，祝福我最喜爱的教师你。"乔迪说道："起初丹尼斯是最不喜欢我而且也是让我最头疼的学生。"可能是想到丹尼斯在她的帮助下确实有了重大的变化，乔迪不禁高兴地落泪。

通过乔迪传授和强化对学生的期望，学生的学习有了改观。事实上，班里大多数的学生都通过了州立水平测试，所有学生的考分都提高了起码 10 分——全班学生加起来共提高了 170 分。对于莉和乔迪来说，这个进步是惊人的。"这些孩子们，"莉说道："四年来从未通过水平测试，现在他们有了成功感，比如会说'我可不是个弱智'。"莉和乔迪通过实施团队建设策略，提高了学生的成绩，取得了丰硕的成果。也许更重要的是，让学生看到了自己会成功的希望。

莉和乔迪所采用的策略——确定，传授，强化期望——是一系列教学策略中的组成部分。我将之归于"团队建设"一类，即通常所说的"课堂管理"或"行为管理"。团队建设是形成优异教学不可或缺的部分。

在每个班，每一天，每一秒，我们的目标都应该是力争取得最大的学习成果，这样学生才有可能从我们创设的各种学习活动中获取最大的收益。团队建设能帮助实现我们的目标。但它绝不仅仅是临时救急的"创可贴"——只是用来让学生安静地坐在自己的课椅上听课，也不是用来去掩盖我们拙劣乏味的教学。像乔迪这样的优秀教师，善于把团队建设作为一种促进学生学习的手段。同时，采用这些手段来规划学习内容，进行有效的教学和形成性评价，从而使学生学习的效果最大化。

在此编中，我论述六种容易实施、切实有效的策略来建设积极向上且富有成效的学习团队。在第 9 章，我将讨论教师如何构筑关爱学生的课堂文化，从而促进师生之间的相互尊重和提高学生的学习效率。在第 10 章，我将解释为什么教师应该善用权力帮助学生而非滥用权力压制学生。在第 11 章，我将阐述教师在安排教学活动及组织学生学习同时，应该给学生更大的自主权，让他们对自己的学习做重要的选择，即我所称的"一定之规下的自由"。在第 12 章，我将阐明凡是希望建立有效学习环境的教师，都可以通过制定和传授期望来指导学生进行一切学习活动和过渡活动。在第 13 章，我将会介绍教师如何见机行事地强化这些期望的策略。在第 14 章，我将讨论教师怎样通过正确的方式及时纠正学生的不当行为。

```
第9章   构筑关爱学生的文化
                │
             是关于
                │
                ▼
文化  ◄──通过认识──  创建一个适    ──通过采用──►  5种策略
                    宜学生发展
                    的环境
 │                    │                              │
 ▼                 通过理解                           │
控制一个群体内人们        │                              ▼
互动和行为的公认价        ▼                     1.师生共定行为规范。
值观或行为规范        为什么                    2.促使学生践行行为规范。
                     │                       3.传播关爱学生的的情感。
                     ▼                       4.营建关爱学生的环境。
                文化能促进或                   5.言出必行。
                妨碍学生的
              ┌────┼────┐
              ▼    ▼    ▼
             成长   发展   学习
```

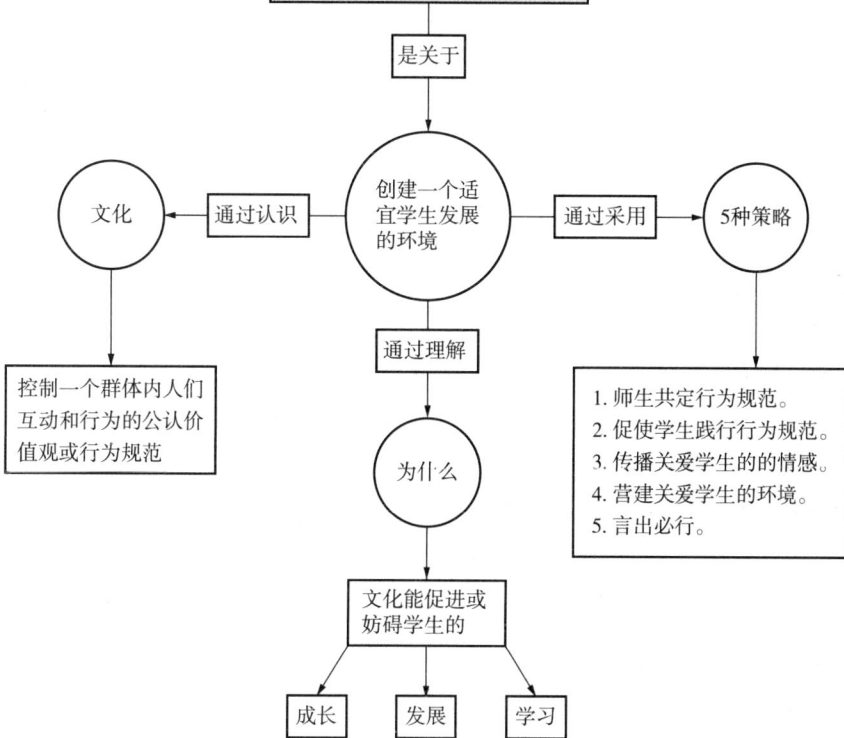

第 9 章　构筑关爱学生的文化

> 领导者所做的唯一的真正重要的事情就是创造文化和管理文化。如果你不去管理文化，它就会来操纵你，而你甚至不会意识到这种情况所发生的严重性。
>
> ——埃德加·沙因（Edgar Schein）

我在"教学频道"主持《教学纵横谈》节目，出于工作的需要，我到路易斯安那州圣坦曼尼教区去听桑迪·西波尔纳格（Sandi Silbernagel）给二年级学生上的课，我发现，她的课堂是一个足以证明文化有积极影响的范例。在一次课堂观摩中，桑迪指导学生阅读廷尼亚·托马西（Tynia Thomassie）的作品《菲利斯安娜·勒鲁：卡津人奇遇记》（*Feliciana Feydra LeRoux:A Cajun Tall Tale*，2005）。在课堂上，桑迪精心设计授课的每一个细节，力图创建一个对学习者最友好的文化。

我花了两天时间观摩桑迪上课，看到桑迪精心准备授课计划，从而营造一种关爱学生的文化。例如，托马西的《卡津人奇遇记》讲的是一个小女孩在路易斯安那州沼泽地的历险经历，桑迪授课时将教室四周摆满了布绒鳄鱼和布绒螃蟹，以便随时指给孩子看，增添孩子身临其境的感觉，同时她还将这本书扫描下来，用智能板展示，这样所有学生可以从大屏幕上清楚地看有关内容，边看边想边说。

桑迪的授课计划有助于她为学生营建一种获得亲身体验的学习环境。为了帮助学生理解读物，她要求学生站在一张彩色的地毯上。她一边引导孩子们阅读故事，一边鼓励学生在智能板上介绍他们运用了哪些阅读方法（线索法，查找—核查法，预测法）来加深阅读理解。她还给学生放映了 YouTube 上的沼泽地视频，以便让学生对小女孩在沼泽地的遭遇有更加生动直观的印象。她甚至拿出自己曾祖母的照片，因为她曾祖母当时所生活的家和这个小女孩生活的家极其相似。在桑迪的引导下，每个学生步步深入地走进故事之中。

学生读完故事后，桑迪播放了约翰特·唐宁（Johnette Downing）的歌曲《菲利斯安娜·勒鲁》（*Feliciana LeRoux*），这首歌唱的正好是学生刚读的故事。这堂课最出彩的部分是桑迪让每个学生品尝了鳄鱼香肠。在这堂课上，孩子们看到了，听到了，甚至尝到了他们正在学习的东西。

桑迪的大部分上课活动并没写入授课计划，但她若不关注"文化"，学生也不可能有这样的学习经历。是的，学生也许用不着看那些布绒做的沼泽地动物，桑迪可以只读书本，举起几张照片，用不着在智能板上展现更开阔的实景，桑迪还用不着在课堂上播放歌曲来传授阅读技能，更用不着去烹饪鳄鱼香肠，是的，她可以完全不做这一切。但是在未来的多少年后，学生或许会忘记了这些单词，或者是故事中的情节，但是他们会永远记住他们在桑迪课堂上所体会到的那种感受。而且很多学生还会记住甚至应用在桑迪课堂上所学到的阅读方法。这就是关爱学生的文化产生的力量。

为什么要注重文化？

文化在我们所看到的、听到的、感受到的、闻到的、摸到的以及尝到的东西中。查理斯·希尔和加雷思·琼斯在《战略管理》（*Strategic Management*）中将"文化"定义为："文化是某一组织内被其所有成员公认的价值观与规范的集合，这种价值观与规范主导组织之内人们的相互交往，也主导他们与组织之外相关利益者的相互交往。"（Charles Hill and Gareth Jones，2001）文化有一种看不见的力量，影响并造就一个国家、一个机构或一个班级的行为。有能力的领导者（从大公司到幼儿园的班级）都会意识到文化对事业或工作的促进或促退有多大的影响力。因此，他们竭尽全力来创建和打造一个最能促进成功的文化。

校园文化或课堂文化能促进或阻碍学生的成长、发展和学习。当校园或课堂文化大力弘扬勤奋，善良，坦诚或尊重，这些优秀品质就会有助于这个文化内的成员更加具有创造力，他们就会互相帮助，互相尊重。但是当校园或课堂文化引导群体内成员降低他们的标准——诸如自私、指责——那么就会妨碍这个群体内的成员发挥他们的潜能。一个具有破坏力的文化会导致我们的生活，正如威廉姆·詹姆（William James）所说的那样："变得越来越差。"（引自 George Sheehan，*Personal Bes*，p.30）

然而，问题在于文化的影响力是间接的和无形的。我们看不到这种塑造和控制我们行为的力量。就如埃德加·沙因（Edgar Schein）所说："我们也许甚至意识不到它的存在。"但是在学校里或教室里所发生的每一件事情都是会产生影响力的。学校的蜂鸣器的音调如果太大就会对学生的学习态度产生负面影响。学校的广播播音也会让学生分心，会烦扰到每一位听到它的人。一个乱堆乱放书本的教室会让坐在里面的人感觉不舒服。在一个班级里，如果有人不尊重他人或经常诋毁他人，就会让班级里的人没有安全感，进而不愿意融入到这个班级里来。个别小的干扰因素本身可能不会产生大的影响力，但是众多负面的小因素叠加在一起就会破坏学生的学习经历。如果是涉及校园文化，那再小的事情也是大事情。

文化是一个看不见摸不着的东西，但它无处不在。每一次的交流，每一次的学习经历都蕴藏着文化。每一次有效的教学都会有助于创建关爱学生的文化。在这里我推荐 5 种创建关爱学生文化的方法：（1）师生共定行为规范；（2）促使学生践行行为规范；（3）传播关爱学生的情感；（4）营建关爱学生的环境；（5）言出必行。

师生共定行为规范

行为规范是在某种文化中培育有关行为的一种无形力量。在以班级为单位的学习团队里，行为规范和期望有所不同（详见本书第 12 章）。期望是针对单项学习活动的具体要求，而行为规范适用于所有活动。比如，礼貌待人是行为规范，轻声细语地与搭档交谈则是特定学习场合中的一种期望。

通过给学生制订一些建设性的、积极的行为规范或者和学生共同来制订这些行为规范，有助于教师构建一种关爱学生的文化。教师和学生可以就任何的事情或行为制订行为规范。但是常见的几个方面为学习态度，相互尊重，礼貌交谈，相互支持。

让学生共同制订班级的行为规范的方式之一，是让他们以匿名的方式书面回答下面四个问题：

1. 我们应该怎样对待我们的学习？
2. 以什么样的方式我们能表示对彼此的尊重？
3. 我们的课堂讨论应该呈现什么样的状态？
4. 我们应怎么做到相互支持？

将学生的答案收集起来，在下一次上课前，教师可以浏览一下学生提交的想法，并进行总结和归纳，然后在课上和学生讨论大家所发表的意见。学生可以通过投票（可以是匿名投票）的方式来进行表决，看是否一致同意（或者起码是大部分人同意）所制订的行为规范。第 11 章将讨论的小群体决策是组织类似这种活动的方法之一。这样的讨论可以涉及许多重要的问题，比如什么是行为规范，它们又是如何运作的？什么是团队，我们可以组建成一个团队吗？什么是尊重？我们应该相互尊重吗？学校的目的是什么？

有些教师喜欢自己制订班级的行为规范，然后散发给他们的学生。还有些教师喜欢用"行为规则"这个词来代替行为规范。就我而言，"行为规范"较好地体现了团队和合作的思想，但是，如果你觉得"行为规则"更切合实际地表明了你的方法，就用它吧。

有些教师也许会希望求助于某种传授"行为规范"已见成效的课程。例如，苏·弗农（Sue Vernon）创建了一门已经被研究验证有效的课程，这门课程包含有清晰的指南，传授如何为学习团队制订行为规范。她的书《一起交谈》（*Talking Together*，2000）提出要给学生上几堂课，要教给学生：在课堂讨论中如何倾听他人的意见；怎样和同学合作；在班级里怎样和别人交换思想；怎样表示对他人的尊重；怎样尊重不同的意见；怎样做到互相支持。

更重要的事情是，教师要向学生明确和传授班级的行为规范，从而创建一个积极的、富有成效的学习团队。文化既可以创造也可以破坏学生的学习，更为重要的是，文化是行为规范的化身。

促使学生践行行为规范

制订出一系列的富有感召力的行为规范却从不去实施，是不可能创建出一种关爱学生的文化的。因此教师应该：（1）对每一条行为规范的意义做到心中有数；（2）观察学生的一举一动，看到学生遵守行为规范时应该及时进行鼓励；（3）在学生没有遵守行为规范时，应及时纠正。下文所述的促使学生扬善改过的策略有助于形成一种积极学习的文化。

在讲授《卡津人奇遇记》时，桑迪一直非常注意学生是否遵守或违反班级的行为规范。我也一直在倾听她对学生的评语，我发现，有一次，一分钟内她对学生就说了八句表扬的话，但当学生不遵守行为规范时，也进行批评。无论是对学生进行表扬或是批评，她的目的是让学生能互相尊重，在有必要的情况下，对自己的不端行为向同学道歉。对桑迪来说，文化的一个重要组成部分就是让学生有安全感，她竭尽全力所做的一切也就是为了达到这一目标。

传播关爱学生的情感

情商研究的权威专家丹尼尔·戈尔曼（Daniel Goleman）提出塑造文化的另一种方式。在《社交智能》（*Social Intelligence*，2006）书中他谈到大脑研究显示出情感是可以传染的。他说，如果你和一个患有传染性发烧病的朋友在一起自驾旅行的话，那么在这次旅行结束时，你也很有可能会染上发烧的疾病。同样，如果你和他人一起交谈，他高兴或烦躁的情绪都会传递给你，你也会受其感染，心情随之快乐或沮丧。研究结果表明，人们是会受他人的情感影响的，所以一个领导者应该时刻关注在他的机构或他的班级里蔓延着一种什么样的感觉。戈尔曼在书中如此说道：

> 当有人在我们的面前倾泻他们那些负面消极的情感时——大发雷霆或威胁示暴，或表现出厌恶或鄙视的感觉——他们的这种表现激发和点燃了我们内部所蕴藏的这种负面感觉。他们的行为引发很强的神经系统上的后果：情感是有传染性的。它的强烈

程度就像感染上鼻病毒一样，相当于患了一场情感的感冒症……

　　每一次和他人交流都会有情感的潜台词。在我们和他人谈话期间，我们都会有情感的起起伏伏，有时，我们双方会感觉到舒服一点，甚至舒服许多，或有时我们会感觉到难受一点，甚至十分难受……我们的这些情绪会一直延续到这次交流结束后的很长的一段时间内——一种情感的记忆……

　　这些心中对甘苦得失的对比回忆会催生一种情感经济，即每一个人某一天、某一次谈话所经历的内心情感的净增益与净损失。通过平衡我们情感的得与失，我们决定这一天心情的好与坏。（pp.13-14）

　　我们的情感能传染他人这一事实告诉我们应该怎样去教育学生。也就是说，教师应该知道如何去向他人传递自己的情感。一个很容易发火或表达不满情绪的教师，或一个不考虑负面情感影响的教师，会把他们这种情感带到学生当中去，毫无疑问，这些学生也将会把这种负面情绪传染给同学。相反，那些常常表达温暖、快乐和爱的感觉的教师会催生他人的正面情感。我们中的每一个人都会催生我们感受到的感觉。实质上，教学的部分意义在于我们建立了环绕在我们身边的情感空间。

　　教师可以采用几种方式来传播正面情感。他们可以启发学生互相以一种尊重的方式和他人相处。例如，在每次的互动以后，同学们之间互相说"谢谢你"，也可以传授学生一些给予对方真挚的、有效的表扬和鼓励的方式。教师还可以采用促思提示的方式来塑造文化。总之教师可以利用一切手段——诸如视频、插图，故事，诗歌，歌曲——来烘托教室里关爱学生的氛围。每当教师选用一个促思提示时，他应该这样询问学生："它会给我们班级带来什么样的情感？"如果这种情感是有悖于有效的学习体验的，那么教师就得重新考虑是否采用这个促思提示。

营建关爱学生的环境

　　麦克阿瑟基金会天才奖得主比尔·斯特里克兰（Bill Stickland）是宾夕法尼亚州匹兹堡市曼彻斯特比德韦尔教育中心的创建人，建设美轮美奂的校园是他校园设计的核心理念。他的 TED 演讲[①]，论证了相信学生的重要性，并指出要在校园设计中传递出对学生的信任。

　　在《让不可能成为可能》（*Make the Impossible Possible*，2007）一书中，比尔说，只要你踏入他的学校，就会"随处可见美景"（p.13）。比尔在书中谈到他是如何向哈佛大

[①] 比尔·斯特里克兰（Bill Strickland）的 TED 演讲详情见：http://www.ted.com/talks/lang/en/bill_stickland_makes_change_with_a_slide_show.html。——译者注

学学生介绍他的中心的，该中心设计者是建筑大师弗兰克·劳埃德·赖特（Frank Lloyd Wright）的一名弟子。比尔说：

> 拱形的凉亭曲径通幽，引入到各个宁静的大厅。高耸的门厅内四周是高大的窗户，从窗户透进来的光线洒向厅内每一个角落，天然的木质装饰让整个空间熠熠生辉。房间里每一个微小细节——鲜艳的地毯，名牌的瓷砖，镶嵌在办公室门上手工制作的彩色玻璃，一束束芳香的鲜花——都在给这里增光添彩。"这是我认为的最理想的人类栖息地。"我说道。这样的环境能给我们带来秩序，宁静，安定，乐观，而这一切在他们从前的生活中是无法享受到的。美丽似乎不能存在于贫穷人们生活的世界里，但我们把它变为可能。那么，在他们的眼里，这个世界和它的未来将会大有不同。（pp.12-13）

对比尔来说，学习环境是学习经历中的一个重要组成部分。环境不仅仅只是一个点缀，它和课程或学习活动一样重要，也许更为重要：

> 我们把学校的校园中心设计得如此美丽不仅仅只是装装门面，它是我们成功的一个重要组成部分。美能滋润我们的灵魂，而不让愤世嫉俗和失望来玷污我们的灵魂。美能给我们带来变化。如果一个人在他们活着的这个简单过程中没有感觉到快乐，你怎么能够告诉他们如何去创建一种美好的生活。这就是我为什么要建立这样一个充满阳光，充满鲜花的美丽校园中心的原因。那些以为这个世界灰蒙蒙污浊不堪的贫民窟的黑人孩子，还有那些来自贫困的常常被解雇或失业困扰的白人蓝领家庭的孩子，现在也能闻到兰花的香味。（p.17）

比尔建立了美丽的校园。但是你是一位普通教师，只有一间教室，又该怎么做呢？你怎么营建一个关爱学生的环境呢？桑迪的做法很好地回答了这一问题。像比尔的比德韦尔教育中心一样，桑迪教室的每一个角落都充满了温暖和美丽。

在每一学年开学之前，桑迪会用招贴画、油画、植物、玩具和五光十色的地毯来装饰自己的教室。她还会给教室配置舒适的沙发和课椅。她会在教室的四周摆上台灯，这样她的学生就不用在日光灯刺眼的灯光下学习了。她还会在教室的天花板上悬挂起一些闪烁的灯串来美化自己的教室，营造出一种漂亮的轻松快乐的环境供孩子们学习。"我在想，如果我是一个七岁的孩子，我会希望要一个什么样的教室，"桑迪跟我说，"进入我脑海的只有一个词'舒服'，任何一位教师都可以营造出一种良好的学习环境，只要他问自己一个简单的问题：如果我是班里的一个学生，我想要一间什么样的教室？"

并不是每一间教室都需要闪烁的灯串，但是每一间教室都应该被设计成一个最佳的学习环境。要想营造一种关爱学生的学习环境，教师要做的事情有许多，其实有些事情做起来非常简单。首先，教师应该力图让教室保持井井有条、干干净净。如果一间教室墙边堆放一些杂七杂八的盒子或者是书桌上堆满了零零散散的活页夹，那么这就意味着在这间教室里杂乱无章是可以被接受和认可的。教室里的杂乱无章也决定了学生可以容忍对待学习毫无条理的态度。

正如桑迪所说，教师可以尽全力将教室打造成一个温暖友好的环境。温暖的灯光可以营造一种更加积极的学习氛围。同样，招贴画、艺术作品，或者其他的具有美感的物品都可以让教室变成一个学生留恋不舍的地方。

另一种打造文化的有效方式就是张贴一些弘扬礼貌尊重、个人成长或探索知识的励志语录和警句。在北卡罗莱那州，我看到一位教师在她的教室四周张贴了一些语录和警句，以此来激励她的学生，这些语录包括有哲学家路德维希·维特根斯坦（Ludwig Wittgenstein）所说的："我的语言天地有多大，我的可为天地就有多大"，诗人作家马娅·安杰（Maya Angelou）所说的："朋友们，我们的相同远大于不同。"

以上所述的只是如何打造文化的部分方式，重要的是教师要认识到，无论做什么都在塑造文化。制订行为规范，遵循行为规范，传播关爱学生的情感，甚至美化一间教室，凡此种种，都有助于创建一种关爱学生的文化。本章所述的其他策略，其中包括教师善用被赋予的教学大权，莫不着眼于此。

言出必行

1995 年，我为加拿大邮政总局主持一个关于组织学习的项目，出于开展项目研究的需要，就领导才能采访了各处的零售经理，询问他们尊重（或不尊重）什么样的领导。在这些采访中我听到最多的话语就是他们尊重那些"言出必行"的领导，他对下属提出的要求就是对自己提出的要求，并且以身作则，一丝不苟地说到做到。

完成这个项目不久，彼得·圣吉等人合著了《变革之舞：学习型组织持续发展面临的挑战》（*The Dance of Change: The Challenges to Sustaining Momentum in Learning Organizations*，1999）一书，书中根据他们对"组织"的研究，得出完全一致的结论——那些想引领变革并打造文化的领导必须做到言出必行。下面就是圣吉及其同事的看法。

- 如果一个领导不能真正做到言行一致，那么他就得不到其他人的信任，就无法引领一次真正的变革。（p.194）
- 一个老板的行为如果和他的价值观不一致会导致严重的后果。(p.195)
- 人们并不苛求完美，但人们却能辨清一个领导者是否真诚和开放。当一个老板从一种开放探究的领导风格退步到独裁专制的领导风格，那么由此产生的不良影响将会

长达数月之久。(p.195)

当然，"言行一致"不仅仅只是对企业的领导者十分重要，它对于课堂的领导者，即教师来说也是同样重要。例如，如果教师希望学生互相尊重，那么他们自己就必须做到对学生尊重。因为学生通常把教师作为他们的行为楷模。教师必须有意识地做出表率，这样他们才能严格要求他们的学生。

这件事情听起来很容易，但是它要求教师做到为人师表，言出必行。比如，如果教师要求学生按时交作业，那么教师就应该按时批改和返还学生的作业。如果教师要求学生认真听讲，要求学生之间互相听取对方的意见，那么教师自己就应该做一个好的倾听者，经常耐心听取学生的意见。

圣吉及其同事在书中写道："要做到'言出必行'远不是一件容易的事情，比表面上看起来要复杂得多。"（1999，p.195）在课堂上尤其如此。整天承担着要教好 32 个学生的压力和挑战，会限制教师言出必行的能力。正因为如此，我们建议教师采用一些方法来帮助他们真正做到"言出必行"。就像我在书中一再指出的，录像可以极大地帮助他们。教师可以给上课的情景录像，然后观看录像，看看自己的一言一行是否为班级的行为规范做出了表率。教师还可以采用一个更简单的方法，即用智能手机或其他的录音设备将一堂课给录下来，然后在驱车回家的路上通过车载音响系统听课堂录音的回放。还有一个好办法就是教师让学生完成一个简短的问卷调查，从中获取学生的反馈意见。

我们每一个人的行为都会有盲点和弱点。所以，如果我们真想打造一个关爱学生的文化，我们必须要清楚地了解到自己是否做到了言行一致，言出必行。说到营造文化，转用美国前总统肯尼迪论及爱默生的话挺合适："说到做到胜过高谈阔论。"（1960 年 9 月 23 日时为参议员的肯尼迪在犹他州盐湖城的摩门教会上的演讲）我们应该知道我们在说什么，然后做到言必行，行必果。

化思为行

对学生

1. 让学生带来玩具、语录，艺术品，音乐，手工艺品装饰自己的教室，营造一种关爱学生的氛围。

2. 和学生一起讨论学习环境，鼓励他们对丰富自己的教室提供创意，询问他们什么样的环境有助于学习或者什么样的环境会妨碍学习。

对教师

1. 像桑迪那样——询问自己什么样的教室最适合学生学习，并竭尽全力来打造这样的一间教室。比如为教室配一些舒适的家具，灯，地毯，语录，书籍，艺术品，音乐，手工艺品等，烘托一种有积极影响力的文化氛围。

2. 创建一种井然有序的环境。创意可能会使教室产生一些凌乱，但是教室的凌乱可能会导致学生的学习无秩序。一个温暖的、充满人性的但却是井井有条的学习环境是最理想的。

3. 到外面的世界看看，提高你对环境的审美意识，每次去零售店、图书馆，商城，办公大楼或居家都是一次提高和增进你对环境的欣赏品位的好机会。

对教学辅导员

1. 采用学习环境评测工具（详见网站 www.corwin.com/highimpactinstruction）对一间教室是否关爱学生的程度进行评估。

2. 用你的智能手机或数字相机建立一个图库，拍下那些设计优秀、有丰富创意的图片。每次到商城或艺术画廊都是一个机会，这让你从中学到如何使用灯光，如何搭配颜色，如何进行房间布局等种种手段，来布置一个良好的学习环境。

3. 建议教师在每次介绍新的行为策略的同时，诸如对教学活动的新要求，重新布置装饰他们的教室，如果教室看起来不同，实际上教师给学生传递了一个信息——班级正在进入一个新的学习阶段。

对校长

1. 召集教职人员一起来讨论整个学校学习环境问题。讨论的内容可以考虑参考比尔·斯特里克兰的 TED 演讲或是桑迪·西波尔纳格谈论她的课堂教学情况[①]，让大家集思广益，讨论如何改善学校的学习环境。

2. 采用学习环境评测工具（详情见网站 www.corwin.com/highimpactinstruction）对一间教室关爱学生的程度进行评估。要求学校的每一个职员进行关爱学生的环境分析，通过反馈的意见来改善学校的学习环境。

3. 利用专业发展日来唤起大家的学习环境意识。在专业发展日这天组织全体教职人员去参观一些有趣的环境（比如说有趣的商店，诸如人类学店，苹果手机店，当地的咖啡店，或者一些公共建筑，诸如画廊，市政大厅，或图书馆）。让教职人员像人类学家那样，详细记下他们看到的一切。然后重新召集他们讨论他们所看到的东西，并提出学校应该做些什么来改善学校的学习环境。

4. 采用学习环境评测工具，进行巡回观察。

5. 采用学习环境评测工具，设计你自己的办公室或学校的办公室，把想法付诸行动。

6. 我们必须明确学校是为学生服务的，学校并不是为成年人提供方便的地方。让所有的教职人员针对学习环境进行讨论，这样每一个人才会认识到环境所起到的重要作用，从而投身于创建一种关爱学生的环境中去。

---

① 桑迪（Sandi）的教学和我对她的采访详情见：http://www.teachingchannel.org/videos/wraparound-learning-experience.——原作者注

行有所思

采用学习环境评测工具来评估学校的整体环境，评估如下几个方面：整体秩序；教室内是否方便教师和学生的通行；卫生情况；香味；颜色和和墙面漆的品质；是否充满生机——包括植物，艺术品，灯光，语录以及其他因素。

小　结

1. 总的来说，文化是看不见摸不着的，但是文化对学生的学习有巨大的影响。

2. 每个班级都有文化，问题在于这种文化到底是由学生还是教师打造的？

3. 创建一种关爱学生的文化，教师可以：

　　（1）和学生共同制订班级的行为规范。

　　（2）促使学生遵循班级的行为规范。

　　（3）传播关爱学生的情感，因为情感是具有传染力的。

　　（4）通过精心将颜色，艺术品，名人名言，灯光等巧妙搭配，在教室营建一个关爱学生的环境。

　　（5）言行要符合行为规范和学习期望，并且做到言行一致，言出必行。

拓展阅读

Sue Vernon's *Talking Together, Organizing Together, Following Instructions Together, Taking Notes Together* (http://www.edgeenterprisesinc.com).

Daniel Goleman's *Emotional Intelligence*(2006), *Social Intelligence:The New Science of Human Relationships* (2007), *Primal Leadership:Learning to Lead With Emotional Intelligence* (2004).

Bill Strickland's *Make the Impossible Possible: One Man's Crusade to Dream Bigger and Achieve the Extraordinary* (2007).

第10章 善用权力而非滥用权力

是关于

尊重学生

通过理解 善用权利

权力 通过 → 化解冲突

滥用权力 善用权力 移情于学生 表达尊重

通过一对一 用心倾听
的面谈来了
解学生

如果教师滥用权力，
那么对每一个人来
说，都是有百害而
无一益的。

如果教师恰当运用
权力，就会在学生
中建立威信力。

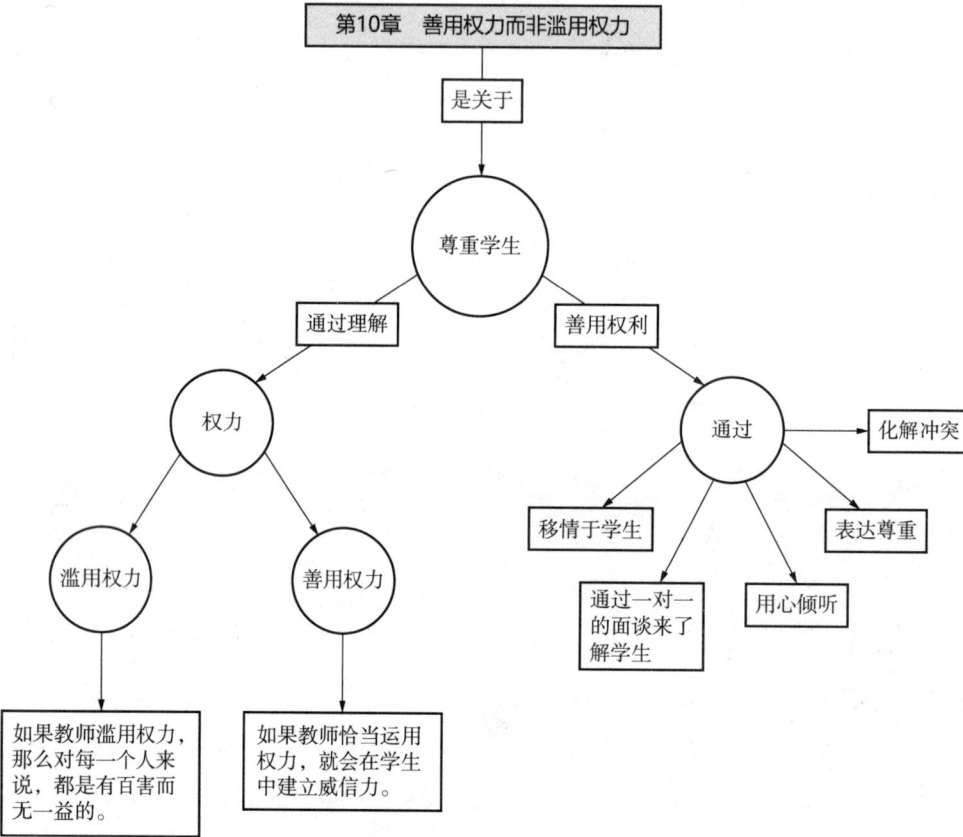

第 10 章　善用权力而非滥用权力

> 几乎所有人都能承受逆境。不过，如果你想考验一个人的品格，就给他权力。
>
> ——亚伯拉罕·林肯（Abraham Lincoln）
>
> 只要有两个人在一起，就会有权力斗争。
>
> ——吉姆·费伊（Jim Fay）

有一天上午，在一所乡村学校里，一个七年级男生被指派到八年级某班的教室去上男生健康课，当时该班的男生都坐在自己的位置上，于是这个男生只好坐到一个女生的位置上，因为当时班里的女生都到另一间教室去上女生健康课了。

上完健康课，当这个七年级学生正准备回到自己的教室时，八年级的女生回来了，纷纷回到自己的座位。这个七年级男生坐过的座位上的女生一回来，就在班里大声嚷嚷自己放在课桌上的铅笔不见了。"铅笔在哪儿？"教师问这个男孩。

这个七年级男生告诉教师他不知道。"你肯定拿了这只铅笔，现在铅笔在哪儿？"教师问道。男孩对这只铅笔的去向一无所知。他再次回答教师自己不知道。这位教师对他推推搡搡，男孩仍然否定他拿了这只铅笔。最终教师拽住这个男孩的衣领，把他推向墙边，这个男孩又害怕又感到羞辱，一句话也说不出来。

旁边的一位男生目睹了整个事件的全过程，可能是出于对这个男孩的同情心，说了一句："我想课桌上原本就没有这只铅笔。"于是，教师放走了这个七年级男生。这件风波当时就这么平息了，可是事情远远还没有结束。在当天晚上的体育活动中，一个高中的学生模仿那位教师的样子，拽住这个七年级的男孩，并当着其他高年级同学的面取笑和打骂这个男孩，原原本本重演了上午整个事件的全过程。唯一不同的是，这次对这个男孩的羞辱程度有过之而无不及。

这是一个真实的故事。因为我就是那个被羞辱的男孩。当我从七年级升到八年级后，这个教师成了我的教师。尽管他也想教授我许多重要的观念、技能、大思想，可是我对他的记忆只是那次健康课中他对待我的方式。如果教师滥用职权，就会对他的学生产生可怕的不可磨灭的伤害。

教师在课堂上如何使用权力不仅对他要创建的学习团队有巨大影响，而且也决定了他的学生能学到多少知识。教师在课堂教学上有许多固有的权力。比如教师制订授课计划，向学生提问，批改学生作业，给学生评分。教师可以决定一个学生的学习成绩及格或不及格。教师甚至有权力让学生离开他的班级。因为教师比学生年长，受过的教育更多，在人际交往方面比学生更富有经验。

教师可以运用固有的权力在学生的人生中留下印记，这种印记可能对学生的人生产生深远的积极影响，也可能产生消极的不利影响。

当教师很好地运用自己的权力，学生就会有一个精彩的学习经历。例如，教师可以给学生设计一些具有挑战性的任务，从而激发学生的兴趣，或者帮助学生挖掘他们自身的潜能。乔治·卢卡斯（George Lucas）道出了大多数学生的体验，他这样写道："除了家长，教师在塑造我的人生中起的作用最大。"

不幸的是，不是所有的人都能很好地运用自己的权力，就像这个星球上任何一个其他人一样，教师也可能会滥用权力，从而产生毁灭性的后果。当教师有时仅仅是为了满足自己的控制欲，利用自己手中的权力去主宰或压制学生，那么这种控制学生的行为对学生是极其有害的，甚至会伤害到教师自己，我称之为"滥用权力"。

滥用权力的危害

滥用权力属于心理暴力。在某些教师看来，他们的话就是真理，把自己凌驾于学生之上。在这些独裁的教师面前，学生觉得无能为力。最糟的是，有的学生甚至感到十分绝望，失去了学习的欲望。

但教师滥用权力表面看来不像心理暴力那么明显，其表现形式多为教师当众对学生冷嘲热讽，或者居高临下地教训学生，或者朝举止不当的学生瞪眼，或者向参加班内辩论的学生显示自己见多识广。

权力是特别具有诱惑力的，因为它每时每刻都在腐蚀我们。每当我们向学生施压时，我们就朝着独裁又迈近了一步，而独裁者是我们每一个人都厌恶的对象。罗伯特·萨顿利用大量的研究成果描述了"滥用权力"（他称之为"权力毒害"）如何能蒙蔽领导者的双眼，使其不能理解其下属的关注和需求。萨顿参考了凯尔特纳的权力动力学研究（Dacher Keltner，2003），特别引用了凯尔特纳的一个有趣的"饼干实验"：

> 学生被分成多个三人小组，每个小组都要按规定写一份简短的政策性文件。每个小组按随机分配的原则抽取两份文件。另一人则评估这份文件并决定给这"干活的人"付多少报酬。30分钟后，实验者给每组用盘端来5块饼干。实验结果表明，

品尝到一点小小的权力就会让人忘乎所以：当"老板"的不仅通常会去尝第 2 块饼干，并且"毫无吃相"，大口大口地咀嚼饼干，饼干渣弄得遍地都是。（Robert Sutton，2010，p.33）

凯尔特纳对权力进行了长达 15 年的实验研究（"饼干实验"仅是其众多实验之一），对实验对象的临床分析，惟妙惟肖地揭示了权力的潜在危害：

拥有权力的人的所作所为和大脑前额叶受到损伤的病人极为相似……一种会引起极其任性和不理智行为的症状。让你拥有权力可以看作是让人打开你的头颅，切除你大脑中事关善行善意的最重要部位。（引自 Robert Sutton，2010，p.221）

萨顿就此解释说，权力影响人们的方式因人而异，因为在这个世界上还是有些悲天悯人、文质彬彬的老板。但是如果我们不谨慎的话，权力就可能侵蚀我们将心比心的能力，萨顿写道："大量证据表明，权力使人变成麻木不仁的蠢人。"（pp.220-221）

笔者也理解权力的吸引力，品尝过拥有权力带来的愉快感。我每天在家和我的拉布拉多猎犬道奇在一起玩耍时都会有一种小小的权力快感。因为我的妻子珍妮教会了狗能听指令的技能，一看到道奇我就忍不住叫它做各种动作。每次如果我打一个响指，并说"坐下"，道奇就会坐下。每当我打响指并看到道奇顺从地坐下，就感到十分高兴。确实，每当道奇服从我的指令，我的心里就会有一丝丝的快乐。

控制自家的狗是一回事，但控制人却是另一回事。在《控制他人：怎样识别，理解，对付那些力图要控制你的人》（*Controlling People: How to Recognize, Understand, and Deal With People Who Try to Control You*，2002）一书中帕特里夏·伊万斯写道，人们的控制欲会导致他们不知不觉地产生破坏性的行为。

大多数有意识或无意识采取压迫的方式企图控制他人的人都是为了满足他们的某一需求，这一需求战胜了他们心中的善良。他们用一种破坏性的方式去满足这一需求，而他们有时甚至不清楚这个需求到底是什么。破坏性的行为最终也难以满足他们的需求。结果我们就见证了这一恶性循环。（Patricia Evans，2002，p.22）

每当我的控制欲望与其他人的自主需求相冲突时，就会产生问题。谈判专家罗杰·费舍尔和丹尼尔·夏皮罗在他们合著的书中是这样写的——"我们每一个人都需要一种合理程度的自主"。（Roger Fisher and Daniel Shapiro，2005，p.73）每当教师滥用权力去压制学生时，事情往往变得更糟，甚至失控。

如图 10.1 所示，滥用权力可能导致恶性循环。一位教师强迫学生按其意愿行事，就会限制学生的自治权，而教师越强制则学生越想自主，这样教师就会采用更为严厉的高压手段，学生就会产生更多的反抗，引发更多的冲突，陷入一个恶性循环，结果两败俱伤，损害教学。

几乎无人像教师那样对他人拥有直接的控制权。像大权在握的老板一样，教师可以观察，指导，评价，奖赏或处罚学生，因此，要当好一个称职的领导，教师必须保持警惕，不能让权力毒害自己的观念，陷入教师控制与学生自主之间的恶性循环。

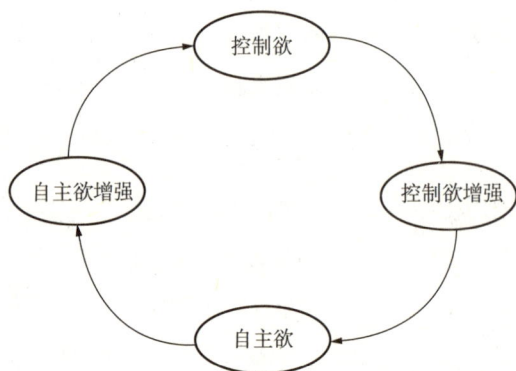

图 10.1　控制—自主之间的恶性循环

善用权力

"善用权力"和滥用权力有本质上的不同。我们只有真正地用好权力，才会在学生中建立威信力，而滥用权力则是把自己凌驾于学生之上，限制学生的自主权。善用权力的教师会善待学生，了解学生，尊重学生。下面我将对这几个方面进行探讨。

移情于学生

> 移情是我们创造社会生活和文明进步的重要手段。
>
> ——杰里米·里夫金（Jeremy Rifkin，2009，p.10）

在学生中建立威信力源自一个简单的愿望，即和他们产生共鸣，深入地了解他们怎样在班级里或学校里学习生活，以及他们对于人生中最重要的事情的想法和感觉。就像杰里米·里夫金在《移情文明：应对危机中世界的全球意识》（*The Empathic Civilization:The Race to Global Consciousness in a World in Crisis*，2009）中所说："移情"这个术语是——

描绘一个人进入另一个人的内心世界，设身处地地了解他人的感受和想法……与

"同情"这个词不一样，"同情"带有被动的含义，而"移情"却含有一种积极参与的含义——愿意去观察、参与他人的经历，并分享这种经历。（p.12）

移情是由与他人感情产生共鸣所引发的，如果我们能移情于他人，我们就能准确地去感觉、体会、分享他人的情感和思想，认知评估他们的现状，从而对他们的需要做出情感反应，并且帮助他们减轻痛苦（Jeremy Rifkin，p.13）。

如果我们能移情于学生，设身处地为他们着想，那么我们就能加强与他们的联系，而不会滥用权力，把自己凌驾于他们之上。我们可以通过许多途径来更好地理解我们的学生。移情始于一个简单的承诺，即试图了解我们的学生，通过他们的眼睛看世界。这听起来似乎是空洞的老生常谈，但是当我们愿意把学生看作真实的人，并且是有真实的思想和感觉的人的话，那么，我们就会开始向他们移情，和他们产生共鸣。

当我们做出承诺要理解我们的学生，我们就会询问他们或我们自己更多的问题。这些问题会有助于更好地理解他们，但通常却不指望得到任何回答。最简单的技能是向自己提问，每天花一点时间把提问的焦点放在某一个学生的身上，"此时此刻这个学生正在干什么呢？"

移情的本质是力求理解别人。我的同事吉斯·伦茨认为，教师借助晕轮效应可以更好地了解学生。我们在做授课计划时，应综合考虑成绩优、良、中、差的学生各自能从中学到什么。他建议一边想着每个学生的面孔一边制订教学计划。我知道有这么一些教师，他们把一些学生的相片居中放在集体备课室的会议桌上，以便时刻提醒他们要讨论的重点是什么。

教师单独备课时也应该采用同样的策略，即一边制订授课计划，一边看看学生的照片。想象一下自己的教室和里面的学生，每一个学生都坐在哪个位置，在心中暗暗地点名。每当一个学生进入自己的脑海时，就考虑一下他的情况。如果教师记不清某个学生所坐的位置，那就是提醒教师该要好好地了解学生了。

教师还可以采用更正式的方式来了解自己的学生。例如，他们可以对学生进行一个简短的问卷调查，询问他们的兴趣，让他们描述自己所喜欢的音乐、书籍、网站、球队、业余爱好，以及他们的长远目标。我的同事麦克·霍克（Mike Hock）在《可能的自我》（*Possible Selves*，2003）中提议，建议教师开展一系列活动来引领学生：帮助学生确定自己的目标，了解自己的长处和短处，制订行动计划来达到目标。

命题写作也可以帮助教师对他们的学生有更好的了解。让学生就有关的主题写作，如写写值得尊敬的人、值得自豪的事、业已克服的困难等。马丁·塞利格曼（Martin Seligman）的《记三件好事练习》（*Three Good Things Exercise*，2011）增加了人们的积极情感，如果我们想更多了解我们的学生，也可以借鉴这种练习。

告诉学生每天记下当天所发生的三件好事，为期一周。这三件好事可小（我今天在语言艺术课上正确地回答了一个难题）或可大（我心仪数月的男孩要求我和他约会了!!）记下每件好事后，接着要书面回答如下问题："为什么出现这等好事？""这对你意味着什么？""你怎样能让这样的好事在将来更多地出现？"（p.84）

我们还可以从让学生采取匿名回答问题的方式得到反馈意见，以便了解学生。例如，在下课之前，让学生回答退场券上的问题，学生可以在表上用 10 分制来打分，这些问题诸如：你今天表现这样？在班级里你感觉安全程度如何？你对今天课上讨论的主题兴趣如何？教师也可以让学生用一个词来描述"当下"的感觉是怎样的。

雪莉·艾辛格（Sherry Eichinger）在马里兰州塞西尔县任教学辅导员时，曾经帮助教师获得一些学生的匿名反馈信息。通常她采取和学生一对一的面谈或者是进行小组讨论的方式获取信息。其合作教师沙荣·托马斯（Sharon Thomas）说，雪莉与学生面谈时所获得的信息对自己来说是"极其有帮助的"，雪莉的面谈资料有助于自己了解学生的兴趣所在和关注焦点，建立与学生沟通的渠道，拉近和学生的关系。在一封给我的电子邮件中，沙荣谈到"面谈"的影响。

> 学生都说喜欢课堂活动和阅读选择课，而我以前（根据课堂学生的表现）认为他们普遍对这些事情不屑一顾。有趣的是，无论是听话的孩子还是调皮的孩子所给出的回答区别都不大。所有的孩子都说，他们非常欢迎有人来询问他们的想法。他们还要求在阅读选择课上给他们更多的选择空间。根据孩子们的意见，我们后来对课程也做了相应的调整。另一件对我来说十分重要的事情是，多次面谈后，学生都把雪莉看成是班里的一员，而不是一个"参观者"。雪莉每来一次，学生与她的自然交流就更胜一分，……班里最调皮的孩子和她面谈后尤其喜欢和她交往，正是在雪莉的帮助下，这个孩子才乐于配合，参与学习。

教师若要加深对学生的理解，另一种方式就是要他们报名学习一门有难度的课程。（我曾经报了一门学习如何使用数码相机的课程，这门课程对我来说难度很大，但从中我对学习有了更深的理解!）

没有什么比滥用权力对学习的危害更大，权力会让教师变得麻木不仁，难以和学生产生共鸣。相反，没有什么比教师能清楚地了解学生的感受对学习更有利。如果教师能移情于学生，想他们所想，急他们所急，就能让学生在学习上产生奇迹。

如果我们能设身处地为学生着想，那么我们就很容易在学生中间建立威信。我想，如果教师能更好地理解学生，学生就会以更开放的态度对待学习。如果教师真正做到了移情于学生，通过他们的眼睛来看课堂教学，那么，教师就可以避免在学生头上滥用权力，防范毁灭性的后果，更恰当地运用权力去释放而不是禁锢学生的潜能。

移情于学生

- 尝试用学生的眼睛看世界
- 询问：在每一个班，每一天，每一刻，每一个学生在干什么？
- 综合考虑成绩优秀，成绩中等，成绩差和其他成绩学生的学习情况，在我们的教学计划中充分考虑他们该如何获得学习机会。
- 把学生的相片放在你的办公桌上，以便备课的时候，能随时想到他们。
- 用问卷调查来了解学生的兴趣。
- 让学生像《可能的自我》一书中所说试行某种方案，帮助他们确定自己的目标，了解自己的长处和短处，制订出行动计划来达到目标。
- 让学生命题写作以便对学生有更好的了解。可以写写值得尊敬的人、值得自豪的事、攻关克难等。
- 鼓励学生像马丁·塞利格曼所提倡的记三件好事。
- 让学生采取匿名回答问题的方式，得到反馈意见
- 邀请教学辅导员或其他的教职人员和你的学生面谈。
- 参加一门难度大的课程学习，例如外语课程的学习，有助于你对学生的学习困难有更深的理解。

通过一对一的面谈来了解学生

当我在九年级的时候就体会到一对一的面谈的魅力。那时我们有许多校规，比如上课时不准离座，我通常和这些校规作对，还做了一些比违反校规更过分的事情，最出格的是粗暴地对待教师，特别是我当时是一个小团伙的成员时尤其如此（随众待人粗暴似乎更心安理得）。

我对一个新来的英语教师施通普夫小姐（Miss Stumpf）的态度很差。在施通普夫小姐的课上，我利用一切机会暗示她——我对她不在乎。我在课堂上举止乖张，千方百计扰乱她安排的教学活动。

一天，当我结束一次艰苦的足球训练（我们每次输球后都要接受高强度的训练，而我们老输球！）疲惫地步行回家时，施通普夫小姐正好开车路过，她停下车，问我是否愿意坐她的车。（这是发生在20世纪70年代初的事情，那时教师给学生提供这样的便利没有不安全感。）我非常高兴，因为我不用走路了，我接受了她的邀请，坐上了她的车。

车上我们交谈时，发生了惊喜的事情。我觉得和她谈话非常自然，就像和朋友或家人

谈话一样。事实上就是在那几秒钟短短的时间内，我对她的理解有了很大的变化。通过我们友好的交流，我认识到她对我的成功是非常关心的。同时我还意识到，这个我曾经以十分不友好的态度相待的教师却是一个真实的普通人，她和我们任何人一样，而且是比我想象中好得多的人。从那天以后我和施通普夫小姐的关系有了很大的改善，原因只有一个，现在我把她看作一个真实的凡人。

我和施通普夫小姐的经历对马丁·布伯（Martin Buber）所著的《我和你》（*I and Thou*，1958）一书中所谈论的观点是一个很好的例证。当我们把他人看作一件物品，我们可能对她做出十分可怕的举动，因为我们没有认识到他们是真实的人。当然，我们知道别人和我们一样都属于人类，但是我们并没有把别人看作是和我们一样具有同样情感的人。反之，如果我们把别人看作真实的人，是主体而不是客体，那么我们就能把别人看成我们的同胞。如果我们用富有同情心的眼光而不是用一种冷漠的非人性化的眼光去看待别人的话，就能改善我们与他们的关系。

如果我们要拉近和别人的关系，我们就需要像施通普夫小姐那样，进行一对一的面谈。我曾经写过，和学生一对一的交换意见是教学辅导的一个重要组成部分，把这种交流看作是在任何情况下建立友好关系的要素，在学校的班级里尤其如此。我们可以（我认为我们应该）把一对一的面谈在班级里常态化，并纳入到学年的教学计划里。这种一对一的面谈可以在课外非正式进行，也可以在班里正式进行，同时安排其他同学参与一些不需要教师指导的活动。

一对一的面谈可以谈学生的进步，也可以谈教师自己的成长。我们可以询问学生什么有利于或不利于他们的学习。更为重要的是，我们应该设法和学生建立心意沟通的联系，向他们揭示我们真正的自己。

我喜欢组织理论家彼得·圣吉的一句名言："一个人的进步意味着他更人性化，而不是更精明。"彼得·圣吉的话不仅在公司董事会上有指导意义，也同样适用于班级。要成为更具有人情味的人，前提是我们需要进行更多的一对一的面谈和沟通。

当然，如果我们和学生进行一对一的面谈，却没有建立起良好的关系，那么这种交流也不会有效。因此重要的技巧之一就是教师应学会倾听。

通过一对一的面谈来了解学生

- 将一对一的面谈纳入到学年的教学计划里。
- 讨论学生的进步。
- 询问学生什么有利于他们的学习或什么不利于他们的学习。
- 采用有效的交际手段来和学生建立关系，特别要学会倾听。

用心倾听

> 你对他人理解得越深，你就会越欣赏他们，越尊重他们。
>
> ——史蒂芬·柯维（Stephen Covey）

在我们生活的方方面面，你将会知道倾听有多么重要。设想在现实生活中你所熟悉的一个人，她不是一个好的倾听者，设想一下你和她谈话时的情景。她可能会常常打断你的话，当你谈话的时候，她表现出一种不耐烦的样子。每当你开始某一个话题时，她却急于要发表自己的想法。她的做法使你感到，你所说的东西对她来说没有多大意义，她认为她比你高明得多。

反之，设想一下现实生活中一个真实的人，她是一个很好的倾听者。当你和她谈话时，她给你充分的发言权。无论你说什么，她都会对你所说的表示好奇和兴趣。她这样做，会使得你感到你所说的话和你的想法对她来说十分重要，你是有价值的人。

暂且不考虑这两个人其他的方面（他们的智力，领导才能，性别，种族，道德品行，等等），你对那个倾心倾听你的人的印象一定好过于那个打断你说话的人——仅仅是因为她认真听你说话。

许多书籍都对倾听有过探讨。如果你拿起一本有关领导才能或建立社交关系的书籍，你就会发现里面准会有一个章节专门讨论倾听，书中会给你许多有关如何倾听的建议。一个好的倾听者在倾听的过程中需要和讲话者有目光的交流，和讲话者产生共鸣。他们的身体语言反映出他们支持讲话者的立场。好的倾听者会深入到讲话者的内心，和他们产生互动。这些都是很好的建议。但我认为倾听的核心就是倾心去听。

如果我们确实倾心去听别人的谈话，给他人机会说话，并领会和消化所听到的内容，那么对其他的倾听技巧也就无师自通了。当我们回归倾听的本质，只不过就是多听少说，把焦点放在谈话者身上。如果你确实认真倾听别人的说话，那么他们总归会知道的，事情就这么简单。

倾听不仅对领导者来说十分重要，而且对我们任何普通人来说也很重要。我认为在课堂上尤其如此。当我们倾心倾听学生的谈话，表现出对学生应有的尊重，班级里行为不端的问题就会减少，从而促成一种积极的、互相尊重的课堂文化。倾听传达出一种信号：学生的谈话是有意义的，他们是聪明且有价值的人。倾心倾听是一种礼貌的行为，值得我们所有的人仿效。

真心倾听是一种谦和的行为。如果我们真心倾听我们的学生，我们就传达出这样一种思想，即班级里的每一个人的谈话都有一定的价值。同时我们也可以从倾听孩子的谈话中了解到许多东西。如果我们真正做到真心倾听，学生往往会向我们敞开心扉，告诉我们他们的真实想法。

> **用心倾听**
>
> ● 用心听每一个学生的谈话。
>
> ● 确保学生是谈话的中心，而不是以你为中心。
>
> ● 让学生畅所欲言，而不是限制他们发言。

表达尊重

在《论尊重》（*Respect*，2000）一书中，沙拉·劳伦斯莱特富特讲述了她童年时期的一个故事。这个故事告诉我们如果我们尊重他人，一定会有奇迹发生。劳伦斯莱特富特讲述的是，家里的一位朋友给她这么一个小姑娘画肖像画时，她心中的感触和感悟。我曾把这个故事收录到我的书《教学辅导：改进教学的伙伴教学观》中，这个故事生动地阐述为什么教师应该对学生表达尊重，教师该如何去尊重学生。

> 我出生于夏季，在我过 8 岁生日的那天，家里来了一位老朋友，70 岁的黑人老太太，一位社会学教授，充满热情和尊严。在她平和的外表下，似乎永远藏着秘密的财宝。这次她带来了炭画笔和一个素描本。午后，太阳高高地挂在天上，她让我坐在她的面前……
>
> 我至今仍然记得最清楚的是，老太太是那么全神贯注地注视着我，我油然产生一种美妙的感觉。没有任何的干扰，我是她唯一注视的对象，她的眼睛里只有我。当时我只听到画笔在纸上的沙沙声，听觉转变成了触觉。在这次充满人情味的温暖接触后，我几乎慢慢淡忘了这件艺术作品。我回想不起来自己是否喜欢这幅画像……不到一个小时后，这位快速作画的艺术家从她的素描本上将我的画像取下来交给我，对我轻轻地说道："永远记住你是一个美丽的女孩。"她的语气十分肯定。听到这些，我感到非常高兴，并带有一丝的害羞。我想——"现在我知道我也是个漂亮女孩了！"
>
> 在我被临摹的时候，我感到一种前所未有的瞧我的"眼神"，这位艺术家饱含深情的凝视给了我一种从来没有过的关注和关怀。（Sarah Lawrence-Lightfoot，2000，p.211）

如果我们认为我们的学生——不管他们年龄的大小——都是有价值的，有重要思想的有血有肉的人，那么我们就会尊重学生，把他们看作是"举足轻重的人"，并向他们传递出这种看法。如果教师认真倾听学生，认可他们的想法，支持他们的意见，杜绝那些对学生缺乏尊重的行为（讽刺挖苦学生，对学生吹毛求疵，取笑学生，打断学生的话），那么，我们就会对学生产生积极的深远影响。

　　在马里兰州塞西尔县，我观摩了我的朋友琼·克拉克（Jean Clark）的七年级英语课。在她的课堂上，我看到了一个很好的尊重学生的范例。在课堂讨论中，琼耐心地倾听学生所说的每一句话，当学生发言时，她全神贯注，并传递出对每一个学生的发言的兴趣和愉悦之情。例如，在一个学生发言后，琼向其他的学生问道："大家都听到这个小小男子汉所说的话了吗？"然后她转向这个发言的男孩并对他说道："你的话很有智慧，请再说一遍。"这个男孩深受鼓舞，高兴地重复了自己的观点，这让班里每一个学生都感到他说的话是有分量的，是被教师重视的。此外，学生还看到了克拉克女士把他们看作是有分量的人。

表达尊重

- 承诺把我们的学生看作有重要思想的有血有肉的人。
- 支持学生的意见。
- 杜绝那些对学生缺乏尊重的行为：讽刺挖苦学生，对学生吹毛求疵，取笑学生，打断学生的谈话。

化解冲突

　　正如我上文提出的那样，如果教师滥用权力，强迫学生按照他们的意愿行事（向学生发号施令），那么就会陷入一个毁灭性的恶性循环。滥用权力通常会导致学生更加不服教师的控制，激起他们对自主的渴望，从而产生更多的反抗。这时教师就会采用更为严厉的高压手段（威胁学生要处罚他们），这种恶性循环就会源源不断地周而复始。

　　化解这种恶性循环的方式之一就是保证这种学生和教师的谈话不要掺杂个人因素。在《力求共识》（Getting to Yes，1991）中，罗杰·费舍尔等人（Roger Fisher and William Ury）提出，一旦掺杂了个人因素，冲突就会很难解决，在谈判的过程中，应该强调双方的利益而不是各自的立场，这样可以避免掺杂个人因素，如此谈判才会产生效果。如果在谈判中，我们强调个人立场，那么我们的目标是我赢你输，如果我们看重的是双方的利益，那么我们的目标是找到一个互惠的方案，从而实现双方的利益。

　　罗杰·费舍尔等人指出，在谈判中，谈判双方总会存在一些共同的利益和不同的利益。例如，在班级里，教师希望学生通过大量的阅读来提高他们的阅读水平；而学生却希望如果有机会选择，他们会选择一些感兴趣的读物进行大量的阅读。考虑到学生的利益，教师会给学生机会选择他们感兴趣的阅读材料，这样教师就可以达到增加学生阅读量的目标了（有关内容，详见本书第11章）。反之，如果教师从自己的立场出发，坚持自己选择阅读材料，那么学生的阅读量就会小得多。对学生采取高压手段，往往会适得其反，教师的目标反而难以实现。

化思为行

对学生

1. 对学生进行问卷调查，问卷可从该书的同步网站 www.corwin.com /highimpactinstruction 下载。

2. 传授学生倾听技巧，并告诉他们你将每天在每个班进行这方面的训练。

3. 尽可能多地给学生机会说出他们在班里的感受，他们是否热爱自己的班级，从而对他们的学习需求做出调整。

对教师

1. 把你和学生的谈话录下来（校内和校外的谈话），从中了解你是否认真倾听学生的谈话。

2. 用录像视频录下你的班级情况，观察自己是否很好地运用了权力。

3. 写下自己曾经的受害经历（例如，某运输安全管理局的官员，移民局官员，机动车管理部门的工作人员，他们滥用权力，自己所受到来自他们的一些不公平待遇），然后设身处地替学生想一想，如果他们是滥用权力的受害者，他们会有什么样的感受。

对教学辅导员

1. 和教师一起阅读本章节，并讨论下面的问题："怎样区分善用权力和滥用权力？运用权力意味着什么？如何保证你在恰当运用权力？"

2. 对全校的学生进行调查，评估他们对教师的威信力的认可程度，他们在学校的心理安全感如何，以及教师对他们的关心程度如何。

对校长

1. 在学校里和任何人（成人或孩子）交往都应该做出表率，树立自己的威信力。

2. 发起全校性的对话，弄清善用权力和滥用权力的区别。采用《明明白白的影响》一书所介绍的手段，支持善用权力，摈弃滥用权力。

3. 一旦每一个人都能弄清运用权力和滥用权力的区别，应号召大家杜绝滥用权力的行为，一旦发现教师有此类行为，应督促教师改变他们的做法。成人绝不能恃强凌弱，欺负孩子。

行有所思

善用权力而不是滥用权力意味着许多事情我们不能去干。如果人们恰当运用权力，那么他们就不应该对他人大吼大叫，肆意贬低他人，打断他人的谈话，或欺压凌辱他人。如果学生感到了别人对他们的尊重，必定会反映在对学生态度的调查里。

小 结

1. 当人们滥用权力，就会以毁灭性方式控制或压制他人，他们这样做只不过是为了满足他们的控制欲，获得一种快感。

2. 当一个人的控制欲和他人的自主需求相抵触时，容易形成恶性循环。

3. 恰当地运用权力会在学生中树立真正的威信力。

4. 教师树立威信力可以通过如下方式：

（1）移情于学生；

（2）了解学生的心意；

（3）尊重学生；

（4）用心倾听学生的意见；

（5）有效地化解冲突。

拓展阅读

Robert Sutton's *Good Boss, Bad Boss: How to Be the Best and Learn From the Worst* (2010).

Patricia Evans's *The Verbally Abusive Relationship: How to Recognize It and How to Respond to It*(2010), *Controlling People: How to Recognize, Understand, and Deal With People Who Try to Control You* (2002).

Martin Seligman's *Learned Optimisim: How to Change Your Mind and Your Life(2006)*, *Flourish: A Visionary New Understanding of Happiness and Well-Being* (2011).

Carol Dweck's *Mindset* (2006).

Jeremy Rifkin's *The Empathic Civilization: The Race to Global Consciousness in a World in Crisis* (2009).

第11章 一定之规下的自由

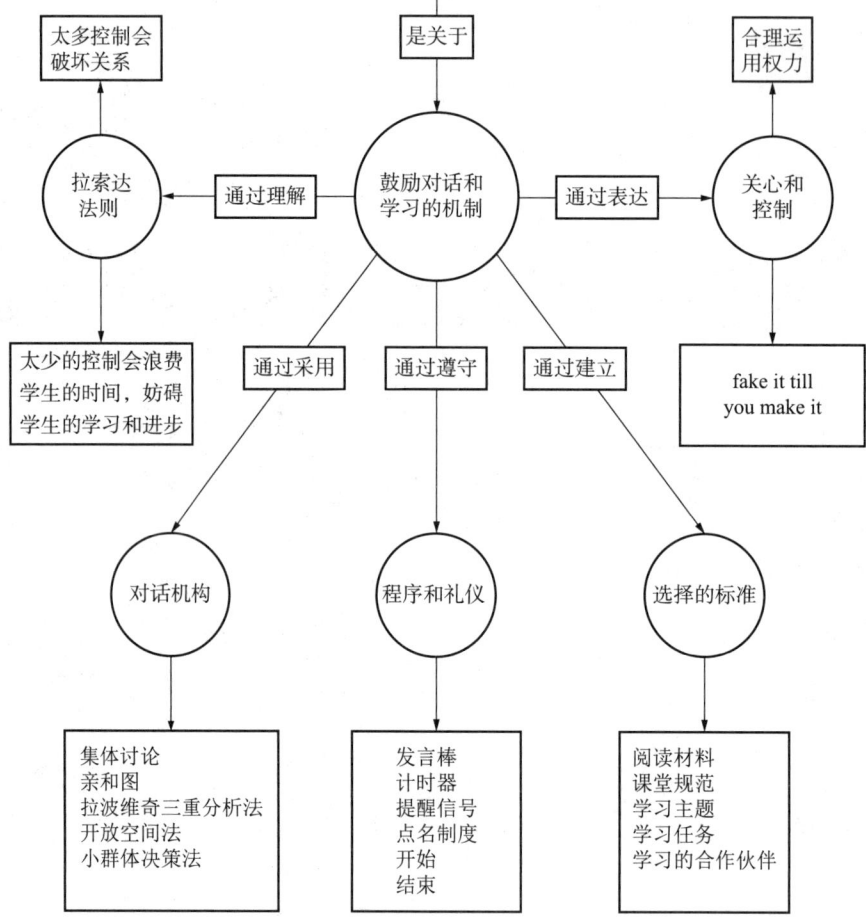

太多控制会
破坏关系

是关于

合理运
用权力

拉索达
法则

通过理解

鼓励对话和
学习的机制

通过表达

关心和
控制

太少的控制会浪费
学生的时间，妨碍
学生的学习和进步

通过采用

通过遵守

通过建立

fake it till
you make it

对话机构

程序和礼仪

选择的标准

集体讨论
亲和图
拉波维奇三重分析法
开放空间法
小群体决策法

发言棒
计时器
提醒信号
点名制度
开始
结束

阅读材料
课堂规范
学习主题
学习任务
学习的合作伙伴

第 11 章　一定之规下的自由

> 任何人在没有限制的条件下，都会即兴表演。但这不是爵士乐，连爵士乐也有些条条框框和规矩，否则那就不是爵士乐，而是噪音了。即兴创作的能力源自你的基础知识，基础知识是否扎实决定了你所做的选择和你未来选择的范围。
>
> ——温顿·马萨利斯（Wynton Marsalis，引自 Lyengar，2010,p.214）
>
> 如果在一个体系内不允许自由对话，那么这个体系必须做出变革。
>
> ——保罗·弗莱雷（Paulo Freire）

洛杉矶道奇队前领队托米·拉索达（Tommy Lasorda）无疑是大联盟棒球赛史上最成功（最富有传奇色彩）的领队之一。他是棒球名人堂成员之一，在管理道奇队长达 20 年里，他带领球队赢得两次世界系列锦标赛冠军，四次国家联赛冠军，八个分区冠军。当人们问及他的成功秘诀时，拉索达用了一个很简单的类比："我认为管理一个球队就好像是把一只鸽子抓在自己的手上，如果抓得太紧，不小心你会要了它的命，如果抓得太松，它就会飞走。"（引自 Sutton，2010）

在《好老板和坏老板》（*Good Boss, Bad Boss*，2010）一书中，罗伯特·萨顿（Robert Sutton）将这个类比称之为"拉索达法则"，他认为这个法则抓住了管理太紧和太松的之间的最好平衡点，是每一位好老板百般寻觅、孜孜以求的平衡点。萨顿指出："刚愎自用的管理者会破坏和他的上司、他的同事、他的下属之间的关系。但是，优柔寡断的管理者将无法要求他的下属完成艰巨的任务。"

拉索达法则也同样适用于学校的班级。一个有威信的教师能够做到井井有条地管理学生，同时还能给学生足够的自由空间。太严格的控制会破坏教师和学生的关系，但是太松散的管理会耽误学生，浪费他们的时间，使他们也学不到什么东西。有经验的教师会给学生创造出一个良好的学习氛围，学生可以真正自由地做出自己的决定，制订学习目标，建构自己的学习，同时在这个自由的学习空间里，教师应努力保证这种学习是积极有效的，并且是有意义的。我把这种自由选择和有效控制的平衡称之为"一定之规下的自由"。

自由的悖论

大多数人认识到当我们被给予自由或自治的空间时，我们的学习效果最好。无数的研究表明，学生的学习动力源自他们给自己制订了学习目标，而不是别人为他们制订了目标（详见 selfdeterminationtheory.org 有关这个主题的许多文章）。除非某个目标对学生至关重要，否则他们是没有兴趣学习的（Pink，2011）。

此外，一味要求学生学习，却不给他们一定的自由空间会引起学生不满。不论是成年人还是孩子都希望自己能管理自己，当上司控制下属的一举一动，却不给予他们自主权时，就会遭到下属的反抗。常言道："压迫越深，反抗越强。"具有讽刺意味的是，教师越想控制学生，其结果就会越糟糕。因为他没有认识到每一个人都想拥有一些自主权，这是大众的普遍需求。

当教师的控制欲望和学生的自主意识产生冲突时，其结果是极其糟糕的。这种冲突会极大地妨碍学生的学习。如果学生想从他们的学习经历中获取最大收益，他们必须拥有一定的自主权。自主意味着人们能自己做决定，可以自由进行选择。确实，正如巴里·施瓦兹在他的《选择的悖论》（*The Paradox of Choice* 中，2004）一书中所说："选择是自主的本质，……而自主绝对是幸福感的奠基石。"（Barry Schwartz，2004，p.3）

在《被压迫者的教育学》（*Pedagogy of the Oppressed*，1970）一书中，保罗·弗莱雷指出自主"是人类追求完美的一个不可缺少的条件"，他认为没有自主权的教育是非人性化的，而这正是弗莱雷要批判"储蓄式教育"的根本原因。弗莱雷写道"在储蓄式教育中，学生的活动范围仅仅局限于接受，归纳，储存所学的内容"（p.58）。在实施储蓄式教育的过程中：

> 教师……引导学生机械性地死记硬背教师讲述的内容。更糟糕的是，这种教育把学生转变成了由教师来进行填装的"容器"或"储存器"。这种教育信奉的理念是，教师把这个容器填装得越满，这个教师就越好。学生越温顺，越听任教师的填充，这个学生就越好。（p.58）

我们之所以认为储蓄式教育是非人性化的，是因为它没有提供选择的空间——如果学生不能进行选择，思考就无法实现，这是因为在学习中我们得自己动脑筋，拿主意。如果我们摒弃了自由，也就放弃了思考。没有思考的学习经历是非人性化的学习经历。

虽然自由对于学习来说十分重要，但让学生毫无节制地选择也非良策。正如巴里·施瓦兹所说的那样，太多选择的害处并不亚于没有选择：

当人们没有选择权时，这样的生活无法忍受……但是当可供的选择越来越多时，它的负面效应就开始显现出来。随着可供选择的东西进一步增多，负面的效应逐步升级，直到我们无法承受。这时拥有选择权就不再是好事，它不但没有解放我们，反而是在削弱我们，甚至可以说是欺压我们。（Barry Schwartz，2004，p.2）

如果说太多的选择是一种压力，太少的选择是非人性化，那么教师究竟该怎么做呢？太多的自由会导致学生毫无秩序，呈现一种无政府状态；太少的自由又会导致学生不满，导致他们冷漠或反抗。难道教师应该看重自由，接受这种自由，任凭自己的班级一盘散沙，学生白白浪费学习机会吗？或是教师看重控制，认为学生的不满和反抗是不可避免的，接受学生从来都不会自发地产生学习动力这一观点吗？我们认为解决这个问题的方法是，在遵循学校规章制度和学习大纲的前提下，给学生充分的自由，让他们进行多种有意义的选择——即有一定之规下的自由。

要实现一定之规下的自由，并让其成为学习团队的一个核心要素，教师可以采用一些手段和策略，本章所介绍的这些手段和策略包括（1）在尊重每一个个体的自主权的前提下，利用对话机制建立合作；（2）在规章制度下解放学习和组织学习；（3）提供多种有明确标准的选择；（4）在班级里教师须既关心学生又具备驾驭学生的能力。

一定之规下的自由

- 对话结构
- 程序和仪式
- 标准引导下的选择
- 关心和控制

对话结构

当学生一起活动时，总会碰到自由的悖论。当他们手边没有什么可供选择的任务，他们就可能疏远这个学习团队，反之，如果一个学习团队没有明确的方向和目标，整个团队的结构松散，虽然每一个学生都做了一些投入，但是不论他有什么心声，有什么愿望，他的声音和要求都会被淹没或视而不见，那么这个学生也会沮丧地离开这个团队，什么知识也学不到。凯斯·索耶（2007）曾经撰写过有关创新团队方面的书籍，他指出，任何一个团队成员进行合作时都会碰到自由的悖论。

即兴创新的关键是处理好悖论：为一个团队树立一个焦点目标——通过这个目标

其中的一端，团队的成员可以知道什么时候能接近一种解决办法，但另一端是开放式的，看是否有解决问题的新创意出现。（Keith Sawyer，2007，p.45）

索耶的话是针对成年团队的，但是它同样适用于学生。在《明明白白的影响》一书中，我把对话结构看作为一种自由和控制之间达到平衡的方式。太多的自由会导致混乱，而太多的控制会导致疏远。这就是对话结构的切入点。对话结构是学生自由选择而产生的活动，但这些活动又是有组织纪律性的，所以其结果是非常有效的。

要弄清楚什么是对话架构，让我们从分析"对话"这个词开始。正如戴维·伯姆（1996）所写的那样，对话就是"共同思考"。在《论对话》（On Dialogue，1996）一书中，他从词源学的角度揭示了英语单词"dialogue（对话）"的含义，指出此词源自希腊语中的"logos"和"dia"，前者的原意是"意义"，后者的原意是"通过"，因此，对话就是人们相互表达和交流"意义"的一种沟通方式。伯姆就此写道：

> 就由该词推演而来的画面或形象来看，犹如在人们之间川流不息的意义流……并在流淌的过程中涌现某种新见识。这种见识具有独创的新意，或许已与原初的意义截然不同。这种经众人创造并由众人认可的共同意义成为凝聚社会中各色人的"胶水"或"水泥"。（David Bohm，p.1）

通过组织学生进行合作，对话结构释放出学生自由流淌的共同想法。下面就是教师可以采用的几种结构。

集思广益、亲和图、拉波维奇法。集思广益（现有人直译为"头脑风暴"——译者）是我们大家最为熟悉一种对话结构。在《实用想象力》（Applied Imagination，1953）一书中，亚历克斯·奥斯本（Alex Faickney Osborn）提出，集思广益是一种简单的过程，在这个过程中，一群人就某一个特定的主题纷纷给出自己的想法和意见。比如，一家人围坐在餐桌旁，给新来的小狗起名字。或者一帮学生，各抒己见，讨论他们班能为发展中国家的孩子们做些什么重要的事情。

集思广益是一种自由的活动。如果根据一定的准则来组织这项活动，其效果最好。对于集思广益来说，有两条最基本的规则。

注重数量。在集思广益期间，大家应尽可能多地发表自己的想法。想法越多越好。有时最好的想法往往在讨论结束时才产生出来。

克制批评。在集体讨论的过程中，应避免批评，这样学生才会无拘无束地发表更多、更富有创意的想法。如果学生不用去顾忌自己的意见好坏与否，他们就会畅所欲言，说出自己的想法。直到大家说完了全部的想法，教师才可以对这些想法做出评价。

日本的人类学家川喜田二郎（Jiro Kawakita）对集思广益做了一些改变，他创建了亲和图。使用亲和图分为三个步骤。第一步，学生选择一个主题讨论，然后把自己的想法写在便利贴上。第二步，他们把所有的便利贴粘在白板上或教室的墙上。最后一步，他们根据相关的内容把这些便利贴分门别类。通常同学之间不需交谈就能顺利地分类归组。亲和图的作用在于它能让大量的信息释放出来，并能很快进行组织和整理分类。

我的一位朋友，也是我的前同事本·拉波维奇（Ben Labovitch），是加拿大多伦多亨伯学院的名师。他和学生一起采用了一种分析法，这种分析法整合了集思广益法和亲和图的一些要素，他把这种方法称为"三重分析法"，用于解读文学作品。事实上这个三重分析法可以用于任何需要进行分析的学科领域（参见表 11.1）。

表 11.1　拉波维奇三重分析法

1	要求学生找出他们在阅读作品中喜欢的情节，并把所有这些情节在白板上列出来。
2	要求学生将那些他们认为有意义的情节归类。
3	确认作品中传递出重要的观念和思想，这个重要的观念就成为供他们分析的作品论点。

使用三重分析法的第一步是让学生提前做好准备，本让学生课前阅读一些小说或其他作品，到课堂上说出他们所读的作品中，他们认为最为重要或最为难忘的部分。经过大家的讨论后，本在教室的白板上写下阅读作品中每一个重要的情节，此时他并不对学生的发言作任何评价。

一旦白板上写满了学生认为是阅读作品中最重要的情节后，本开始采用亲和图法。他让学生对这些情节进行分门别类。例如，如果他的学生读的是马克·吐温的小说《哈克贝利·费恩》（*Huckleberry Finn*），他们可以把故事中的事件归类为哈克贝利对种族歧视日益深刻的认识，河流的象征意义，马克·吐温对讽刺法的运用。

当学生进行讨论和分类后，本要求学生确认作品中传递出的重要观念和思想。那么这个重要的观念就成为他们作文的论点，那些分类的事件就成为他们作文中心思想的构思源泉，那些单个的情节就成为学生作文中的支撑细节。

开放空间。在《开放空间的技术》（*Open Space Technology*，1997）一书中，哈里森·欧文（Harrison Owen）描述了一种小组讨论法，即小组讨论完全由其成员的兴趣和选择来决定。尽管成年人的小组经常采用开放空间来探讨不同方面的问题（例如跨国公司寻求创新的突破点或是一个小的非盈利的机构找到有效的方式来筹款），在学生的班级里也可以采用这种开放空间法（参见表 11.2）。

表 11.2　学校的开放空间法

1	学生创建一个主题列表，列出他们想讨论的主题。
2	列出主题的学生同意主持讨论。
3	学生选择他们想讨论哪一个主题。
4	根据"两只脚规则"，如果学生在他们原先选择的小组里学不到东西，他们可以加入另外一个小组。
5	要求学生创作一个产品（例如点子清单或图形组织者）在下课前和其他的同学分享。

在开放空间里，参加者列出他们想要讨论的主题，然后与那些对这一主题同样感兴趣的人自由组合成一个小组。一旦其他的学生加入这一小组后，那个发起讨论这一主题的人就是谈话的主持人，他控制讨论的节奏，让谈话得以进行下去。当确定所有的主题后，写在纸上，放在教室不同的地方。学生可以加入他们最感兴趣的小组。如果学生觉得在某一小组没有学到什么东西，自己对这个主题也发表不出什么见解，他还可以自由参加另外一个小组。欧文称其为"两只脚规则"，意味着如果这次讨论对某人作用甚微，那么，他可以无拘无束地用他的双脚走到另外一个小组去。

教师在课堂教学的其他方面也可以采用开放空间法。例如，中学科学教师可以采用开放空间法促使学生对气候变化有更深的理解，他可以询问学生对气候变化想要了解些什么，然后学生会提出一系列的主题。比如科学解释气候变化的原因，气候变化对冰川的影响，发起教育公众有关气候变化的公关运动，号召大家为应对气候变化做些什么，和公众人物会谈以了解他们对气候变化的观点，等等。

每一个主题讨论的主持人都是提出这个主题的学生，学生自己选择他们想探讨哪一个主题。如果学生不喜欢这个主题，他们可以提出一个新的主题，如果有的主题除了主持人以外没人愿意参加讨论，那么主持人可以选择参加其他的小组，或者自己独立研究这个主题。

对任何的主题都可以使用开放空间法。例如，阅读过《杀死一只知更鸟》（*To Kill a Mockingbird*）一书的学生可以自己组织一个讨论小组就这本书的相关主题进行讨论，这些主题包括这本书对今天是否还有现实意义，个人对于书中主旨的运用，作家的职业，等等。开放空间法还可以用在对书的内容评价上，学生对他们熟悉的内容主持讨论，而其他的学生参加这个小组来加深他们对内容的理解。采用开放空间法让学生有机会既当专家又当学习者，这样，每一个学生都可以和大家分享他们的知识，同时也获得他人的帮助。

教师可以从开放空间法中采用一两个策略。例如，教师可以列出一些主题供学生讨论，然后让学生选择他们想讨论哪些主题。教师可以为班级讨论指定"主持人"，或者学生小组自己选择主持人，或者让学生轮流当主持人，当主持人成为每个人应尽的职责，教师也可以决定不采用"两只脚规则"。教师给予学生自由的尺度取决于学生运用自由的熟练程度（通过向他们传授步骤、规则和要求，并不断强化对他们的要求，详见后文），并以此来决定是否给他们一些支持。我们现在面临的挑战是，如果给学生的选择过少，他们就会对这份任务没有兴趣，但是如果对学生管控太少，就会导致他们学习的东西不够，产生挫败感。因此，学生越早以一种有序的方式获得更多的自由，他们就会越早投入更多的精力去学习。

要使开放空间法行之有效，教师必须教会他们一些技能。这些技能除了本章前面所介绍的外（对学习活动的要求，活动的步骤，活动的规则），还有其他一些特别有用的技能。教师可以教学生怎样主持讨论，怎样倾听他人，怎样鼓励其他的同学在讨论中发言，如何对小组团队活动中所产生的成果进行评判，等等。开放空间法不但给予学生一个很好的机会学习他们自己感兴趣的内容，同时也教会他们如何和他人合作。开放空间法通过让学生自由选择以确定一个范围，是体现一定之规下的自由的很好范例。

结构性选择。当教师给学生提供机会把正能量输入到学习中时，学生有时得做出决定，带领同学们一起行动。例如，当一组学生合作进行一个项目时，他们需要对这个项目的方向做出决定。其他需要做出的决定包括学生怎样一起合作，学生怎样对自己的团队做出贡献，某一主题应包含什么内容，学生怎样庆祝小组或个人的成功等等。

传达这些决定的方式之一可以通过开放式的讨论——通过自由交谈能够获得许多信息。然而在讨论有关年终聚会应该如何犒劳自己或者类似的话题时，会消耗很多的时间，教师会宁愿学生用这样的时间学一些更重要的东西。

给学生提供有意义的选择让讨论得以进行下去，教师可以提供结构性选择。所谓"结构性选择"是一种教师监控下的让学生进行有意义的选择的方式。例如，如果一个班级需要决定以什么方式为公众提供服务，教师可以要求学生写出他们的想法，并交给教师。教师可以从众多的建议中挑选出最受大家一致认可的建议，然后让学生投票。通过这种结构性选择，教师给予了学生在整个过程中的发言权，而且又确保不用消耗太多的时间去做决定。

结构性选择中的另一个著名的方法是小群体决策法，它是一种简单的四步对话结构，当一个群体做决定时，可以使用到这种方法。当使用这种方法时，学生可以分小组进行，或者全班同学一起进行。其步骤如下：

小群体决策法

1. 产生想法

2. 记录

3. 讨论

4. 投票

步骤 1：产生想法。

首先教师提出问题，让学生写在纸条上或索引卡片上，学生独立写出自己的想法，而不用去咨询其他同学。

步骤 2：记录。

记录下所有学生的想法。教师把所有的纸条收集起来，然后记录里面的所有信息，或者要求学生大声读出他们的想法，教师把这些想法记下来。如果学生是以小组的形式讨论，这个小组主持人可以把同学们的意见记录在图表纸上或是其他的招贴纸上。

步骤 3：讨论。

教师或讨论的主持人（如果学生是以小组为单位讨论的）让学生把注意力放在学生所提出的每一条想法上，并对此做出自己的评论。任何人可对这个主题无拘无束地发表意见。

步骤 4：投票。

一旦讨论结束，学生可以进行不记名投票。学生可以制订一些投票规则，或者教师给出投票规则。又或者根本不需要任何规则，小组内所有票数的统计都是公开进行的。

可以采用结构选择法和小群体决策法对班级课内活动或课外活动做决定，这两种方法也可以针对课堂上所学的内容。例如，在现代历史课上，学生可以探讨用不同的方式来解决与环保、贫穷、发展中国家、少女怀孕有关的社会问题，或是对他们的学习来说最重要的其他相关问题。学生还可以探索解决历史问题的办法。例如，教师把围坐在会议桌旁起草《凡尔赛条约》的各国的利益摆出来，但不告诉学生凡尔赛条约的具体细节，然后要求学生提出可能的解决方案。学生甚至可以用小群体决策法来解决科学或数学难题。

其他对话结构。在课堂上还可以采用许多其他的对话结构。可以采取诸如"退场券"等形成性评价方式询问学生"今天你们学到的最重要的东西是什么？""你还有什么重要问题？""在这个方面，难点是什么？"（Angelo & Cross，1993，pp.154-158）。

教师也可以要求学生在利弊分析表上写出某一专题的利与弊，采用这种方法能让学生从多个角度来看问题；还可以要求学生采用 FOG 分析法来分辨一篇文章中哪些部分是事实（Facts），哪些部分是观点（Opinions），哪些是猜测（Guesses）（Straker，1997，pp. 27-34）。不论采用上述那种结构，只要学生在学习中能发出自己真正的声音和进行自由有序的选择，他们每一个人就能在学习上真正有收获。

程序和仪式

如果学生想要获得对话结构里固有的自由的话，必须遵循一定的程序和仪式，以保证学习不走弯路。要做到这一点，教师必须教授学生一定的程序和仪式，从而保证学习有序进行并且富有成效。

程序。在《像夺冠者一样教学》（*Teach Like a Champion*，2010）一书中，道格·莱莫夫（Doug Lemov）谈到道格·麦柯里（Doug McCurry）的一段课堂录像，内容是道格·麦柯里教学生怎样交作业。学生根据他的指令，一排排地交作业，只有当轮到某一个学生交作业时，他才能离开他的座位，依次进行。麦柯里让他的学生训练这个过程直到熟练为止。他甚至给学生计时，最后学生耗时不到 10 秒就能交上作业。

莱莫夫把这段录像拿到一个专题讨论会上播放，有些教师认为麦柯里的方法不妥，是糟糕教学的表现，但是莱莫夫认为麦柯里教师采用的是高效的教学方法：

> 假设一下，平均每个班级交作业或发放教学材料为一天 20 次，那么这个班级要花费一分二十秒完成，可是麦柯里班里的学生仅花二十秒就能完成这个任务，那么他们一天就能节约 20 分钟，……如果把每天 20 分钟乘以每学年 190 天，那么麦柯里仅仅通过教会学生一个日常的程序，每学年净赚了 3800 分钟，这些省下来的时间可以被用在他的课程教学中。（p.7）

尽管有些人会质疑一天学生是否需要交 20 次作业，但是莱莫夫的看法是正确的。教会学生做事的程序可以节省时间，更重要的是，建立了一种必要的秩序。只有在有秩序的前提下，学生向往的自由才有可能存在。例如，当学生学会了小组讨论的程序后，他们参加一些开放空间的活动时就感觉容易多了。但是如果学生没有学会互相倾听，建设性地讨论问题，一个接一个依次发表自己的看法，做到井然有序，那么开放空间给他们提供的自由只会毫无效果，最终草草收场。

在《中学教师的课堂管理》（*Classroom Management for Secondary Teachers*，2003）一书中，埃默等人阐述了教师教学生学习程序的重要性：

> 在一个班级里，如果没有规章制度行为规范，如果学生经常打扰教师的教学或干扰同学的学习，那么教师就不可能很好地开展教学，学生也不可能学有所获。此外，如果班级生活缺乏必要的班规和正常的程序，那么像点名、汇报班级的出勤情况、参加讨论、上交各种材料、检查学习等等琐事就会浪费大量的时间，导致学生的注意力开始减退。（Emmer，Evertson and Worsham，p.17）

教学生如何按照埃默和他的同事所制订的程序按部就班地完成学习任务似乎限制了学生的自由，但是如果这些程序没人告知，没人示范，没人执行，实现自由是不可能的。只有当学生真正知道如何完成诸如上交作业，分发物品，挪动课桌形成不同的排列组合这样的一些任务时，他们才有可能拥有更自由的对话结构和更自由的学习经历。

实行一定之规下的自由，教师应该教会学生一些常规和程序，从而增加他们的自由。要实现这个看起来自相矛盾的目标，应该通过学习礼仪来构建学生的学习经历，而这些经历是学生容易去参与的，我在本章中使用礼仪这个术语指的是以常规的、一致的方式进行的一项活动或一系列活动。下面我将介绍若干项有助于拥有一定之规下的自由的学习礼仪。

发言棒。发言棒源自土著北美人的习俗，可能最初在部落会议上使用。发言棒通常用木头雕刻而成，人们围成一个圆圈，木棒就在他们中间像击鼓传花一样进行传递。木棒传递到谁，就由谁发言，而其他的人倾听他的发言。发言结束后，他或她把发言棒交给下一个人，如果哪个人想发言，他或她就把发言棒握在手上发言。这样每一个人都有发言的机会，不允许任何一个人独占发言的机会，而剥夺别人的发言权。这一习俗增大了讲话者的自由，因为每一个人都有平等的发言机会。

我在路易斯安那州斯莱德尔市观摩了桑迪·西波尔纳格（Sandi Silbernagel）的课堂教学，看到她采用了类似发言棒发言的形式。她让她的二年级学生围成一个圆圈进行讨论，然后给他们布绒动物玩具（发言螃蟹），让他们在圆圈中传递。谁拿到了发言螃蟹，谁就有机会发言，其他的同学倾听他的发言。这个原来在土著北美人部落会议上沿用的习俗在桑迪的课堂同样收到了好的效果。因为她班上的每一个学生都有机会发言，其他的同学倾听他的发言。一定之规下的自由得以增加。

计时器。教师还可以用计时器来增加学生的自由。教师使用计时器——嵌入智能板里的计时器或是简单的厨房计时器——让学生知道他们可以有多少时间进行一项活动。教师通过计时器能精确地告知学生他们的合作学习活动还有多长时间，这样能让学生集中注意力，从而增加他们所学的内容。

提醒信号。教师可以采用许多方式来引起学生的注意。这些方式有从 1 数到 5，摇铃，举手示意，或者说："请注意"等，通过让每一个学生都知道这些提醒信号，并对这些信号做出回应，教师可以对学生进行管控，并大大增加学生实际的学习时间。

点名制度。为了让点名的时间耗费最少，教师应该制订一个规则，即只有在让学生完成某项任务时，教师才点名。如果教师每天都重复这个过程，学生就知道了当教师点名时，他们该做什么了。

开始。让每一天都有一个好的开始，许多教师在每一堂课开始时都会进行一些热身活动，比如默读，写日记，或复习。有些教师让学生重温学习导图。还有的教师采用"先行组织者"教学策略来告诉学生将要学什么内容，为什么这些内容这么重要，新学的知识如何与已经学过的知识相衔接，学生还需要做些什么等。

结束。学习礼仪在下课时同样可以得到有效使用。在下课之前，教师可以把他们新学到的内容增加到他们的学习导图里（参见第 3 章），或者要求他们完成退场券（参见第 2 章）。下课前，教师还可以采用"后行组织者"教学策略，指导学生通过提问来讨论如下主题，诸如今天学到什么，学到的东西如何与本单元的大创意相匹配，明天将学习什么。

学习礼仪可以保证一个井然有序的学习环境。在这样的环境下，教师会更容易为学生提供更自由的学习经历。在一个建立了学习礼仪，并且每天都照章行事的班级里，孩子们的自由精神都能顺利地得以体现，反之，在一个没有秩序的班级里，孩子们必须通过抗争让他们的自由精神得以表达，但往往是徒劳的。

标准引导下的选择

自由的实质就是选择，因此如果想在班级里营造自由氛围，教师必须在每一天，在每一个班级，在每一件事上，允许他们的学生进行选择。学生可以就他们学习上许多重大的、基本的事情上做出有意义的选择，这些事情包括：（1）他们学习团队的规范和要求；（2）他们所要阅读的材料；（3）他们所要完成的学习活动；（4）他们应该怎样学习；（5）他们将要和谁合作。

如果仅仅给学生提供选择却没有某种框架来引导这些选择，那么则不会产生富有成效的学习结果。在学习方面给学生完全的自由而不给他们制订一些学习指南或标准，那么会有碍学生的学习，从而导致劣质的学习结果。如果要让学生的自由选择能产生最佳学习效果，那么这种自由必须在某种框架下获得，并得以释放。下面我将提出一些有关怎样在选择和标准两者之间进行平衡的建议。

阅读材料。在《书籍的呼声：唤起每一个孩子内心的阅读欲》（*The Book Whisperer: Awakening the Inner Reader in Every Child*，2009）一书中，多拉林·米勒（Donalyn Miller）提供了一个在界限内释放自由的很好范例。基于她教阅读课的经历，米勒提出："给学生提供机会去选择他们自己爱读的书，这样会给他们增添动力并给他们鼓励……没有权力为自己选择阅读材料的阅读者对阅读是不感兴趣的。"

米勒认为让学生自由选择他们的阅读材料是激发他们阅读动力的重要因素。但是她也清楚地知道仅仅让他们挑选书籍并不足以激发他们和发展他们的阅读兴趣。米勒指出，首先在她的班里选择不读书是不可行的，其次，她告诉学生自己希望他们一年读40本书。此外，米勒参阅了澳大利亚研究人员布瑞恩·克莱尔本恩（Brian Clairbourne）的阅读研究成果，提出学习阅读的指导方针：

- 浸泡。学生应浸泡在各种书籍的海洋中，并给他们每天阅读的机会。
- 解释。学生需要对文本的结构和特征进行解释，怎样将文本用于不同的学习目标，怎样从中获取信息。
- 期望。学生应达到教师期望的水平。
- 责任。当追求他们的学习目标时，学生应该至少作出一些选择。
- 应用。学生需要时间在现实的场合下实践他们所学习的东西。

- 鼓励。应该对学生所学的知识和所掌握的技能给予鼓励，在他们通向熟练的道路上允许他们犯错误。
- 反馈。对学生不要恐吓，当他们有了进步时，及时给予正面反馈。
- 投入。阅读对学生来说是……体现个人价值的一种尝试，学生认为自己能胜任这项任务，阅读可以使他们远离焦虑。

对于米勒来说，选择是学生学习中一个非常重要的部分，但是这种选择必须在某些标准和指导方针的框架下进行。标准还可以用来塑造班级的其他方方面面。

课堂规范。具备清晰明了的规则和程序是一支有效的学习团队必不可少的一部分。我还要再次强调的是，规则和制度最好是自由和界限的结合物。在《有效的课堂管理》（*Classroom Management That Works*）一书中，马扎诺等人解释说："研究表明，规则和程序不能仅仅只是强加于学生身上，而是应该对学生进行合理的解释。"（p.16）

建立规则的方式之一为采用一些结构性选择法或小群体决策法。这样，所有的学生都会参与制订规则，甚至进行表决。这些规则一经制订就能为自由的学习经历提供一个框架结构。

学习主题。一旦学生选择好自己的学习主题，他们通常会把从前的知识用到新的学习任务中。从前的知识会让他们能够学习更深层次的知识。然而，并不是所有的学习经历都适合于所有的主题，也并不是所有的主题都有足够的深度和难度。教师需要向学生清楚地表达什么样的主题是可以接受的，什么样的主题是不可行的。

学习任务。学生对他们的学习方式也可以有自己的选择。的确，当学生选择他们的学习方式时，他们通常会选择那些能表现出他们强项的学习活动。例如，当一个学生对视频录像感兴趣时，那么他从一个视频录像中学到的东西会比他从写一个段落中学到的东西多得多，因此给他提供选择会大大丰富他或她的学习经历。要保证学生完成高质量的学习任务，教师必须制订一个高标准来与高质量学习任务的相关方面相匹配（研究、组织、编辑、创意、全盘视野），并且在学生开始这项任务之前和学生确认这些标准。这样学生就可以自由地选择自己的任务，教师也可以确信无疑学生能高质量完成学习任务。

学习的合作伙伴。学生都希望自己选择他们的学习伙伴。问题是学生如果选择和自己的朋友做搭档，会分散他们的学习注意力，还有的学生不去选择学习搭档。因此教师会询问学生他们所选择的搭档，了解到他们的选择后，教师会对他们有关搭档的选择做出最后的决定。如果教师认真地讲述了对所有学习活动的要求，她可以把这些要求作为活动的基本规则。在对所有的学习活动和过渡活动提出要求后，可以给学生更多的自由来选择他们的学习伙伴。

关心和控制

有效教学评测项目（The Measures of Effective Teaching Project），即以简称"MET"而被大家熟知的项目，对"评测有效教学的新方法"进行了全面的研究（见 metproject.org）。众多机构群策群力地参与了这项研究，其中包括哈佛大学，教学景象网站，新教师中心，斯坦福大学，教育测试服务中心，它们的共同目标是创建"适用于不同目的、公平可靠地评测教师教学效果的体系"。

六个学区的 3000 多位教师志愿者参与了 MET 项目，并采用了全方位的评估，这些评估包括学生的学业成绩，课堂的观察，教师的反应，教师的教育学知识，学生对课堂教学环境的感受，教师对工作条件的感受以及学校对教学的支持程度。

MET 工程的核心部分是由哈佛大学研究人员罗恩·弗格森（Ron Ferguson）耗费 10 多年开发的三脚架调查法，用于"评估学生在多大程度上感到课堂环境是激励他们迎难而上地发展其智力的"。这种调查询问了学生对教学各个方面的意见，在对数千名中小学生进行调查后，罗恩·弗格森得出下面的结论：

> 在同一位教师所教的不同班级、不同群体的学生里，他们对这位教师的长处和短处的看法基本是一致的。学生似乎知道什么是有效的教学：一个班里学生对同一位教师所教的另外一个班取得的进步会先知先觉。（p.9）

参阅了大量的数据后，研究人员认为在有效的教学中，有两种变量最为恒定：关心和控制。[①] 在这次被观察的学校中，情况也同样如此。如果一个教师对学生采用控制的手段而从来不去关心他们，他的控制可能会引起学生的不满，因为学生会认为教师不理解他们，限制了他们的自治权。然而，如果一位教师仅仅一味关心学生和照顾学生，却不去严格管理他们，那么学生就会忽视班级的期望和底线，从而浪费大量的学习时间。

我曾和一位教学辅导员拉·沃内·霍姆格伦（LaVonne Holmgren）交谈过，他是一位富有经验的教育工作者——在《教学辅导：改善教学的伙伴关系观》（2007）一书中我曾专门介绍过——在交谈中证实了上述的观点。拉·沃内说："学生告诉我，在他们眼里，有两类教师——严苛的教师和宽容的教师。学生不喜欢严苛的教师，却欺负那些宽容的教师。聪明而有经验的教师需要学会怎样对学生既关心又严格，而不仅是严苛或宽容的教师。"

在第 10 章"善用权力而非滥用权力"中，我提出了教师可以采用几种方式来关心学

---

① 更多关于 MET 项目的信息，请参阅网站：www.metproject.org.——原作者注

生。这些方式包括移情于学生，真心倾听学生的谈话，尊重学生，发现好人好事，向学生示范关心他人的行为。简言之，我们应把学生看作是和我们平起平坐的人，我们应该像尊重成人一样来尊重他们。

至于谈及教师如何管控学生，其方式之一就是教师应该展示出一种不卑不亢的自信。这意味着教师并不是通过言语而是通过实际行动传递出他们是掌实权的人物，比如通过目光的接触，身体面向学生，说话清晰自信，等等。

常言道，说来容易做到难。告诉那些新入职教师应该自信就如同告诉新击球手不要把球击偏一样。他们知道应该做什么，却不知道如何去做。在讨论何为"有效领导者"时，罗伯特·萨顿（2010）提出一些明智的建议。他提出好老板（我把他的概念延伸为好教师）时时刻刻散发出一种自信，甚至在他们不感到自信时也是如此。萨顿写道：

> 保持镇定，直到你让它引发出一个自我实现的预言：摆出一副胸有成竹的姿态，显示出一副一切都在掌控之中的样子。即使一开始这些都是佯装的，但是这种自信会激励你和其他人取得成功。（p.52）

对教师而言，不管班里发生什么疯狂的举动，他们必须保持冷静。由道格拉斯·斯通等人（Douglas Stone，Bruce Patton，and Sheila Heen）合著的《艰难的交谈》（*Difficult Conversations*，2009），由苏珊·斯科特（Susan Scott）撰写的《激烈的交谈》（*Fierce Conversations*，2002）均是讨论如何解决冲突、如何建立人际关系的书籍。在书中，他们告诫人们在压力面前要保持冷静，掌握主动权。尽管他们所撰写的这些书是针对企业界的员工，但同样适用于学校的班级。此外，教师可以采用识别—体谅—克制策略，我的书《明明白白的影响》提及这些策略。

佯装镇定只是一个开始，但是它无法弥补计划的不周和学习任务的乏味。如果教师要增加自信和增强对学生的驾驭能力，最简单的方式就是采用本书中所提到的有效的教学策略，包含教师设计单元计划的学习导图，采用形成性评价，选用故事，采用促思提示，实行合作学习，给学生布置有意义的具有挑战性的作业和学习活动。通过实施上述策略，教师就会发现自己对搞好教学越来越有自信心。

本书这一章节所描绘的建设团队的策略也能帮助教师树立自信，并游刃有余地管理课堂。首先，如果教师对所有的课堂活动制订期望，并通过及时地表扬学生或冷静地纠正学生的错误让这些期望深入人心，得以强化，那么，他们就会发现自己越来越轻松。其次，一旦教师和学生建立了良好关系，创建了一种关爱学生的学习氛围，他们就会发现，他们会更容易管理好课堂。最后，如果我们尊重学生的自主权，他们会更愿意在一定规定下进行学习。给予学生真正的选择比毫无选择会让我们更容易管理好学生。

控制是重要的，但它并不意味着教师应该控制每一个学生的每一个行动。孩子们需要玩耍，需要快乐，教室里的快乐和游乐场上的快乐一样重要。如果教师营造了一种良好的学习氛围，学生就会愿意在这样的氛围里学习，服从教师的管理，在教师的引领下快乐学习，并从学习中获得最大的收益——这正是所有教师要达到的最终目标。

化思为行

对学生

1. 对学生用"三脚架调查法"，了解他们对课堂学习经历的感受，这项调查把关心、控制、解释、挑战、迷惑、商议、巩固等方面作为和有效教学有关的重要变量。

2. 要求学生下课前回答"退场券"或其他的非正式的调查，询问他们对学习的兴趣。如果他们的兴趣不大，那是因为他们对学习没有真正的驾驭感。

对教师

1. 用录像记录你的肢体动作，密切观察你是否关心学生，以及你对他们的控制能力。

2. 观察其他的教师，看他们是怎样对学生表达关心和控制的。

3. 通过网络诸如 www.Ted.com 网观看视频，观看他人是如何运用沟通技能来表达关心和控制的。

4. 以不同的方式进行实验，比如你给学生更多的选择，然后观察学生，了解这些选择是否增加了他们对学习的兴趣。

对教学辅导员

1. 采用各种各样的参与度评价手段来观察一定之规下的自由所产生的影响。这些手段也可以在本书的合作网站 www.corwin.com /highimpactinstruction 查到。

2. 建立一个视频库，记录教师是如何采用本书中所介绍的一些策略的，这样教师可以观看到许多履行界限内自由的具体例子。

3. 和学生交谈，了解他们在班级里是否真正拥有自主权。

对校长

带领教师学习本章，讨论如下问题：

1. 选择权对于学生的学习动机是否重要？

2. 如果学生不能选择他们的学习内容，学生有兴趣学习吗？

3. 在班级里什么样的选择是可行的？什么样的选择是禁止的？

行有所思

如果我们要评估一定之规下的自由所产生的影响，其方式之一就是通过评价学生专心学习的程度。当学生对学习能自由做出选择，当他们理解了学习的意义，或者当给予他们宽松的结构让他们充分行使自由的时候，他们会最愿意参与学习。但如果学生专心学习的程度不高时，需要对两个因素进行调节——或是更多的自由，或是更多的规定。

可以有许多的方式评估学生的专心学习的程度。许多教育家用"从学率"来评估，也就是在某一学习团体内有多少比例的学生一心一意地完成学习任务。比如，你可以数一数班里有多少学生，然后数一数班里有多少学生在参与学习任务，算出百分比（称作"从学率"）。例如，一个班里有 25 位学生，如果 20 人在参与学习，那么从学率是 80%。如果从学率达到 90% 或 95%，那么这是最理想的结果。若欲了解"从学率"的详情，可查看本书的合作网站 www.corwin.com /highimpactinstruction。

要收集学生专心学习的数据，还有一种方法就是直接询问学生。教师可以向学生解释专心学习的等级，然后要他们给予反馈意见。路易斯安那州的斯莱德尔市桑迪·西波尔纳格教师在她的二年级班里给学生发冰棒棍，并让学生把冰棒棍分别放进标有不同级别的三个罐子里，这样她就可以评估学生的专心学习程度。

教师还可以在不同时间在班里进行问卷调查以得到反馈信息，从而了解学生的专心学习程度。我称这种调查为抽样调查。给学生一张类似表 11.3 的表格，表格里安排一组 1 到 7 的数字，排列在不感兴趣，一般，感兴趣的标题下，让学生对所参加的学习活动是否感兴趣进行评级和讨论。这种讨论有助于形成师生有关学习重要性的对话。教师可以询问学生什么学习活动对他们有吸引力，或他们如何能找到学习与个人之间的联系，从而使得学习更具有吸引力，和个人关系更密切。教师还可以询问学生班级里应该做些什么来提高他们的学习参与度。

一旦学生理解了专心学习的三个级别（不感兴趣，一般，感兴趣），教师就会告诉学生她将一个计时器设置为每 10 分钟响铃一次（计时器可以是一个简单的厨房计时器或手机），当铃声响起时学生就应在相应的级别上画上圈。

学生所画的圈能让教师了解到该学生的学习现状，教师应该认真审查当日抽样调查而来的数据，并据此进行学习趋势研究。例如，他们根据当日的数据算出一个平均值，几周后再用同样的抽样调查以便看出学生的专心学习程度是否有改变。如果教师尝试一种新的学习活动，他们也可以利用下面的表格来了解它对学生的吸引力有多大。

表 11.3　学生专心学习程度测试表

日期:						
要求:						
每当你听到响铃时，请对你所参加的学习活动是否感兴趣进行评级。						
不感兴趣			一　般		感兴趣	
1	2	3	4	5	6	7
1	2	3	4	5	6	7
1	2	3	4	5	6	7
1	2	3	4	5	6	7
1	2	3	4	5	6	7
1	2	3	4	5	6	7
1	2	3	4	5	6	7
1	2	3	4	5	6	7
1	2	3	4	5	6	7
1	2	3	4	5	6	7
1	2	3	4	5	6	7
1	2	3	4	5	6	7
1	2	3	4	5	6	7

小　结

1. 没有自由的规定是压抑的，会削弱学生的学习兴趣和学习动机。

2. 没有规定的自由是无序的，浪费学生时间。

3. 教师可以通过如下方式建立一定之规下的自由。

（1）采用对话结构诸如集体讨论、亲和图（用来收集事实、看法和意见，并且将它们组织化），拉波维奇三重分析法；

（2）告知学生做事的每一个步骤并提出明确要求，比如交作业，收集材料，上课和下课的礼仪；

（3）提供建立在标准和要求基础上的选择；

（4）对学生采取关心的态度，同时对学生的学习要保持掌控。

拓展阅读

Daniel Pink's *Drive: The Surprising Truth About What Motivates Us* (2011).

Barry Schwartz's *The Paradox of Choice:Why More Is Less* (2005).

Sheena Iyengar's *The Art of Choosing: The Decisions We Make Every Day*(2011).

David Bohm's *On Dialogue* (1996).

Harrison Owen's *Open Space Technology: A User's Guide* (2008).

Donalyn Miller's *The Book Whisperer: Awakening the Inner Reader in Every Child* (2009).

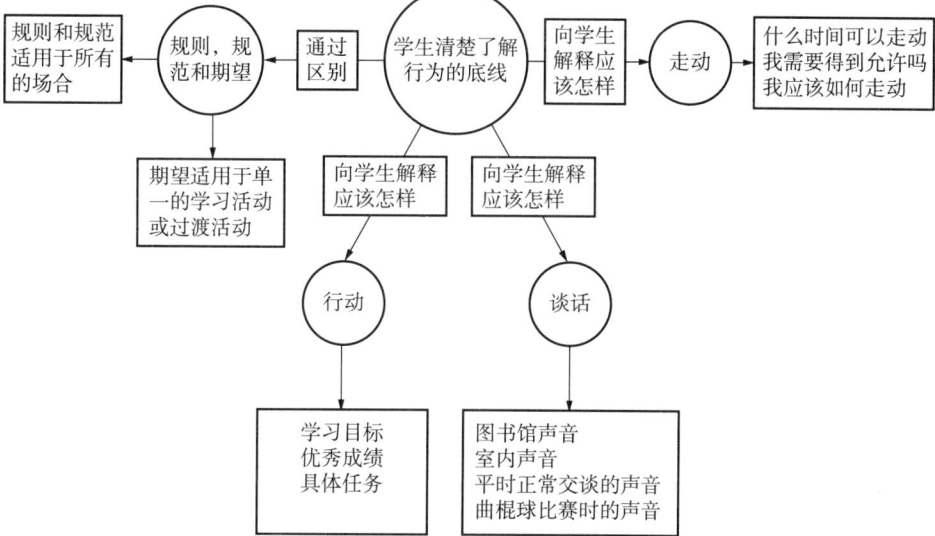

第12章 寄予期望

是关于

学生清楚了解行为的底线

规则，规范和期望

通过区别

规则和规范适用于所有的场合

期望适用于单一的学习活动或过渡活动

向学生解释应该怎样

走动

什么时间可以走动
我需要得到允许吗
我应该如何走动

向学生解释应该怎样

行动

学习目标
优秀成绩
具体任务

向学生解释应该怎样

谈话

图书馆声音
室内声音
平时正常交谈的声音
曲棍球比赛时的声音

第 12 章　寄予期望

当莉和乔迪讨论"期望"这一话题时，她拿出一本兰迪·斯普瑞克（Randy Sprick）的书《CHAMPs：积极主动的课堂管理法》（*CHAMPs:A Positive and Proactive Approach to Classroom Management*，2009）。兰迪是正面行为学派的奠基人之一，他撰写了多部论述如何在学校系统进行团队建设或课堂管理方面的专著。在过去十年的大部分时间内，我都和他在一起工作，他是我极其敬重的一位同事。我俩和温蒂·莱茵克（Wendy Reinke）、特里西娅·司盖勒斯（Tricia Skyles）、琳恩·巴尼斯（Lynn Barnes）合著了《课堂管理的辅导》（*Coaching Classroom Management*）一书。

我曾去切萨皮克湾北端——马里兰州塞西尔县一个最偏远的农村学区——访问特殊教育主任乔迪·金（Jody King），从他嘴里，我第一次听到了兰迪的事迹。

乔迪·金邀请我去塞西尔县和教师讨论有关教学和辅导的事情。我和她一起走访了这个学区里的许多学校和许多班级。她是一个热心、谦虚内敛的人，与人交谈向来都是柔声细语，但和我谈起兰迪·斯普瑞克时，她就情不自禁地高声谈起她的学区自从实践了兰迪·斯普瑞克的理念后，学生的行为和教师的士气有了翻天覆地的积极变化。

当我们驱车从一个学校到另一个学校，乔迪和我谈起许多有关塞西尔县的学区正在发生的一切。那时我正在为堪萨斯州的一个研究项目探究有关课堂管理的实用方法。乔迪告诉我兰迪的研究将会对我的需求有帮助。在我离开马里兰州之前，乔迪给了我一本她自己珍藏的兰迪的书——《CHAMPs：积极主动的课堂管理法》。她对我说："你应该读读这本书"，我随即应允说一定会拜读。

第二天，也许是命运的安排，也许是运气，我在巴尔的摩市的旅馆醒来时，只见旅馆的窗外大雪纷纷扬扬，那是当年的第一场雪。这场雪对堆雪人来说堪称完美，可是对坐飞机来说则极不适合。尽管我的航班是首飞航班，可是这场大雪让飞机迟迟不能起飞，于是我在机舱内呆了几个小时，在机场呆了更长时间。于是我有时间看兰迪的书。当我的飞机在堪萨斯着陆时，已经晚点了 10 个多小时，我也读完了这本书的大部分。和乔迪一样，我被这本书折服了。

两周后，我来到了俄勒冈州波特兰市，在希思曼宾馆会议室听兰迪有关课堂管理的发言。他是一个优秀的演讲者，像一位高校教师，通过分享若干条实用的建议帮你答疑解感，但他更像一位出色的脱口秀谐星，讲述的那些引人入胜的故事让你忍俊不禁。他的发言令大家捧腹大笑，我不得不好几次擦去我笑出来的眼泪。在听他的发言时，我拼命快速地记下他表达的所有理念。

兰迪写了许多有关 communtity buildng 的书籍，探讨的问题涉猎广泛，诸如如何实施为全学区培训客车司机技能、建立安全的游乐场等行为培训计划。然而，当教师和我谈起他的著作时，大家都会很自然地回到他向学生寄托期望这一话题上。这不足为奇，因为兰迪经常告诫我们，"如果你回顾过去 90 年来对于行为管理的研究结果，你会发现高于一切的是制订、传授和强化期望。如果我们想要学生以某种方式行事，那么我们必须知道这个方式是什么，然后教给学生"。

兰迪寄托期望的框架

- 谈话
- 帮助
- 活动
- 走动
- 参与

"期望"和"规则""规范"的区别

兰迪认为有效的期望必须是具体的，是专为课堂上大多数的学习活动和过渡活动设计的。他建议教师根据五个变量来制订期望，这五个变量以首字母缩略词来代表就是CHAMP，每个首字母分别代表一个变量——C 代表谈话，H 代表帮助，A 代表活动，M代表走动，P 代表参与。

兰迪并不是撰写有关期望重要性的唯一作者。事实上他也不只是仅仅提出了 CHAMP框架。在《中学课堂纪律》（*Discipline in the Secondary Classroom*，2006）一书中，他提出了一个不同的框架，这个框架更适合年龄稍大的学生，此框架首字母缩略词为 ACHIEVE：活动，对话，帮助，诚实，努力，价值，效率。许多其他的作者也撰写了关于传授期望的重要性的作品。在《有效的课堂管理：适合每一位教师的以研究为基础的策略》（*Classroom Management That Works:Research-Based Strategies for Every Teacher*，2001）一书中马扎诺等人写道："也许课堂管理最突出的方面就是设计和执行课堂的规则和程序。"弗雷德·琼斯（Fred Jones）在《教学工具》（*Tools for Teaching*，2007）一书中阐述了一般规则和具体程序的重要性。大量的研究表明，向学生传授期望并不断强化这些期望会对学生的行为产生重大的积极影响。

兰迪认为如果把规则，期望，规范这些术语交换使用就会混淆视听。就我而言，在这本书里，规则和规范这两个术语用于描述那些在所有的场合所应有的行为，而期望这个术语则描绘某些单一的、不同的学习活动或过渡活动所应有的行为。当学生走进教室，听教师讲课，当他们参加考试，或者当他们在小组内活动时，他们都应该遵循"我们相互尊重"这个行为规范。但是，期望不适用于所有的场合，比如，学生在每一项活动里所进行的谈话种类不尽相同。因此，当学生进行一系列学习活动时，他们是否可以谈话、谈话的方式应该怎样就得视情况而定。简言之，教师应该为所有的活动设计期望，这样学生在任何场合下都能清楚地知道他们该怎么做。

教师可以对任何的行为制订期望，但是有三个方面尤为重要：

行动。解释活动中学生该做什么。

谈话。解释什么样的谈话可以进行。

走动。解释在课堂里什么样的走动是允许的。

我把这三个变量简称为ATMs——分别为A（行动），T（谈话），M（行走）。学生可以根据自己对这些期望的反应加入或退出团队，这三个变量将在下文中详细讨论。

期望

- 行动
- 谈话
- 走动

行动。对于行动方面的期望，教师应该告诉学生做什么样的工作，起码要告诉他们三件事情：（1）应该达到什么样的学习目标；（2）什么是优秀的成绩；（3）应该完成什么具体任务。通过回答下框中所列的问题，教师就能写出实用的期望。

对学生的"行动"制订期望的有关问题

- 我应该达到什么样的学习目标？
- 什么是优秀的成绩？
- 我应该完成什么具体任务？（例如：记笔记，整理笔记，做清洁，参加讨论，倾听，出谋划策，转述他人的想法，解决问题，写出或讲出完整的句子。）

谈话。对于谈话方面的期望，教师应该告诉学生在允许的前提下进行什么样的谈话。这些期望围绕学生谈话的内容，谈话的方式，或者是否应该讲话去设立一个底线。因此教师在设定期望时，应阐述同学之间的谈话是否为某项活动的一部分，如果活动中可以谈话，什么样的主题是合适的，什么样的主题是不合适的。此外，教师应该表明在每一项活

高效教学：框架、策略与实践
High-impact Instruction

动中，什么音量级别的谈话是可行的。我把说话的声音分为四个等级：（1）图书馆声音，说话声音尽可能轻但仍然能听见；（2）室内声音，比图书馆声音大一点，但小于平常交谈的声音；（3）平时正常交谈的声音，但避免提高嗓门或喊叫的声音；（4）曲棍球比赛时的声音，在任何类似的体育运动中，可以高声喊叫（参见"与对学生的'谈话'制订期望的有关问题"）。

在大多数课堂里，第四级的声音（曲棍球比赛时的声音）是不允许的。但是将这种声音描绘出来是给教师一个借鉴的标准，以便教师在给学生讲解其他三级声音要求时，可以这样告知学生"记住，在这个活动中，不能采用曲棍球比赛时的声音"。

与对学生的"谈话"制订期望的有关问题

- 在活动中我们能讲话吗？
- 谈什么主题是合适的？
- 谈什么主题是不合适的？
- 谈话应该有多大的声音？（图书馆声音，室内声音，正常交谈的声音，曲棍球比赛时的声音。）

走动。学生可以在何时或以何种方式离开自己的座位，是否可以在课堂里走动，是设计期望时最后考虑的一个重要变量。比如说他们需要离开座位去削铅笔，拿诸如字典之类的东西，或者去卫生间。正如每个教师所知的那样，有些学生离开座位，在教室内的过道停下来沿途和同学聊天，磨磨蹭蹭来到削笔器跟前，慢悠悠削笔，然后溜溜达达回到自己的座位，他们这样做无非是想获得别人的注意力。这么简单的一个削铅笔的小任务会导致全班分散注意力至少 2 分钟（2 分钟 ×30 个学生 = 浪费 60 分钟学生学习时间），所以有必要对学生的课堂内走动制订期望。

在制订的期望中，须告知学生什么时候可以离开自己的座位，学生离开自己的座位是否需要获得教师的允许。离开座位后，他们应该怎么做。（我走动的速度应该多快？我能和其他的同学谈话吗？一堂课这个过程能重复几次？）有关这方面的问题，参见"对学生的'走动'制订期望的有关问题"。

对学生的"走动"制订期望的有关问题

- 有什么理由（如果有的话）我可以离开自己的座位？
- 我是否需要获得教师的允许才能离开自己的座位？
- 离开座位后，我应该怎么做？（我走动的速度应该多快？我能和其他的同学谈话吗？这个过程能重复几次？）

兰迪建议教师为学生每一项学习活动或过渡活动制订期望。他把在伏案学习，小组阅读，教师授课，小组活动，口头书面测试（比如拼写），个人笔试，同学之间辅导等活动归纳为一般的学习活动；他把从书包里拿出书，把书翻到某一页，在阅读小组之间走动，拿出学习用品，在小组之间走动，发作业和发放学习用品，交作业（交试卷等），课间休息，放学之前打扫卫生等活动归纳为一般的过渡活动。在《CHAMPs：积极主动的课堂管理法》（2009）一书中，他为所有这些活动制订了期望，给我们提供了很好的范例，值得我们仿效。如果想知道更多这方面的信息，可以上网搜寻 CHAMPs 概念。

制订期望是一个很好的开始，但是如果要想学生的学习行为向积极的方向转变，我们应该让学生了解这些期望。因此教师必须在每学年开学时，花一定的时间让所有的学生学习和理解这些期望。教师还可以给学生准备图表备忘记事簿，类似下框"行动，谈话，走动"所示，以便学生在每一项活动的期望下面做记录。

行动，谈话，走动

ATM 针对的活动 _____

行动：_____

_____

_____

谈话：_____

_____

走动：_____

_____

传授期望

教师通常采用下面两种方式中的一种来介绍和传授对学生的期望。有些教师喜欢一次把所有的期望告知学生，企图让学生在开学上课的第一天就记下所有的期望。这样，他们就可以为今后各种各样的学习活动或过渡活动打下一个坚实的基础。

还有一些教师习惯在课堂上进行某一项活动前，当场告诉学生对学习活动或过渡活动的期望。比如教师在课堂授课之前教给学生如何听教师授课，当学生拿出笔记本和铅笔之前教会他们如何从书桌里拿出学习用品。

值得注意的是，教师对待传授学习活动的期望应该和对待教授学习内容一样认真。本书中所介绍的许多方法都可以用来让学生学习教师对他们的期望。例如，第3章的学习导图可以用来让学生记下教师对他们的期望；第8章的体验式学习，诸如角色扮演可以让学生用来调整自己的行为，从而与教师制订的期望保持一致；第2章的退场券等其他非正式评价方式可以了解学生是否知道教师对他们的期望。总之，应该调动一切积极力量让学生知道每一项活动的具体期望。

让学生自己拟定期望

让学生切实履行期望的方式之一就是让他们帮助你把有关期望拟定出来（Marzano, Pickering, & Pollock, 2001）。对我们大多数人来说，这样做更加直观。当我们对某事有发言权时，我们会更愿意去履行我们自己提出的东西。因此，当教师让学生进行新的学习活动或过渡活动时，教师可以询问他们怎样能让活动效率更高，什么样级别的谈话声音最合适，让学生发表自己的意见。我认为应提前写出对学生的期望，这样，你会有充裕的时间仔细考量一些行动，谈话，或行走的具体细节。

当教师要求学生帮他一起制订期望的时候，教师也可以利用这段时间让学生讨论有关学习和团队的其他方面的问题。例如，教师和学生可以讨论什么是尊重，尊重他人的重要性，或什么样的场合和环境会有助于或干扰他们的学习。这样的对话还起到另外一个重要的作用，即教师可以利用这个机会向学生解释期望的重要性，学生也可以利用这个机会去探讨为什么每一条期望都重要。正如我在第10章"善用权力而非滥用权力"中所说，如果对学生表达尊重，就会激发学生的学习动力，减少他们的抵触情绪。反之，如果你对学生发号施令："因为我是这么说的"，学生的反应只可能是"我可不这么认为"。

期望对教师的助益

如果教师不对所有的学习活动或过渡活动制订期望，那么每天他们不得不做大量的决定，例如，每隔个几分钟他们就得决定学生谈话声音是否太大，是否在分散别人的注意力，他们离开座位是否有足够的理由，或者他们是否想引起别人的注意。要考虑这么多的问题实在是费心费力，会把教师拖垮。而制订期望并进行宣传，就能很容易让学生巩固教师所期望的良好行为，纠正那些不良行为。对期望有清楚的认识为教师和学生交流有关行为方面的问题奠定了扎实的基础。

如果教师自己心中都对期望不清楚，那么当他们纠正学生的不良行为或坚持巩固良好行为的时候，标准会很难做到一致。比如，有的时候学生本应该在座位上独立学习，可他们却和同学交头接耳，教师上前进行了批评指正，可是在另外的时候，发生了同样的情况，教师却不闻不问，这样不一致的态度就会让学生感到困惑，从而会对教师的任何批评产生抵触情绪。如果这种期望隔三差五就有变化，学生会说"这不公平"，学生这样说是对的。这种模棱两可、摇摆不定的期望会增加学生和教师之间的矛盾，因为学生会感到前两天还可以接受的行为，今天却因为此行为受到了教师的批评，或者是同样的行为，教师没有批评其他的同学，而自己却受到了批评，他们会感到受到了不公平的对待。如果每一个人都知道游戏规则，那么师生双方心里都会觉得更踏实。

也许对教师最大的益处是期望对学生的行为提供正能量。在每一个学习活动、每一个过渡活动中，如果每一个人都知道该这么做，自己被期望了什么，是创建一个积极的学习团队的重大的第一步。强化这些期望，就迎来第二步了。

化思为行

对学生

1. 要求学生对期望提出建议。

2. 用非正式的评估手段，比如检查，来判断学生是否已经了解对他们的期望。

3. 在整个学年中，不时对学生进行简短调查，询问他们的期望是否帮助他们从学习活动中学到东西，并从中获得了乐趣。

4. 在活动中，询问学生这些活动的期望是什么，从而检查他们对期望的认知度。

5. 让学生评估自己的行为是否和对他们的期望保持一致。

对教师

1. 列出所有的学习活动和过渡活动。

2. 通过回答 ATM 问题（A 行动，T 谈话，M 走动）来明确你制订的期望。

3. 通过诸如角色扮演、答写退场券等教学策略传授对学生的期望。

4. 不断地评估学生的行为是否和对他们的期望保持一致。

对教学辅导员

1. 通过阅读相关的书籍增加你对如何制订期望的知识，这类书籍包括兰迪·斯普瑞克的书《CHAMPs：积极主动的课堂管理法》。

2. 和教师合作，为大多数的学习活动或过渡活动制订并完善对学生的期望。

3. 和教师合作采用有效的教学和评估手段来保证学生学到知识。

4. 在课堂观摩教学期间，不时地询问学生一些简短的问题，了解他们是否理解对他们的期望，并和教师合作采用其他好的教学方法。

对校长

1. 发起学习小组讨论有关在学校公共区域，诸如餐厅或大厅应该制订什么样的期望。

2. 在合适的条件下，引领学校把制订和宣传学校的预期目标作为教学改进目标的一个部分。

3. 要求教师和你一起交流他们对学生的期望，并要求教师之间交流对学生的期望。当你巡视教室时，看看教室里是否张贴这些期望。如果没有的话，和教师进行认真的讨论，讨论如何制订对学生的期望，可以向教师推荐几种方法来制订期望。（诸如参阅兰迪·斯普瑞克的书《CHAMPs：积极主动的课堂管理法》。参加一个网上的有关课程，和教学辅导员一起合作。）

4. 不能仅仅依靠成立一个小的委员会来制订一个全校的预期目标。也许那些制订期望的人会去实施目标，但是对于其他广大教职员工来说，他们没有参加制订期望的过程，所以这些期望对于他们来说，只不过是过眼烟云，很快会被遗忘。如果教师要理解和实施这些期望，他们必须参与制订的过程，并不断跟踪其效果，从而有效地实施这些期望。

行有所思

1. 期望是否被张贴出来？当校长进行班级巡视时，班级里是否有张贴也是他们判断班级是否制订了期望的标准之一。期望可以被张贴在教室的墙上，也可以通过智能版、投影仪、黑板或其他的途径展示出来。如果要履行这些期望，就应该将之广而告之。

2. 学生的行为是否和期望一致？如果这些期望已经被张贴出来，另一个同样重要的问题就是学生的行为是否和期望一致。

3. 多少时间花在过渡活动上？第三种判断期望是否得以有效实施的方式就是通过评估过渡活动花了多长时间。如果过渡活动时间太长，教师就得重新审视和修改期望。教师、辅导员、校长可以通过班级视频录像来评估过渡活动所花的时间（录音也可以用来参考）。辅导员，校长还可以用智能手机来跟踪一堂课过渡活动花了多长时间。

小 结

1. 如果教师想创建一个积极向上的学习团队，制订和宣传对学生的期望是最重要的策略之一。

2. 行为规范和规则适用于任何场合。

3. 期望适用于一些特定的、单项的学习活动或过渡活动。

4. 在制订的期望中，应告知学生在所有的单项学习活动或过渡活动中如何行动，谈话和行走。

5. 可以一次传授对学生的所有期望，也可以一次传授对于某一项学习活动或过渡活动的期望。

6. 如果学生参与了制订期望的过程，他们会更好地履行这些期望。

Randy Sprick's *CHAMPs: A Proactive and Positive Approach to Behavior Management* (2009), *Discipline in the Secondary Classroom: A Positive Approach to Behavior Management* (2008).

Robert Marzano et al.'s *Classroom Management That Works: Research-Based Strategies for Every Teacher* (2001).

Harry and Rosemary Wong's *The First Days of School: How to Be an Effective Teacher* (1998).

```
                        ┌─────────────────────┐
                        │  第13章  彰显善行    │
                        └─────────────────────┘
                                  │
                              ┌───────┐
                              │是关于 │
                              └───────┘
                                  │
                                  ▼
                            ╱───────────╲
     ╱────╲   ┌────────┐   │  关注学生的 │   ┌────────┐    ╱───────╲        ┌────────┐
    │ 关注 │◀─│通过理解 │◀─│   良好行为  │──▶│通过进行 │──▶│ 有效的 │──────▶│ 非属性 │
     ╲────╱   └────────┘   │            │   └────────┘    │  表扬  │       └────────┘
      │ ╲                   ╲───────────╱                  ╲───────╱
      │  ╲                    │        │                       ╲
      ▼   ▼             ┌────────┐  ┌────────┐                  ▼
 ┌──────┐┌──────┐       │通过建立 │  │通过增加 │           ┌────────┐
 │自上而下││自下而上│      └────────┘  └────────┘           │看重努力 │
 └──────┘└──────┘            │           │                └────────┘
                             ▼           ▼
                         ╱──────╲     ╱──────╲
                        │  联系  │   │ 积极的 │
                         ╲──────╱    │  互动  │
                       ╱    │         ╲──────╱
                      ╱     │             │
 ┌──────────────┐    ╱      ▼             │
 │积极的联系产生正│◀──      ┌────────┐       │
 │能量（哈洛韦尔）│         │ 戈特曼 │       ▼
 └──────────────┘         └────────┘   ┌─────────────────────────────────┐
                             │         │和所有的学生打招呼。              │
                             ▼         │寻找机会表扬学生。                │
                        ┌────────┐     │了解一些学生喜欢的事情。          │
                        │情感投标│     │留心观察学生，发现他们良好的行为。│
                        │欣然接受│     │贴表扬备忘录。                    │
                        │不理不睬│     │制订具体的表扬目标增加一次表扬的人数。│
                        │采取敌对态度│ │调整表扬的方法。                  │
                        └────────┘     │当学生表现良好时，通知家长。      │
                                       │展示学生的善行                    │
                                       └─────────────────────────────────┘
```

第13章　彰显善行

> 当有人肯定我们是有价值的人，值得倾听，值得信任，我们就会更加相信自己。一旦我们相信自己，我们就会产生好奇、惊讶、由衷的快乐或者其它一些能够显现出人类精神的状态。
>
> ——E·E·卡明斯（E.E. Cummings）
>
> 只要对他人正面关注就会大大激发人们做好事的动力。
>
> —— 汤姆·彼得斯（Tom Peters）

制订和传授对学生的期望只是创建一个积极向上的学习团队的第一步。如果这个期望对学生不产生影响是没有实际意义的。我们应该鼓励学生支持学生按照我们所制订和传授的期望行事。要做到这一点，我们必须密切关注学生的行为是否和我们期望的行为保持一致。如果我们让他们知道我们看到了他们的进步，看到他们良好的言行举止，他们会表现得越来越好。教师的关注是强化学生行为的因素，教师如何关注及关注什么对课堂的变化起着至关重要的作用。

一个简单的比喻能说明教师的关注有多么重要。我的同事，也是我的朋友——德瓦娜·顿卡可（Devona Dunekack）养了一盆蟹不兰，她把盆栽放在起居室的窗台上。在透过窗户的阳光的沐浴下，蟹不兰才能长得生机勃勃，德瓦娜因此不得不经常转动花盆，以使每片叶子都可面对阳光摄取生命的能量，否则从外往里瞧难以窥见盆栽的美艳。

在班级里，教师对学生的关注起到的作用相当于阳光对德瓦娜的蟹不兰所起的作用。学生从教师那阳光般的关注中获取温暖，从而调整自己的行为。因此，如果教师只注意到他们那些和期望不一致的行为，对他们进行批评，而没有看到他们的良好行为，看到那些和期望一致的行为，并对这些良好的行为进行表扬，那么就在不经意间纵容了学生的不良行为。那些想得到教师关注的学生常常会无端闹事，他们这样做只不过是为了吸引教师的注意力（Reinke, Lewis-Palmer, & Merrell, 2008）。如果教师留心观察学生的一举一动，看到他们积极参与有意义的活动，或者看到他们互相表示尊重，教师就应及时表扬，做出积极反应，这样才会有越来越多的学生参与有意义的工作，越来越多的学生互相表示尊重，和谐相处。

注意发现学生做的好事并予以表扬的行为，我称之为"彰显善行"。只要我们有意观察学生的一举一动——而不是只盯着学生的不良行为，我们就是在彰显善行；只要我们有意观察学生最大程度地利用学习机会的表现，我们就是在彰显善行；只要我们有意观察学生那些与期望一致的行为，并加以表彰和鼓励，我们就是在彰显善行。

但是彰显善行并不是一件容易的事。对我们大多数人来说，我们很容易忽视学生符合期望的良好行为，而关注其违反期望的不良行为。如果我们能对关注的作用有更全面的了解，就更会懂得彰显善行并非易事。

自上而下和自下而上的关注

在《全神贯注：关注和专注的人生》（*Rapt:Attention and the Focused Life*，2009）一书中，威尼弗雷德·加拉赫（Winifred Gallagher）让我们了解到为何难以做到彰显善行——因为似乎都是刻意为之。加拉赫在书中描述了我们在任何事情上所表现出的两种关注类型——自下而上的关注和自上而下的关注。

自下而上的关注是一种我们看到某事后情不自禁地去注意的一种关注。例如，当我们闻到一股新烘焙巧克力饼干的香味时，我们会情不自禁地注意这股香味。因为它的芳香令我们难以抗拒。自下而上的关注即关注那些令人愉悦的事情，比如香味诱人的巧克力饼干，或者是令人不舒服的事情，比如哇哇啼哭的婴儿。简言之，我们可以把自下而上的关注定义为不可避免的关注。

自上而下的关注则是一种我们强迫自己去注意的一种刻意的关注。比如，当我们驱车在一条高速公路上行使时，我们得刻意注意一些路标，这些路标会告诉我们从哪里下高速。如果我们不那么留意，我们很有可能因错过这些路标而迷路。自上而下的关注是我们必须留意的一种关注。如果我们不提醒自己去观察我们所要寻找的东西，我们就会忽略它、遗忘它。

在一个班级里，那些学习任务难以完成，或行为举止不当的学生往往会引起我们自下而上的关注。比如，看一看班里的 32 名学生，其中有一个学生调皮捣蛋，经常完不成学习任务，那么你会注意全班的哪一个学生呢？毫无疑问，一定是经常完不成学习任务的那一个。要想真正地彰显善行，我们应该告诫自己去留意观察那些正面的事情，而不仅仅是那些负面的事情，我们得学会使用自上而下的关注。

如果我们的关注像上文所提到的照耀蟹不兰的阳光，那么我们对不端行为的那种自下而上的关注就不应该是主导我们和学生交流的方式。确实，我们应该努力做到对正面事情的关注大大多于对负面事情的关注。有些作者指出正面和负面的关注比例应该为 9 比 1。还有的作者说是 3 比 1（一些来自教学领域外的研究数据表明）。例如约翰·戈特曼指出，在健康幸福的婚姻里，正面和负面的关注度比例至少为 5 比 1（1994）。戈特曼写道："不稳定的婚姻，随着时间的流逝……其模式为正面和负面的因素高度的不平衡。"（p.380）马西亚尔·洛萨达等人（Losada，1999；Fredrickson & Losada，2004）研究了60多个不同的公司，观察他们的工作团队，倾听他们的会议谈话，最后他们发现，大多数富有成效的团队正面和负面因素的比例为2.9比1。无论这些数据如何，我们都应该把我们最大的关注放在积极的富有成效的行为上，并鼓励和支持这些行为。

正面关注和学习

彰显善行为何重要有多方面的理由，其一就是它能强化良好行为，其二就是它能促进相互联系。学习的主要障碍之一就是缺乏联系，如果学生能和所学联系在一起，能和同学联系在一起，能和教师联系在一起，他们就能从学习机会中获取最大的收益。心理学医生爱德华·哈洛韦尔（Edward Hallowell）在多部书中讨论过领导才能、关注、生产效率等主题，认为善于联系是优秀员工最重要的品质之一。虽然他在《闪光：借助脑科学博采众长》（*Shine:Using Brain Science to Get the Best From Your People*，2011）中的论述针对的是职场员工，但关于"联系"重要性的那番话也非常适用于学生。

> 联系是一种情感纽带，是一个人感到与某人、某个团队、任务、地方、想法，使命、艺术品，宠物，以及任何其他东西有割舍不了的关系，它能激起你的种种复杂感觉，诸如热爱，忠诚，激动，鼓励，舒服，甚至你会为了这种联系做出牺牲。一个员工和外界的这种联系越紧密，这个雇员的工作效率就越高。紧密的联系会产生正能量。一个人对工作投入的正能量越多，他的工作就会干得越好。
>
> 相反，缺乏联系意味着脱离和疏远他人，团队，工作，任务，想法或使命……缺乏联系是现代职场产生低效工作的主要原因之一，但它也是最容易纠正的毛病之一。（p.75）

上述的华盛顿大学约翰·戈特曼教授是研究人类关系学的领军人物之一。戈特曼曾经做过一个研究，他在校园里建立一个公寓，让一对夫妇在周末到公寓住一段时间，这样研究人员可以研究他们是如何交流互动的。为了记录这对夫妇的互动情况，研究人员在这套公寓的起居室、餐厅都安放了摄像机，并用视频记录了夫妇之间上午9:00到下午9:00的全部互动交流的情况。然后，他们重新观看了视频，并对视频进行拆分，有的分段还不到一秒钟。通过分析，他们的结论是：情感联系是健康关系的重要变量。而有些具体的动作，不管是有意识的还是无意识的，都会促进或妨碍健康的联系。对于此项研究，他是这么总结的：

> 我们从研究中得出一个最基本的概念：我们已经发现人与人之间亲密关系的基本

要素，已经得知如何调节人与人之间关系的运作，以及如何解决人与人之间的冲突。所有这一切都建立在日常平凡生活中和他人交流感情的方式，以及周遭的其他人如何对这种交流做出反应。（p.xi）

戈特曼认为，建立关系的重要一步就是要有他所称的"情感投标"，即向他人传递表示愿意与之建立联系的语言或非语言的信息。

> 即使我们尽最大的努力和他人建立关系也可能无济于事，因为我们没有掌握好如何使用"情感投标"的技巧——它是情感传递的基本单位……这种投标可能是提问，手势，一瞥，触摸——任何一个简单表达，其传递的意思是"我想和你建立联系"。对"情感投标"的回应无非是两种——同意或拒绝这种情感联系的要求。（p.4）

戈特曼研究了数千小时数对夫妇交流的录像视频后，得出的结论是情感联系的成功与否取决于表达意愿或接受意愿的方式。当某人向我们发出情感投标，我们如果欣然接受，积极做出回应，将会增加我们之间的情感联系。戈特曼写道："这些积极的反应会导致双方持续的互动，接下来双方的关系将更加紧密。看到这种你来我往互动的关系就像观看一场精彩的乒乓球比赛。"(p.7)

在那些不健康的关系里，人们拒绝他人的情感投标，从而失去了建立情感联系的机会，他们对他人的情感投标采取不理不睬的态度，不做任何回应，有的甚至采取敌对的态度。戈特曼发现那些对孩子采取疏远或敌对态度的家长会对孩子产生长久负面的影响。

> 我们的研究表明，如果父母长期忽略和孩子建立良好的感情联系，甚至破坏这种联系，那么对孩子未来会造成长久的负面结果，他们积极的情感会越来越少，消极的情感会越来越多，他们很难发展和朋友友好相处的社交技能，这不仅影响他们的身心健康，同时也影响了他们的学业。（p.18）

戈特曼的研究对教师为什么要当好事的见证人提供了另一个理由，即当教师看到学生做正确的事情，并对此加以鼓励，会促进他和学生之间的情感联系。正如我们所看到的那样，加强联系对学生的成功来说至关重要。并不是每一个学生都觉得有必要和教师建立联系，但是如果学生感到有需要和教师建立联系，我们就应该促进与他们的联系，否则就会伤害学生。

如何彰显善行

彰显善行实际上就是花时间关注学生的一举一动，并对促进个体学习或集体学习的良好行为进行鼓励。近年来，我的许多同事（包括兰迪·斯普瑞克、温蒂·莱茵克，堪萨斯州教学辅导项目的辅导员，俄勒冈州比弗顿市的辅导员）对怎样增加正面关注提出来许多很好的建议，其中的许多建议可见《课堂管理的辅导》（*Coaching Classroom Management*）。

如何增加正面关注的方法之一就是教师把每天希望看到的行为一一列出来。这些行为也许都是一些非常简单的事情，比如打铃时做好上课准备，全神贯注于某一项学习活动，认真倾听别的同学的发言，或在某一项学习活动中采用正确级别的声音。

彰显善行并不意味着我们仅仅只把焦点放在学生某些特定的行为上，其主要目的是建立和学生之间的联系。上文提到的哈洛韦尔（2011）的建议"我们应该从有意识地建立联系起步"。

> 把和他人建立联系作为头等大事。保持对他人的新鲜感和兴趣感……使用你最熟悉的工具——自己——和他人建立联系，并帮助他人联系更多的人，这样让你所领导的下属发挥出最好的一面。（p.98）

在一家名为"英国教师电视"的英国网站播放过许多优秀教学的录像，其中一个短片（现已撤下）里一位教师介绍了她与学生建立联系的做法。每个周五，她都会坐下来列出她班里所有学生的名字。然后，她审视这张名单表，看看遗忘了哪位学生、哪位学生被列在名单表的最下面。接下来，她会想一想她是否忽略了或忘掉了学生中的那些特有强项。从下周一开始直到周末，她就会留意这些学生，并注意他们的一些强项。她会经常重复这个过程，永远关注学生的长处，永远把焦点放在和学生建立联系上。教师还可以采用其他的策略和学生建立良好的联系，其中有些策略可见下面表框中的内容（许多策略最先见于Sprick, Knight, Reienke, McKale, & Barnes, 2010）。

加强积极的联系

- 当学生进入教室时，和每一个学生打招呼（特别注意要和那些近期与自己有过不愉快交流的孩子打招呼）。

- 寻求积极的（合适的）交流，这种交流并不是取决于行为的好坏。

- 了解一些学生喜欢的事情（活动，球队，兴趣，等等）并和他们一起谈论这些事情。

- 留心观察学生，发现他们良好的行为（对此做出评价，并感谢学生，等等）。

- 注重表扬或注重勤奋而不是天赋（谈论学生的学习刻苦精神而不是讨论学生的智力）。

- 注意抓住机会表扬学生的行为和学生的学业。

- 贴表扬备忘录（把表扬备忘录贴在教室里，或贴在你的教案里）。

- 制订具体的表扬目标（表扬今天每一位把书拿出来的学生）。

- 通过把所有良好行为学生的名字说出来，增加一次表扬的人数（米歇尔，莉.苏珊，珍妮，谢谢你们这么快把书拿出来）。

- 调整表扬的方法。

- 给表现好的学生家长打电话，或发邮件。

- 给家长寄明信片表扬他们的孩子。

- 把学生的作业在教室醒目的地方展示出来。

- 如果学生的不端行为只是想引起他人的注意，忽略这些小毛病。

追踪记录师生之间的积极互动

在有关讨论课堂管理和正面行为的文献里，当论及师生之间的积极互动时，常常用到"师生互动率"（Reinke，Lewis-Palmer，& Merrell，2008）。正如上文所述，判断积极互动和消极互动并无一定的标准，但据有关文献提供的数据，我认为，判断积极互动的最低数量标准是教师对学生的正面关注至少是对其负面关注的 3 倍。在我们对教师上课行为的多次随机观察中，我很少看到教师的正面关注多于负面关注，其比率常为 1 比 6，有时正面关注的占比更小。

正面关注和正面谈话并不完全是一码事，正面关注就像我上文所提到的阳光。正面关注基于学生的表现，而不是基于我们说话的语气。"阿历克斯，我知道你是一个好学生，你会马上坐下来学习。"这句话听起来是正面的，但是却显示出教师注意到的是负面行为。在那一时刻，我们关注阿历克斯是因为他没有学习。这并不是说我们不应该纠正学生的负面行为——绝对必须——在下一章，我将讨论有效纠错。然而，如果我们要弘扬那些良好的行为，我们就应该把注意力更多地放在正面行为上，而不是负面行为上。

我们可以通过录像或录音追踪记录班级的情况，看看我们关注学生的正面行为有多少次，关注学生的负面行为又有多少次。我们还可以追踪记录对学生个人的关注以及对学生小组的关注次数。或者我们还可以了解我们是怎样和不同性别，不同种族，或具有其他显著特性的学生进行交流的。

如果你决定通过录像记录班级的情况，那么可以在上课时在你身后安放一台微型摄像机。上课一开始，你就按下录像键，虽然拍不到你的脸，却能记录下学生对你的反应。

下课后，一边观看录像一边做记录。你如果有一张学生座位图，看到学生的正面行为时进行了表扬，在相应的名字下打一个正号，看到学生的负面行为时，你进行了批评，在相应的名字下打一个负号。如果你对全班提出表扬或批评，就在座位图的一侧标上一个正号或负号。

当然，你可以追踪记录这些负号或正号，你也可以追踪记录下你表扬男孩或女孩的次数，你还可以重新核查你认为是有效的观察数据。

在一个学区我和辅导员们一起参观了一百多个班级。我们发现，关注学生的正面行为和关注学生的负面行为的比例是 1 比 6。如果你的班级也是这个 1 比 6 的比例，你该怎么办？它将会对学生的学习以及对课堂文化产生什么样的冲击？

大多数采集课堂数据的教师会对他们的数据表示吃惊，甚至震惊。但是录像是不会撒谎的。只有对课堂情况了如指掌，教师才能开始真正有效的专业教学——这样才对学生的学习产生有效的正面影响。

彰显善行有可能事与愿违吗？

正面关注若被认为是负面关注就不起任何作用。从最基础的层面来看，如果正面关注是不真实的，通常会产生负面的效果。当听到虚心假意的评论时，孩子会和成人一样发现其中的破绽，他们的反应也会和成人一样。哈洛韦尔这样说：

> 在努力和他人建立联系时，你应该表示出应有的真诚。一个经理读了一篇关于良性互动的文章后，说道"我明白了，在工作时我应该戴上笑脸按钮"，他这样做只会适得其反，得不到他想要的结果。虚假的笑脸，牵强的关系，必然会产生负面结果。但是，如果你积极地投入自我，如果你真诚地关注他人、欣赏他人，就会营造出一种积极互动的良好氛围。（p.86）

哈佛大学的罗伯特·凯根等人（Robert Kegan and Lisa Lahey，2001）对怎样提供正面信息提出了一条辅助性建议，他们认为提供正面信息是"一种时时关注别人感受的语言"，这种语言有其特点。罗伯特·凯根等人强调，真心的、欣赏的、钦佩的反馈必须是直接的、具体的、非笼统品性的。据罗伯特·凯根等人解释，所谓"非笼统品性的赞扬"是说赞扬他人时要对其所做的事情而不对笼统品性，这样效果更好。他们说道：

> 你可能觉得奇怪，当我们劝你不要发出类似这样的评论："卡洛斯，我想让你知道我多么欣赏你的慷慨大方"（或是"你可真有幽默感"，或是"你总是知道该说什么"），或是"爱丽丝，你真有耐心"（或"如此敏捷""永不言弃""在别人需要你时，你永远在场"）等等，这些听起来对有些人来说如此受用的语言。这样的评论可能会有什么问题呢？
>
> 我们认为问题在于：你所赞扬的这个人，不可避免地也会非常自然地把你所说的话和他的自我了解联系起来。你评论卡洛斯慷慨大方，但卡洛斯明明知道他自己很大

方。你说爱丽丝她非常有耐心，而爱丽丝知道她对你确实很有耐心。（p.99）

"非笼统品性的赞扬"要赞扬的是可证明某一良好品性的事例，而不是良好品性本身。比如你表扬一个学生时，与其说："你真是一个善良的人"，还不如说："你对约旦的夸奖，确实给了他很大的鼓励。"同样，与其告诉学生"你学习很努力"，还不如告诉他，"我敢说，你写这篇文章下了苦功夫，因为写得真的不错"。

卡罗尔·德韦克（Carol Dweck）关于表扬的研究有助于我们了解如何得体地彰显善行，该研究的成果见之于她在《心态：成功的新心理学》（*Mindset:The New Psychology of Success*，2006）这部常被引用的书中。www.highlightsparents.com 网站对她进行了采访，她也谈到了该研究成果。

> 家长必须停止赞扬孩子们的智力。我的研究表明，赞扬孩子的智力远不能提高孩子的自尊心，相反，会使得他们变得更脆弱，并挫伤他们学习的积极性。赞扬孩子的智力会让他们形成固定的思维模式，害怕犯错误，当某事对他们来说有一定难度时，他们会失去自信。相反，家长应该赞扬的是过程——他们孩子的努力精神，方法策略，持之以恒，或改善进步。这样，孩子们将会愿意接受挑战，并且知道怎样坚持一项工作，甚至是很难的工作。

彰显善行现在听起来是一件相当复杂的工作。"一种时时关注别人感受的语言"必须是直接的、具体的、非笼统品性的，强调的是努力而不是智力。这并不意味着我们在评论任何一件事情时都要瞻前顾后，谨小慎微，担心每一句话的细微差别。首先，当我们看到学生良好行为时，我们应该对此做出评论。我们的评论必须是真实的，否则，就会适得其反。在我们和学生互动的过程中，如果对学生的批评和对学生的表扬的比例为 6 比 1 时，我们的首要任务就是要改变这个比例。其次，在我们已经养成了留意学生的正面行为并及时做出表扬的习惯后，我们就该改进我们的语言——力求把焦点放在努力上而不是聪明上，对学生的评论应该是直接的、具体的、非笼统品性的。

我们还可以用微型摄像机来记录我们的评论，它可以记录我们对学生正面关注的方式。如果我们尽力把注意力放在学生的努力上，经常记录我们的课堂教学，和教学辅导员一起合作，那么我们就能养成一种好习惯，真正有助于学生的学习，帮助他们成长。

化思为行

对学生

1. 对学生进行问卷调查，通过调查可以知道他们对什么最感兴趣。在这本书的合作网站 www.corwin.com/highimpactinstruction 上可以查到类似的例子。可以询问学生他们喜欢的球队、音乐，书籍，电视节目，或其他的爱好；还可以询问他们所喜欢的活动，他们是否有宠物，或其他任何他们喜欢或热爱的事情。

2. 当你收齐了所有的问卷调查后，仔细地查看，尽可能多地了解学生，然后花时间和学生进行一对一的谈话，和他们交谈他们独有的兴趣爱好。

3. 利用不同的方式帮助学生彰显善行，可以向学生直接传授这些方式，让他们进行体验式学习，或给他们一些难度较大的任务。如果学生学会了留意身边的好事，并学会夸奖这些好事，那么他们就看到了同学们的进步，取得了双赢或多赢的结果。

4. 给学生下达一些任务，让他们观察发生在学校的和家里的好事，并汇报他们看到的情况。设想一下如果全校上上下下（学生、教师以及其他的成年人）都力图彰显善行，那会发生什么奇迹？

对教师

1. 弄清师生互动率，即你对学生正面评论和负面评论的次数之比。教师可以用视频录像或音频比如智能手机记录课堂情况。或者让教学辅导员来教室收集有关资料。

2. 一旦你知道你们班的现实情况，制订一个目标，让正负比例至少达到 3 比 1，而我建议这个比例应更高，达到 5 比 1。

3. 参考一些增进正面关注的方法或和你的教学辅导员合作去采用一些方法来大大提高你对正面行为的关注。

4. 在班里用视频或音频记录你本人的改善师生互动的情况，或者让教学辅导员记录相关数据。

5. 收集你对班级里正面行为和负面行为关注的数据。学生干扰教师教学或干扰同学学习这一类的行为都属于负面行为。研究表明，当教师对正面行为关注的比例增高，学生的负面行为就会降低（Reinke，Lewis-Palmer，Merrell，2008）。

对教学辅导员

1. 持之以恒地观察教师，直到观察的标准达到恒定一致，或者和另一个辅导员一起观察教师（到班级里去观察或者观看录像，直到最后两人观察的方式趋向一致，打分的标准趋向一致）。

2. 和教师一起研究如何提高正面关注的比例，收集足够的数据来了解有关如何和学生积极进行交流。

3. 对教师进行访谈，观察课堂情况，参阅诸如辅导课堂管理等有关书籍，探索出更多途径来增加和学生的积极交流。

4. 通过收集数据、制定目标、用班级录像视频记录和师生合作等种种方式来帮助教师提高和学生积极交流的比例。

对校长

1. 发起全校范围的讨论，鼓励大家就如何提高师生互动率出谋划策，制订一个目标比例，比如，正面互动和负面互动的比例为 5 比 1。

2. 检查有关提高师生互动率的实施情况。

3. 为开展关于创建积极学习氛围的对话，可主持有关的读书活动，可供研读的书如马·塞利格曼（Martin Seligman）的《茁壮成长》（Flourish）或卡洛琳·德伟克（Carolyn Dweck）的《心态》（Mindset）。

4. 以身作则，审视自己是否能积极和他人交流，留意身边发生的好事，努力彰显善行。

行有所思

1. "关注"指的是教师留意学生的行为，并对他们的行为作出评论，或采取的行动。

2. 当教师关注学生那些有助于个人或小组学习的行为时，我们称这种关注为正面关注。

3. 当教师关注学生那些不利于或有损于个人或小组学习的行为时，我们称这种关注为负面关注。

4. 师生互动率可以通过表格的形式记录下来，参见表 13.1，更多的相关信息可上网查询 www.corwin.com/highimpactinstruction。

5. 在座位图（见图 13.1）上可以用正符号进行标记。当你对学生的正面行为进行了表扬时，在相应的名字下打一个正号，看到学生的负面行为时，你做出了纠正，在相应的名字下打一个负号。如果你对全班学生进行表扬或批评时，在座位图的一侧标上正号或负号。

表 13.1　师生互动率

鼓　励	纠　正

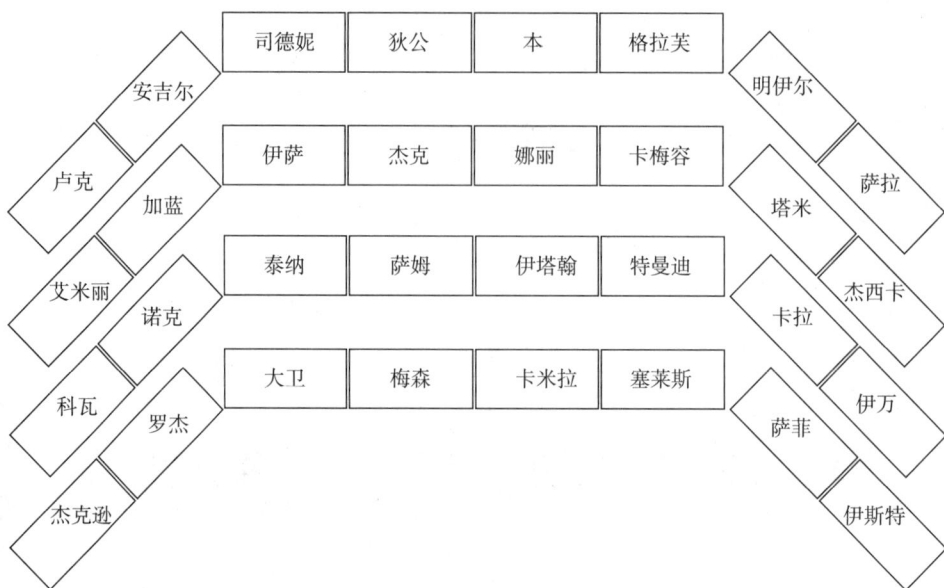

司德妮　狄公　本　格拉芙

安吉尔

明伊尔

伊萨　杰克　娜丽　卡梅容

卢克　加蓝

塔米　萨拉

艾米丽　诺克

泰纳　萨姆　伊塔翰　特曼迪

卡拉　杰西卡

科瓦　罗杰

大卫　梅森　卡米拉　塞莱斯

萨菲　伊万

杰克逊

伊斯特

图 13.1　座位图

小　结

1. 留意学生的行为可以强化关爱学生的行为。

2. 彰显善行并不是一件容易的事情，因为我们更倾向于注意那些不端的行为，而没去注意那些关爱学生的行为。

3. 彰显善行更容易和他人建立关系，良好的关系能产生正能量。（Hallowell，2011）

4. 教师可以通过很多方式增加正面关注。

5. 教师可以采用视频录象或录音或其他方式来跟踪记录他们对学生进行正面评价的频率。

6. 有效的正面评价是非笼统性的（Kegan&Lahey，2002）。这种评价注重的是努力，而不是诸如智力这类固有特性（Dweck，2007）。

拓展阅读

Randy Sprick's *Coaching Classroom Management: Strategies and Tools for Adminstrators and Coaches* (2010).

Winifred Gallagher's *Rapt: Attention and The Focused Life* .

John Gottman's *The Relationship Cure: A5-Step Guide to Strengthening Your Marriage, Family, and Friendships* (2002).

Kegan and Lahey's *How the Way We Talk Can Change the Way We Work* (2001).

Carol Dweck's *Mindest: The New Psychology of Success* (2006).

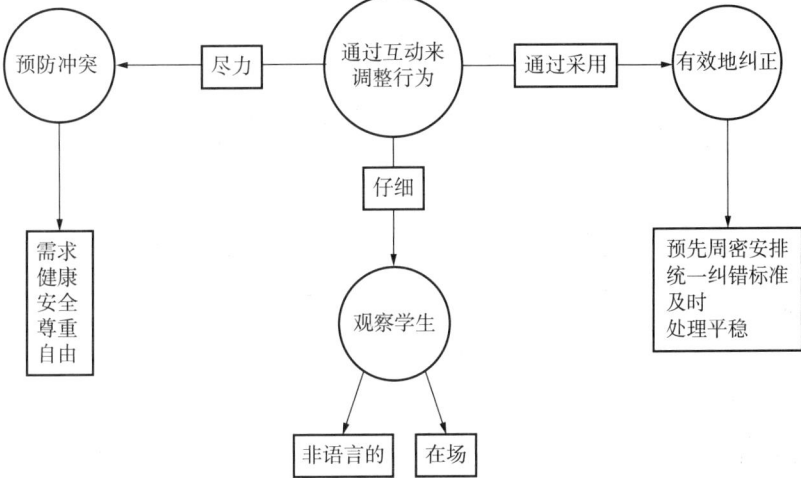

第14章 及时纠错

> 人本质上是善良的。如果你热爱他们，赋予他们安全感，他们就会用爱来回报你，他们的情感和行为也会更和谐。
>
> ——亚伯拉罕·马斯洛（Abraham Maslow）
>
> 艺术的天敌就是缺乏限制。
>
> ——欧尔逊·威尔斯（Orson Welles）

汤姆·胡拉多（Tom Jurado）来到美国中西部的一座大城市任教学辅导员两周以后，就有一位新来的教师克莉丝汀·威尔逊（Kristin Wilson）向他求助。克莉丝汀有些生气地对汤姆说："我一直在找你，你得帮我管管我的学生。"汤姆答应去克莉丝汀的班看一看。两天后，他来到了克莉丝汀的班，对班里所发生的一切没有丝毫的心理准备。

如果说克莉丝汀的班级完全失控也许有些言过其实。但是汤姆看到的是，上课期间每一个学生都会在某一个时段开小差。克莉丝汀对这些学生既尊重又友好，但是学生完全不听她的那一套——上课迟到；课堂上大声喧哗；有的学生甚至对其他的同学大吼大叫；两个女生上课时背对着教师，其中一个给另一个编辫子；两个学生在打牌。

"哇，"汤姆想，"这正是我在这里将有所作为的一个班，我要让它产生变化。"他坐下来开始和克莉丝汀交谈，但这次谈话进行得非常艰难。克莉丝汀告诉他有关学生的生活情况，学生所面临的挑战，学生所经历的侮辱。她说，"我不知道是否还会有人会比我对学生更友善"。克莉丝汀谈到自己努力给孩子们一个安全、自由的空间，让他们做真正的自己。但是当汤姆问及她上课是否愉快时，她显得很冲动，一直摇头说不。他们俩说到此刻时，上课铃响了，克莉丝汀不得不回到教室，汤姆也不知道下一步该怎么办。

汤姆和克莉丝汀并不是现实生活中的真实人物。他们只是我为了在专题研讨会上和其他的教育家讨论一些案例时杜撰的两个人物。但是上面说到的案例却是真真切切的。因为我在和教师、教学辅导员、校长们讨论教学时，他们都给出了不同版本的同样情况的案例。有些人说到他们曾经和像克莉丝汀这样的教师工作过，更多的人则承认他们刚开始当教师时，经历和克莉丝汀非常相似。在我们的教学专题研讨会上，不止一个参会者说道：

"那就是我。"

我们在研讨会上基本上达成共识——尊重学生不仅仅只是对他们示好。正如许多参会者所说的那样："如果我们要尊重学生，我们必须保证他们能学到许多东西。我们应该对他们有高的期望，我们应该为他们创建一个让他们能发展的空间。要做到这一点，我们需要确保他们专心学习，尊重他人，从他们的学习经历中获取最大收益。"

毫无疑问，制订期望并向学生传授期望，彰显善行，保持较高的师生互动率（正面交流和负面交流的比例至少是 5 比 1），这些都是非常重要的策略。但是一旦学生踏出期望的底线，我们就应该及时批评他们。只表扬而不批评学生就好像只管种花，给花施肥浇水，却不管除草。那么很快野草就会吞噬花园，花也就停止了生长。在课堂里，不端的行为就好比野草，如果教师不加以制止，它们就会占上风，任何有意义的学习就难以进行。

有些教师不愿意批评学生，因为它们不愿意面对学生那些生气等负面反应。还有些教师不愿意纠正学生，怕学生会拒绝做他们要求做的事情，导致师生冲突，影响他们在学生中的威信。所以他们选择对学生的错误采取不闻不问的态度。

有的教师认为并希望通过友善地对待学生以维持一个良好的学习环境。不幸的是，仅有爱却没有组织纪律是不够的，就像仅有组织纪律却没有爱一样。弗雷德·琼斯（Fred Jones）在他的那本畅销的教学手册《教学工具》（*Tools for Teaching*，2007）中这样写道：

> 有些新入门的教师总是以为只要他们热爱自己的学生，善待他们，一切将会变得美好。这只不过是新手老师甜美的梦而已，而那些富有教学经验的教师听了会一笑了之。
>
> 当你走进教室，面对 30 名学生，绝不是你凭着略施小计就能应付的。通常你会被他们打垮，退缩到一个角落。此时你会意识到你正在失去你的学生，你不得不去想办法把他们争取回来。
>
> 要想成功，你需要爱和技巧，两者缺一不可。有爱却没有技巧是徒劳无益的。如果你不能熟练地驾驭这两者，那么，你会失去培养孩子的能力，四处碰壁。（pp.160-161）

预防冲突

引导学生走上正轨最有效的方式之一就是防微杜渐，防止矛盾必须从源头做起。哈佛大学的研究人员和谈判专家威廉姆·尤里（William Ury）在所撰写的书中用大量的篇幅讨论如何解决在不同的地方——外面的世界，工作场所，家庭，学校——所产生的矛盾。在《达到和谐：化解家庭，办公室，世界所产生的矛盾》（*Getting to Peace, Transforming*

Conflict at Home, at Work, and in the World, 1999）一书中，他解释到，预防是控制矛盾的最好方式。他的座右铭是："如果有必要请给予包容，如果有可能请帮助解决，提前预防最为明智。"（p.113）对尤里来说，"我们面临的挑战就是要学会将预防嵌入到日常生活中"（p.116）。对于一个想创建安全有效的学习环境的教师来说，也面临着同样的挑战。

基于马斯洛所做的研究（1954），尤里提出，绝大多数的冲突或谈判的症结都是由于没有满足某种需求，联合国的圆桌会议上是如此，幼儿园孩子的课桌上也是如此。"不论表面争执的是什么问题，争执的根本原因在于人类的需求被剥夺，这些需求包括爱或者尊重。剥夺这些需求会导致人们会欺负他人，使用暴力，或者抢夺他人的东西"。（p.118）

尤里的评论对教师来说有直接的含义。要预防班级里的矛盾，方式之一就是要考虑如果一个学生在班里捣乱是否是由于他的基本需求没有得到满足。尤里认为健康，安全，尊重，自由是每一个人最基本的需求。如果教师时时考虑学生是否获得了这些需求，时时考虑怎么去保证学生在"健康，安全，尊重，自由"方面的需求（p.118），就能防止不良行为的发生。

需　求

- 健康
- 安全
- 尊重
- 自由

健康。健康这一需求对学生的行为有巨大影响，但不幸的是，教师最难把控这一需求。学生是否吃饱、吃好，睡眠是否足够，是否吸毒，身体是否健康等因素都会大大影响他们在班里的表现。学校会给他们提供免费的午餐，或者是优惠的午餐，教师会鼓励孩子充分睡眠并告诉家长睡眠对于学生学习的重要性。有些学校会为家长举办一些讲座，讨论有关营养、养生或者健康的话题。同时学校还会为学生开设一些课程，诸如毒品对身体的危害。

教师还可以通过布置适当数量的家庭作业让学生很容易有充裕的睡眠时间。练习是学习的一个重要组成部分。但是如果给学生布置太多的家庭作业，那么他们不得不熬夜完成，而得不到足够的睡眠，到头来反而会影响学生的学习。因此你可以不时地问问学生头一天晚上花了多少时间写家庭作业。

安全。马斯洛认为安全意味着远离危险。如同在日常生活里一样，学校也会存在危及学生的心理和身体安全的危险。例如，如果一个学生害怕放学后会挨另一个同学的打骂，那么他就很难把注意力集中在学习分数的乘法上。为了增加学生的安全感，许多学校开设了反欺凌课程，教给学生一些非暴力的交流方式和解决问题的技巧，通过这些课程，他们可以学习如何用非暴力的方式解决争端。

在教室里，教师应该竭尽所能创建一个心理安全的学习环境。学生有了心理安全感，才愿意在这个环境里学习。在这个环境里，他们可以自由地表达自己的想法，而不用顾忌班里任何人的讥笑或侮辱。因此制订一个清楚明白的行为规范和期望以保障学生的心理安全是至关重要的头等大事。要创建一个安全的学习环境，教师必须保证让每一位学生了解和学习对他们的期望，留意他们是否遵守这些期望，做到对于遵守规范的学生给予鼓励，对于没有遵守期望的学生及时批评，从而加深他们对这些期望的印象。

尊重。每一个人——不论是成年人还是孩子——都渴望得到尊重，尊重是人类最基本的需求之一。尤里（1999）是这么描绘人类对尊重的需求的：

> 人类有许多情感需求——希望被爱，希望被认可或认同，希望有归属感，希望知道人生的意义和目标。如果所有这些需求能总结成一个词，那就是希望得到"尊重"。人们都希望自己能得到他人的承认和尊重。(p.121)

尊重是双向的——给予和接受。我们尊重别人，我们也得到别人的尊重。通常如果要想得到他人的尊重，我们必须尊重他人，即使别人表面上看起来对我们不那么尊重。在班级里尤其如此。学生可能以上千种不同方式打扰班级的平衡，教师可能会表达愤怒或不满情绪。然而，如果教师失去了耐心，对学生大发雷霆，那将会带来更大的麻烦。

如果学生感到自己得到了尊重，那么许多的冲突是能够避免的。教师可以通过许多简单的方式去表达对学生的尊重，比如真心地倾听学生，移情于学生，尊重学生的想法和认可他们的努力，并加以鼓励，彰显善行。同时我们也可以通过避免一些不礼貌的行为来表示对学生的尊重，比如我们不能打断学生的发言，不能讥笑学生的想法，不对他们挖苦打击，我们更不能利用自己的职权对学生指手画脚，大吼大叫。简言之，我们应该以尊重的方式对待他们，像对待受我们尊敬的成年人一样的方式对待他们，像我们希望别人对待我们的方式那样对待他们（详见第10章）。

自由。尤里说："在每个人的内心深处，都渴望自主和自己掌控自己的人生，甚至连小孩子都愿意自己独立行事而不想借助成年人的帮助。"(p.123)大多数学校极大地限制了学生的自由，这就成为了班级里另一个冲突的来源。

教师满足学生需求的另一个方式就是给他们提供选择。即使简单的选择也会有助于减少班级里的紧张情绪。我在北卡罗莱那州曾经观摩过一个年轻的优秀教师的西班牙语课。她用提问的方式妥善地解决了一个棘手的问题，当时一个学生正在考验她的底线。下面就是我当时听到的情况。

"我不想参加小组活动，"那位学生说。

"行"她回答道。"你可以选择，如果你不参加小组活动，你可以阅读今天学的这一章，并在这一章的后面写出所有问题的答案，你选择哪一样？"

"写出所有问题的答案？"那位学生问道。

"对，这由你选择。"

"那我还是参加小组活动吧。"

"选得好，"教师回答道。学生被拉回了正轨。

教师可以给予学生自主权，并且把选择纳入到在每天的教学进程里。学生可以选择他们想学习的主题，他们喜欢的学习形式，他们想看的书籍，还可以选择他们在每一项学习活动上所用的时间。学生在制订班级的期望和规章制度上也可拥有发言权，他们还可以积极参与学习团队的建设，其目标就是创建一个学习者的团队，在这个团队里，每一个人起码能提出一些建议，这个团队至少能体现一些民主的原则。尤里叙述如下：

> 民主不仅仅只是投票……民主是参与决策，在共享权力的框架下达成协议，投票很容易导致分歧，是以决出胜者和败者作为结局。相反，在合作性的民主里，人们致力于整个团体达成一致的意见。（p.157）

为了满足学生自主的需求，教师应该把选择纳入到所有的学习活动中去。本书第11章对此有详细的阐述。

观察学生

威廉姆·尤里（1999）写道，"冲突并不是一触即发的，而是有着逐步升级的阶段。它会随着时间逐步升级，……（或许正是因为如此）我们要采取的最重要的行动，就是注意危险的预警信号"。（p.171）

尤里的这番话也同样适用于班级。班级里的大矛盾通常是由小问题引起的。如果我们能把小问题扼杀在萌芽状态，让大的问题没有滋生的土壤，让它不能干扰学生的学习，那么我们就可以避免师生产生矛盾，也可以避免形成恶劣的学习环境。通过时时观察学生的动向，对学生小的错误进行提醒，教师就可以防止大的冲突发生。

教师应密切关注学生，当学生的行为能和期望保持一致时，及时鼓励他们，当学生的行为偏离期望时，能及时纠正他们，让他们返回正轨。

雅各布·库宁（Jacob Kounin）40多年前主持的一项研究发现，教师随时关注全体学生的重要性（1970）。在观看了49盘录制一年级或二年级任教教师教学实况的录像带后，库宁从这些教师身上发现了最佳课堂管理技巧。他发现最优秀的教师就是那些随时关注学生的教师，即时刻留意学生，当看到学生的不良行为时，及时和他们进行沟通。

教师必须是目标明确的观察者。他们应该不时地用心观察学生的一举一动，例如，学生对学习是否投入，学生在班级里是否感到舒服、愉快。教师还需要观察学生的身体语言来辨清他们是否感到困惑，还应该常常和学生一起检查他们的进步情况。教师还需要在教室里不同的学生小组之间走动，听取学生的意见。安妮塔·阿彻和查理斯·休斯（Anita Archer and Charles Hughes，2011）建议教师应记录从各学生小组听到的建议，并把这些建议回馈给全班学生——这也是彰显善行的一种形式。

关注学生是重要的，但看到学生的一些违反规章制度的行为你该采取什么行动则更为重要。当你纠正学生的错误时，应本着双方互相尊重、有利于学生学习的原则，要使纠错取得实效，教师应该冷静、预先周密安排、统一纠错标准、及时、处事平稳，下面我将分别阐述这几个纠错技巧。

有效地纠错

冷静。教师在给学生纠错时，应保持冷静，否则，这种纠错是无济于事的。如果教师只会冲着学生发火，那么，只会适得其反，让学生分心，反而大大影响他们的学习。

如果教师当着全班同学的面批评某个学生，这个学生这一天就会没法安下心来学习。教师当众发火不仅只影响到受批评的那位学生，而且影响到了班里其他的学生。正如我们前面的章节所提到的那样，情感是有传染性的，当教师向某个学生表达他的愤怒感或挫败感时，他的这种负面情感也会干扰到其他学生的学习。

当教师失控不冷静时，他们的行为传达出一个信号——在文明的群体里，发脾气是可以接受的行为。但是在大多数的情况下，这种行为是不可行的。如果一位教师想要学生在班级里，乃至在他们未来的生活里保持冷静——一项基本的生活技能——那么教师自己必须克制自己，在教室里保持绝对冷静。

在《明明白白的影响》（2011）一书中，我提出了人们可以采取三种方法来保持冷静："识别""体谅"和"克制"。

所谓"识别"，就是找准最有可能导致我们负面情感的一些行为，我们称之为"导火索"。不同的教师有不同的导火索。对于有些教师而言，导火索是学生跟教师顶嘴抬杠，对于另外的教师而言，导火索是学生拒绝学习或侮辱其他同学。对于有些教师来说，上述的问题都是导火索。不管这些导火索是什么，控制我们情绪的第一步就是要清楚哪些行为是引起我们发脾气的导火索，也许我们自己不知道导火索是什么，但是学生知道。有些学生乐于点燃这个导火索，所以教师需要知道自己情感的导火索是什么。

有时我们只要知道引起自己失控的导火索是什么就可以避免我们失控。第二个方法我称之为"体谅"，这也是一个很重要的方法。所谓体谅，就是我们不带着负面情绪来看待某种行为。只有对学生有更多的了解，我们才能对他们的行为进行重构。如果我们了解一个孩子的个人生活经历了什么，我们就会更好地保持冷静。

许多孩子带着多种需求来到学校，其表现形式为恐惧、担忧、焦虑、压力。大多数学生的年龄比我们小，可是他们承受的压力一点也不比我们轻。对于许多孩子来说，成长是艰难的，我们所看到的他们那些生气和抵触的行为实际上和学校的事情无关，倒是和他们生活中遇到的一些复杂问题有牵连。因此我们看到他们那些生气和抵触的行为时，应该提醒自己他们并不是冲着我们来的，而是和他们的需求有很大的关系。

另一种体谅的方式是从客观的角度而不是从个人的角度来看待学生的行为。威廉姆·尤里建议用一种他称之为"登楼厅看戏"的方法，在《不用理会》（*Getting Past No*，1993）一书中，他是这么写的：

> 登楼厅看戏意味着让自己远离本能冲动与情感。……"楼厅"比喻的是一种保持情绪与心智上超脱的态度。在楼厅里你可以冷静地评估冲突和矛盾，好像你是一个旁观者。你可以站在第三方的角度为冲突的双方提出建设性的看法，寻找一个双方都满意的解决矛盾的方式。(p.38)

识别那些可能会引起你发火失态的导火索，对学生的行为予以体谅，可以帮助你控制自己的情感，但是我们还需要采用一些策略来"克制"我们的负面情感。最有效的"克制"方式就是在我们做出反应之前稍作停顿，三思而后行。有些教师在对学生的行为做出反应之前，采取从 1 数到 10 的方法。还有一种控制自己情感的方式是对听到的话进行转述。在某些情况下，如果你确实感到心中怒火难耐，可以这么说："我需要求助……伊森，但我马上回来和你重新讨论这个问题。"

我的朋友罗伯特·西尔（Norbert Cyr）曾是加拿大陆军的一名负责公共事务的官员，是他使我不经意间了解了教师为何要在教室里保持冷静的缘由。有一次，我和罗伯特观看加拿大陆军公共事务部兴办的一次模拟培训活动，一位初级军官跑着去完成一项任务，罗伯特看到后，转过身来对我说，"军官绝不能跑，它会造成整个部队恐慌"。

罗伯特的意思并不是说一个军官在任何情况下绝不能跑着去执行任务，他这句话的要点是无论情形有多么紧张，一个军官必须保持冷静。在别人看起来高度紧张的情况下，一个领导仍然能保持冷静的头脑，这就很好地体现了他作为领导的驾驭能力。如果一个领导能保持冷静，那么他（她）的这种态度会减轻其他人的压力。

类似的例子还有很多。在我们日复一日的教学工作中，总会碰到学生点燃导火索的情况。面对这样紧张的情况，如果有可能的话，教师应该尽量保持冷静，教师在班级里应付困境的方式对教室里每一个学生都有潜移默化的影响。

预先周密安排。当我的孩子们玩冰上青春曲棍球的时候，在游戏中我不知不觉地充当起了裁判的角色。尽管这些孩子们年龄都很小，但是我马上意识到这场游戏包含着多么复杂的内容，虽然我们只是看到 12 个孩子在冰面上跑动（他们的家长在沙地上观看比赛）。一场曲棍球比赛包含有许多要处理的数据，我们很难决定什么时候暂停比赛，什么时候该继续进行比赛。

为了保持比赛规则一致，不用花更多的精力对每次球场上所发生的每件事情做出裁定，我制订了一系列的规则，这样我知道什么时候该罚点球，什么时候不用罚点球。例如当一个球员的球杆碰到了另一个球员，裁判可以决定是否喊停。但是如果每次当球员的球杆接触到了另一个球员，你都喊停，那样的话，会有很多的球员被罚下场，导致比赛的节奏会十分缓慢。于是我重新制订了比赛规则，决定只有当球员被另一位球员的球杆碰倒在地后，我才喊停。这样我也可以花更多的精力注意比赛时发生的其他状况了。

通过事先制订好比赛规则，我在场上就可以从容裁定球员什么情况为违规，什么时候球员可以被罚下场，这样我也就不用在比赛出现状况时心慌意乱，不知道如何裁决为好。同样，教师也应该事先制订好纠错标准，这样他们可以把注意力聚焦在教学这门艺术上，更好地为学生服务。反之，如果事先没有制订原则，当一个学生出现捣乱行为时，教师就会手足无措，不知道怎么处理，这样教师就会失去在学生中的威信，也累得筋疲力尽。

事先制订好纠错标准同样也能帮助教师在教学的其他方面做出更好的决定。我们一次能考虑的内容是有限的，我们一次处理信息的能力也是有限的。如果我们一次要考虑的东西越多，我们就越难做出好的决定。当我们的大脑充斥着太多的信息，即认知心理学家所称的认知超载，我们就难以做出好的决定，或者做出的决定太草率。反之，如果我们事先制订好纠错标准，就可以减轻我们的认知负荷，解放我们的大脑，让大脑腾空，为教学的其他方面做决策。

我曾经问过兰迪·斯普瑞克应该如何纠正学生的缺点，他给了我很好的建议。他告诉我，教师应该把他们在教室里遇到的最常见的不良行为列成一张表，然后在这些不良行为的旁边写出在第一次、第二次、第三次看到这些不良行为时如何进行纠正的方法。例如，课堂上最常见的一个不良行为就是学生上课私下说话。在《教学工具》一书中，弗雷德·琼斯估计，学校里大约 80% 受到批评的行为就是上课私下说话。教师可以决定，第一次看到学生说话，他的目光应朝着讲话的方向，用眼光告诉他必须停止谈话。第二次，他可以对学生说："你应该停止谈话，专心听课，否则放学后你得把讲话的时间补回来。"第三次，他可以对学生说："放学后你得留下来，把上课讲话的时间补回来。"

教师如果事先制订好纠错标准，就不用在现场临时考虑和决定哪一个场合下哪一种行为是不允许的，因为他对什么样的行为需要纠正和如何纠正这些行为早已胸有成竹。预先安排也使教师易于统一纠错标准和及时纠错，后面我将讨论这两种技巧。

　　毫无疑问，有时学生也会做出一些让你意想不到的不良行为。有一次，我的一个社区学院的学生由于上课影响到别的同学，我让他离开教室，他就爬到我们二楼教室的房顶，从天窗往里窥望。但是在大多数情况下，学生的不良行为不外乎是以下几种：拒绝学习，顶撞教师，上课时在教室里乱走，打扰其他学生的学习，无视班级的期望。对他们的不良行为应该做到心中有数，这样对我们是极其有利的，因为你知道学生要干什么，你可以事先计划如何对他们的行为做出反应，精心的计划让我们能更从容地管控学生。

　　统一纠错标准。当学生对教师的批评表示不满时，通常是因为他们认为没有得到公平的对待。当然有些学生打"不公平"牌来转移视线，但是有时学生的意见是正确的。如果我们的纠错标准不一致，带来的纠错就不公平。如果同样一个行为，今天可以接受，明天却不能认可，或者有的学生为某一个行为受到批评，而同样的行为发生在别的学生身上却没有受到批评，那么学生就会认为我们不公平，学生的看法是正确的。同样，如果规则每天都在改变，那么学生会对这种不公正的待遇进行报复，从而导致更恶劣的行为发生。如果学生不清楚什么是合适的行为，什么是不合适的行为，他们就很难按照教师期望的标准行事，达成一致。

　　如果教师要批评一个学生（在任何一个班级里，批评是难免的），他必须做到前后标准一致。昨天不能接受的行为，今天或明天也照样不能接受。标准绝不能朝令夕改。但我们中的很多人很难做到一致。正如奥尔德斯·赫胥黎（Aldous Huxley）的名言所揭示的那样："一成不变违反自然、违反生命，能够做到完全始终如一的只有死人。"确实，许多教师——一群富有创意的活人——更愿意活在当下，他们需要采取一种边干边学的办法来统一纠错标准。

　　据我所知，有些教师一直致力于统一所有行为的标准，却发现收效甚微。我建议他们从一两种行为着手。比如首先可以从上课讲话这个行为上突破，做到有一致的纠错标准。在此基础上，再着手解决上课时在教室到处乱走的问题。这并不意味着教师可以忽略其他的行为，只是说教师的要务是针对当前突出的不良行为统一纠错标准。

　　我还建议，如果有可能的话，教师可以和教学辅导员合作，养成按统一标准纠错的习惯。辅导员可以观察或录制教师上课的实况，以便对教师是否按统一标准纠错的方面提供及时的反馈。要搜集有关的数据，采用配置超广角镜头的摄像机——如 Go-Pro——是很得力的。若无辅导员合作，教师就可以给自己的教学情况录像，然后观看录像以确定自己是否按统一标准纠错。

　　如果教师在纠错标准上做到了一致，那么他处事会更加冷静，在学生中的威信也会更高。学生也会更愿意听从他，因为他们清清楚楚地知道所有学习活动的界限，即什么行为是合适的，什么行为是不合适的。标准的一致性有助于创建一个对学习者更为友好的环境。而且，如果学生知道对他们的纠错是一视同仁的话，那么班级里的争吵就会更少，气愤情绪更少，挫败感也会更少。

及时。当教师看到班里有不良行为发生时，应及时进行纠错。对纠错的原因不要含糊其辞，教师批评学生时应及时告诉他们为什么受批评。当然如果对学生的期望是清晰的，对他们的批评原则是经过事先周密考虑的，那么做到这一点就很容易了。

通过及时地给学生纠错，教师传递出一个信号，教师有能力控制这个班级，不能容忍出现任何破坏由师生共同预定期望的行为。及时地批评学生有助于维持一个安全有效的学习环境，同时也能避免学生破坏班级的期望。

处事平稳。在给学生纠错时当然越快越好，但也不能草草了事。教师应该既能清楚地表达有错必纠的意志，亦能在纠错后引导学生平稳地回到课堂教学中来。有些学生受到教师批评时极力为自己辩护："是她在说话""我是在学习啊""你不公平"，故意耍赖，胡搅蛮缠。不要趟浑水！与犯错的学生争辩只会浪费宝贵的教学时间。你要做的就是告诉他该改正的行为，向他说明该有的课堂行为，然后继续上课。

平稳地纠错并不意味着匆匆忙忙地敷衍了事。重要的是教师应该让学生知道需要纠正什么行为，就是说教师应该停下手头的活儿，把身体转向犯错的学生，目光直视他，心平气和地告诉学生应该改正什么行为。正如弗雷德·琼斯所说，如果我们批评学生费时过短，他们会以为可对我们的批评置之不理，继续捣乱行为。琼斯写道：

> 我们一旦发现有人捣乱，就有尽快处理的应激反应……驱使我们从正常的授课环节快速地过渡到维持秩序的环节。学生看到了这迅速过渡的一幕，推断出我们也会匆匆处理不良行为……不用急，慢下来，这样才能让捣乱的学生明白他们的行为已经中断了正常的授课，现在只有他们才是引起你注意的唯一焦点。只有你舍得花精力和时间解决问题，学生才把你的批评当回事。（p.182）

此外，平稳地纠错也不要中断正常的授课流程。教师应该有适当的时间去实施预定的纠错方法，然后再平稳地回到正常的教学环节。教师可以这样发问，"谁知道这个故事的主题是什么？——约翰，你需要把你的书拿出来或者塞丽娜，你认为这个故事的主题是什么？"最好的结果是既纠正了学生的不良行为，也维持了正常的教学过程，没有浪费任何时间。

化思为行

对学生

1. 让学生讨论捣乱课堂可能要承担的后果。如果每个人都同意在上课期间不能说话，那么有人违反这一规则该怎么办。在此基础上，引发师生更重要的对话，讨论为什么教师要督促和保证班上的每一个学生遵守既定的规章制度。

2. 让学生进行自我评估，检查自己的行为是否和班级的期望一致，比如，教师可以在下课之前，让学生根据自己的行为是否符合期望按1到5分给自己评分，然后交给教师。

对教师

1. 对学生最常见的不良行为预先准备纠错方法，对每个常见的不良行为，都有针对初犯、再犯、三犯时的纠错办法。

2. 一次纠正一个常见的不良行为，从而逐渐掌握各种纠错方法。收集相关资料（通过录音录像，或邀请教学辅导员到你的教室帮助你记录），不断运用纠错方法，养成按统一标准纠正每一种常见不良行为的习惯。

3. 如果对学生犯错的处置过轻或过重，酌情调整其应承担的后果。

4. 确保你的纠错处置是可以操作的，如果没法操作，或是改变你的纠错方法，或是改变你的处置规定。

对教学辅导员

1. 和教师合作为常见的不良行为制订处置规定。

2. 帮助教师收集关于纠错的数据和资料，比如录像资料，使教师能按统一标准纠错。

3. 建立一个"教师纠错范例"视频库。

对校长

1. 和教师一起讨论如何给学生纠错的技巧，例如，如何保持冷静，如何事先做好计划，如何统一纠错标准，如何做到及时，如何做到平稳等。

2. 在现场巡视时，要特别注意是否按统一标准纠错。

行有所思

1. 确定一种教师想纠正的目标行为，比如上课讲话，当你看到这个行为时，记载下来，并且记载你的批评是否冷静，是否事先做好计划，批评标准是否前后一致，是否及时和流畅。

2. 记录班级里不良行为发生的次数。不良行为指的是任何干扰其他同学学习或干扰教师教学的行为。随着教师对学生正面评价的比例越高，纠错的技巧越熟练，学生的不良行为就会越少。

3. 向学生了解，教师是否按统一标准纠错。

小　结

1. 如果学生的行为越过了底线，教师就应该及时进行批评。如果学生的不良行为得不到有效遏制，它将影响到整个班级，学生没法进行有意义的学习。

2. 保持学生不偏离正轨最有效的方式就是预防冲突。

3. 威廉姆·尤里指出如果要预防班级里的矛盾和冲突，我们必须考虑学生的基本需求是否得到满足，同时我们还应关心学生的健康和安全问题，对他们表达我们应有的尊重，理解他们对自主权的需求。

4. 教师应该密切关注学生，这样，看到他们良好的行为时，能及时进行鼓励，看到他们不良的行为时，能及时进行纠正，引领他们回到正轨。

5. 有效的纠错，要求教师冷静，预先周密安排，统一纠错标准，及时，处事平稳。

拓展阅读

William Ury's *Getting to Peace:Transforming Conflict at Home, at Work, and in the World* (1999), *Getting Past No: Negotiating in Difficult Situation* (1993).

William Ury's and Roger Fisher's *Getting to Yes: Negotiating Agreement Without Giving in* (2011).

Stone, Patton, and Heen's *Difficult Conversations: How to Discuss What Matters Most* (2000).

Roger Fisher and Scott Brown's *Getting Together: Building Relationships as We Negotiate* (1989).

Roger Fisher and Daniel Shapiro's *Beyond Reason: Using Emotions as You Negotiate* (2005).

Fred Jones's *Tools for Teaching* (2007).

结　语

　　教学是和个人情感紧密相连的一项工作。当学生不愿意在我们的引导下学习的时候，我们会感到很失落，有时甚至很气愤，但是更多的时候我们感觉到是我们自己让学生失望。教师竭尽全力想管理好班级，但往往力不从心，这种挫败感甚至会渗透到他们的余生，给未来人生中的所有经历都抹上一笔，留下不可磨灭的痕迹，就如同洗衣机里鲜红的T恤衫把其他的所有衣服都染上了颜色一样。许多教师在学校里度过了艰难的一天后驱车回家，可是却没法把学校里不愉快的感觉抛到脑后。这种糟糕的感觉会影响他们整个晚上的心情。

　　在多伦多亨伯学院初次任教时，我给一些学业"濒危"的学生上文学和写作课，当时我对如何教授这样的学生毫无准备，如何进行课堂管理也懵然无知。我投入全部的精力和热情给他们授课，力图引起他们的注意。虽然有时也起到了一些作用，但收效甚微。有一次，我在这个大学的特殊教育班上充满激情地大谈特谈写作的重要性，一位学生看着我说道："嘿，天哪，你真该去做深夜电视广告，再配一个免费电话！"但是问题在于我的课他是一点也没有听进去。

　　在我初任教职的日子里，光有干劲、幽默、激情是不够的。在很多情况下，我在讲台上滔滔不绝地讲，但讲台下很少有人在听，根本无心学习。管理无方的问题也出现在我生活的其他方面，那时我还兼任曲棍球教练，似乎也没法让球队的那些孩子听从我。即使在家里，在一些极其简单的事情上孩子都不听我的话，比如我没法让孩子按时上床睡觉，按时写家庭作业、打扫家庭卫生。直到我在学校里慢慢对课堂管理摸出一些门道，有了一些起色后，我才对生活的方方面面有了更好的驾驭能力。我意识到教育孩子和成年人是我命中注定要做的事。

　　许多教师（有些研究表明50%以上）在5年之内就离开了教学行业，这是不足为奇的事情。好消息是，我们可以做很多工作来帮助教师创建学习团队，在这个团队里，学生能有序高效地学习，快乐地成长，创造力得到充分发挥。本书中所介绍的许多高效的教学策略应能助教师一臂之力，从而赢得更多的学生。

　　如果教师面向学生制订期望，传达期望，将为学生建立一个更加公平、更加有序的学习环境，自己也能更加轻松地度过每一天。如果教师乐于彰显善行，巧妙地纠正学生的不当行为，按照统一的标准纠错，他们的期望将会转化成积极有效的学习成果。

教师还可以通过处理好自由与规矩、关心与控制之间的关系，提高他们对学生的影响。当教师不是滥用权力压制学生，而是和学生建立平等关系，精心创建一种关爱学生的课堂文化，才会更好地促进学习。

然而，光有建设团队的策略，是不足以对学生的学习产生积极且深远的影响的。我们还需要精心制订单元教学计划、授课教学计划，利用评估手段来使教师了解每一个学生的学习情况，也使每一个学生了解自己的学习情况。同时我们还应该采用诸如促思提示，合作学习，故事选用，有效提问，真实学习等教学策略来寓教于乐，促使学生专心学习。

当然没人能一下子精通上述的所有策略，实施每一项策略都需要时间和实践，通常还需要教学辅导员的反馈。我写这本书的目的，并不是建议教师快速地采用书中提出的所有策略，而是让教师知道还有改善教学的希望，还有用来改善教学的策略。如果教师致力于学习、实践和掌握这些方法，力求获得个人的教学佳绩，他们就会感到学习的乐趣，而他们的学生也同样会感到学习的快乐。

课堂教学最重要的因素不是技巧，不是策略，也不是原则，而是对改善教学矢志不渝的教师，只要教师全心全意地致力于改进教学，贴近学生，必能对学生的学习产生积极影响。借助本书我向教师表达我的敬意，我希望书中所介绍的各种策略能使教师胜任无比重要的教学工作。

Ainsworth, L. (2003). *Unwrapping the standards: A simple process to make standards manageable.* Englewood, CO: Lead + Learn Press.

Amabile, T., & Kramer, S. (2011). *The progress principle: Using small wins to ignite joy, engagement, and creativity at work.* Boston, MA: Harvard Business School Publishing.

Angelo, T. A., & Cross, K. P. (1993). *Classroom assessment techniques* (2nd ed.). San Francisco: Jossey-Bass.

Archer, A. L., & Hughes, C. (2011). *Explicit instruction: Effective and efficient teaching.* New York: The Guilford Press.

Aronson, E., Blaney, N., Stephin, C., Sikes, J., & Snapp, M. (1978). *The jigsaw classroom.* Beverly Hills, CA: Sage.

Arter, J., & McTighe, J. (2001). *Scoring rubrics in the classroom: Using performance criteria for assessing and improving student performance.* Thousand Oaks, CA: Corwin.

Atkinson, R., & Shiffrin, R. (1968). Human memory: A proposed system and its control processes. *Psychology of Learning and Motivation, 11,* 249.

Ausubel, D. (1980). Schemata, cognitive structure, and advance organizers: A reply to Anderson, Spiro, and Anderson. *American Educational Research Journal, 17,* 400–404.

Barkley, S., & Bianco, T. (2009). *Questions for life: Powerful strategies to guide critical thinking.* Cadiz, KY: Performance Learning Systems.

Barkley, S., & Bianco, T. (2011). *Instructional coaching with the end in mind.* Cadiz, KY: Performance Learning Systems.

Bender, W. (2012). *Project based learning: Differentiating instruction for the 21st century.* Thousand Oaks, CA: Corwin.

Bennett, B., & Rolheiser, C. (2008). *Beyond Monet: The artful science of instructional integration.* Toronto, Ontario: Bookation.

Bennett, B., Rolheiser-Bennett, C., & Stevahn, L. (1991). *Cooperative learning: Where heart meets mind.* Bothell, WA: Professional Development Associates.

Bloom, B. (1956). *Taxonomy of educational objectives: Handbook 1. Cognitive domain.* Longman, NY: Longman.

Bohm, D. (1996). *On dialogue.* New York: Routledge.

Boss, S., Krauss, J., & Conery, L. (2008). *Reinventing project-based learning: Your field guide to real-world projects in the digital age.* Washington, DC: International Society for Technology in Education.

Brooks, J., & Brooks, M. (1999). *In search of understanding: The case for constructivist classroom.* Alexandria, VA: Association for Supervision and Curriculum Development.

Buber, M. (1958). *I and thou.* New York: Charles Scribner's Sons.

Bulgren, J., Schumaker, J. B., & Deshler, D. (1994). *The concept anchoring routine.* Lawrence, KS: Edge Enterprises.

Buzan, T. (1993). *The mind map book: How to use radiant thinking to maximize your brain's untapped potential.* London: BBC Books.

Chappuis, J. (2009). *Seven strategies of assessment for learning.* Boston, MA: Pearson Education.

Chatman, S. (1978). *Story and discourse: Narrative structure in fiction and film.* Ithaca, NY: Cornell University Press.

Christensen, C., Allworth, K., & Killon, K. (2012). *How will you measure your life?* New York: HarperCollins.

Cohan, S., & Shires, L. (1998). *Telling stories: A theoretical analysis of narrative fiction.* New York: Routledge.

Connell, R. (2006). *The most dangerous game.* Minneapolis, MN: Filquarian Publishing, LLC.

Coyne, S. (2012). Foreword. In S. Pressfield, *Turning pro: Tap your inner power and create your life's work.* New York: Black Irish Entertainment.

Costa, A. (2009). *Habits of minds across the curriculum: Practical and creative strategies for teachers.* Alexandria, VA: Association for Supervision and Curriculum Development.

Costa, A., & Garmston, R. (2002). *Cognitive coaching: A foundation for renaissance schools.* Norwood, MA: Christopher-Gordon Publishers.

Council for Exceptional Children. (1987). *Academy for effective instruction: Working with mildly handicapped students.* Reston, VA: Author.

Cskiszentmihalyi, M. (1990). *Flow: The psychology of optimal experience.* New York: Harper & Row.

Cummings, E. E. (1923). *100 Selected Poems.* New York: Grove Press.

Damon, W. (2009). *The path to purpose: How young people find their calling in life.* New York: Simon & Schuster.

Danesh, H. B. (1994). *The psychology of spirituality.* Victoria, BC: Paradigm Publishing.

Danielson, C. (2007). *Enhancing professional practice: A framework for teaching.* Alexandria, VA: Association for Supervision and Curriculum Development.

Davenport, T. (2005). *Thinking for a living: How to get better performance and results from knowledge workers.* Boston, MA: Harvard Business School Press.

Dean, C. B., Hubbell, F., Pitler, H., & Stone, B. B. (2012). *Classroom instruction that works: Research-based strategies for increasing student achievement.* Alexandria, VA: Association for Supervision and Curriculum Development.

Deci, E., & Ryan, R. (1985). *Intrinsic motivation and self-determination in human behavior.* New York: Plenum.

Denning, S. (2005). *The leader's guide to storytelling: Mastering the art and discipline of business narrative.* San Francisco: Jossey-Bass.

Devries, D. L., & Edwards, K. J. (1974). Student teams and learning games: Their effects on cross-race and cross-sex interaction. *Journal of Educational Psychology, 66*(5), 741–749.

Dochy, F., Segers, M., & Buehl, M. (1999). The relationship between assessment practices and outcomes of studies: The case of research on prior knowledge. *Review of Educational Research, 69*(2), 147–188.

Draper, S. (2007). *November's Blues.* New York: Simon & Schuster.

Dweck, C. S. (2006). *Mindset: The new psychology of success.* New York: Random House.

Ebbinghaus, H. (1913). *On memory: A contribution to experimental psychology.* New York: Teachers College.

Edmondson, A. (2012). *Teaming: How organizations learn, innovate, and compete in the knowledge economy.* San Francisco: Jossey-Bass.

Ellis, E., Deshler, D. D., Lenz, B. K., Schumaker, J. B., & Clark, F. (1991). An instructional model for teaching learning strategies. *Focus on exceptional children, 23*(6), 1–24.

Emmer, E. T., & Evertson, C. M., & Worsham, M. E. (2003). *Classroom management for secondary teachers* (6th ed.). Boston, MA: Allyn & Bacon.

Erickson, H. L. (2007). *Concept-based instruction for the thinking classroom.* Thousand Oaks, CA: Corwin.

Evans, P. (2002). *Controlling people: How to recognize, understand, and deal with people who try to control you*. Avon, MA: Adams Media Corporation.

Evans, P. (2010). *The verbally abusive relationship: How to recognize it and how to respond to it*. Avon, MD: Adams Media.

Feedback for learning. (2012). *Educational Leadership, 70*(1).

Fisher, F., & Frey, N. (2007). *Checking for understanding: Formative assessment techniques for your classroom*. Alexandria, VA: Association for Supervision and Curriculum Development.

Fisher, R., & Brown, S. (1989). *Getting together: Building relationships as we negotiate*. New York: Penguin.

Fisher, R., & Shapiro, D. (2005). *Beyond reason: Using emotions as you negotiate*. New York: Penguin Group.

Fisher, R., Ury, W., & Patton, B. (2011). *Getting to yes: Negotiating agreement without giving in*. New York: Viking.

Fredrickson, B., & Losada, M. (2004, May). The impact of positive leadership. *Gallup Business Journal*.

Freire, P. (1970). *Pedagogy of the oppressed*. New York: Continuum.

Fritz, R. (1989). *The path of least resistance: Learning to become the creative force in your own life*. New York: Ballantine Books.

Fullan, M. (2001). *The meaning of educational change* (3rd ed.). New York: Teacher's College Press.

Fullan, M. (2009). *Motion leadership: The skinny on becoming change savvy*. Thousand Oaks, CA: Corwin.

Gallagher, W. (2009). *Rapt: Attention and the focused life*. New York: Penguin Group.

Gawande, A. (2009). *The checklist manifesto: How to get things right*. New York: Metropolitan Books.

Gladwell, M. (2000). *The tipping point: How little things can make a big difference*. Boston, MA: Little, Brown and Company.

Glanzer, M., & Cunitz, A. R. (1966). Two storage mechanisms in free recall. *Journal of Verbal Learning and Verbal Behaviour, 5*, 351–360.

Glaserfield, E. V. (1995). *Radical constructivism*. Washington, DC: Falmer Press.

Goleman, D. (1995). *Emotional intelligence: Why it matters more than IQ*. New York: Bantam Dell.

Goleman, D. (2004). *Primal leadership: Learning to lead with emotional intelligence*. Boston, MA: Harvard Business School Press.

Goleman, D. (2007). *Social intelligence: The new science of human relationships*. New York: Bantam Books.

Golich, V., Boyer, M., Franko, P., & Lamy, S. (2000). *The ABC's of case teaching*. Pew Case Studies in International Affairs, Washington, DC: Georgetown University, Institute in the Study of Diplomacy.

Gottman, J. (2001). *The relationship cure: A 5-step guide to strengthening your marriage, family, and friendships*. New York: Three Rivers Press.

Gottman, J. (2002). *The relationship cure: A 5-step guide to strengthening your marriage, family and friendships*. New York: Three Rivers Press.

Gottman, J. M. (1994). *What predicts divorce: The relationship between marital processes and marital outcomes*. New York: Lawrence Erlbaum.

Hallowell, E. (2011). *Shine: Using brain science to get the best from your people*. Boston, MA: Harvard Business School Publishing.

Hargrove, R. (2008). *Masterful coaching*. San Francisco, CA: Jossey-Bass.

Harris, K. (1995). *Collected quotes from Albert Einstein*. Retrieved from rescomp.stanford. edu/~cheshire/EinsteinQuotes.html.

Hattie, H. (2008). *Visible learning: A synthesis of over 800 meta-analyses relating to achievement*. New York: Routledge.

Hattie, J. (2009). *Visible learning: A synthesis of over 800 meta-analyses relating to achievement*. New

York: Routledge.

Hattie, J. (2011). *Visible learning for teachers: Maximizing impact on learning.* New York: Routledge.

Heath, C., & Heath, D. (2007). *Made to stick: Why some ideas survive and others die.* New York: Random House.

Heath, C., & Heath, D. (2010). *Switch: How to change things when change is hard.* New York: Broadway Books.

Hill, C., & Jones, G. (2001). *Strategic management: An integrated approach.* Boston, MA: Houghton Mifflin.

Hock, M. F., Schumaker, J. B., & Deshler, D. D. (2003). *Possible selves: Nurturing student motivation.* Lawrence, KS: Edge Enterprises.

Hollingsworth, J., & Ybarra, S. (2009). *Explicit direct instruction: The power of the well-crafted, well-taught lesson.* Thousand Oaks, CA: Corwin.

Hyerle, D. (1995). *Thinking maps: Tools for learning.* Cary, NC: Thinking Maps.

Hyerle, D. (2009). *Visual tools for transforming information into knowledge.* Thousand Oaks, CA: Corwin.

Hyerle, D., & Alper, L. (2011). *Student successes with thinking maps: School-based research, results, and models for achievement using visual tools.* Thousand Oaks, CA: Corwin.

Iser, W. (1978). *The implied reader: Patterns of communication in prose fiction from Bunyan to Beckett.* Baltimore, MD: The Johns Hopkins University Press.

Issacs, W. (1999). *Dialogue: The art of thinking together.* New York: Doubleday.

Iyengar, S. (2010). *The art of choosing: The decisions we make every day.* New York: Hachette Book Group.

Jensen, B. (2000). *Simplicity: The new competitive advantage in a world of more, better, faster.* Cambridge, MA: Basic Books.

Johnson, D. E., & Johnson, R. T. (1991). *Learning together and alone: Cooperation in the classroom* (3rd ed.). Edina, MN: Interaction Books.

Johnson, D. W., Johnson, R. T., & Holubec, E. J. (1986). *Circles of learning: Cooperation in the classroom.* Edina, MN: Interaction Book Company.

Johnson, D., & Johnson, R. (1975). *Learning together and alone: Cooperative, competitive, and individualistic learning.* Needham Heights, MA: Allyn and Bacon.

Johnson, D., & Johnson, R. (1986). *Learning together and alone: Cooperative, competitive, and individualistic learning.* Englewood cliffs, NJ: Prentice Hall.

Jones, C., & Vreeman, M. (2008). *Instructional coaches and classroom teachers: Sharing the road to success.* Huntington Beach, CA: Shell Education.

Jones, F. (2007). *Tools for teaching* (2nd ed.). Santa Cruz, CA: Fredric H. Jones & Associates.

Jukes, I., McCain, T., & Crockett, L. (2010). *Understanding the digital generation: Teaching and learning in the new digital landscape* (The 21st Century Fluency Series). Thousand Oaks, CA: Co-published with Corwin.

Kagan, S. (1990). *Cooperative learning: Resources for teachers.* San Juan Capistrano, CA: Resources for Teachers.

Kagan, S. (1994). *Cooperative learning.* San Clemente, CA: Resources for Teachers.

Kagan, S., & Kagan, M. (2009). *Kagan cooperative learning.* San Clemente, CA: Kagan Publishing.

Keene, E., & Zimmerman, S. (1997). *Mosaic of thought: Teaching comprehension in a reader's workshop.* Portsmouth, NH: Heinemann.

Kegan, T, & Lahey, L., (2001). *How the way we talk can change the way we work: Seven languages of transformation.* San Francisco: Jossey-Bass.

Keltner, D., Gruenfeld, D., & Anderson, C. (2003). Power, approach, and inhibition. *Psychological Review, 110*(2), 265–284.

Ketcham, E., & Kurtz, K. (1994). *The spirituality of imperfection: Storytelling and the journey to wholeness.* New York: Bantam.

Killion, J., & Harrison, C. (2006). *Taking the lead: New roles for teachers and school-based coaches.* Oxford, OH: National Staff Development Council.

Kline, F. M., Schumaker, J. B., & Deshler, D. D. (1991). The development and validation of feedback routines for instructing students with learning disabilities. *LD Forum, 14,* 191–207.

Knight, J. (2005). Crossing boundaries: What constructivists can teach intensive-explicit instructors and vice versa. In T. M. Skrtic, K. R. Harris, & J. G. Shriner (Eds.), *Special education policy and practice: Accountability, instruction, and social challenges* (pp. 242–266). Denver, CO: Love Publishing.

Knight, J. (2007). *Instructional coaching: A partnership approach to improving instruction.* Thousand Oaks, CA: Corwin.

Knight, J. (2011). *Unmistakable impact: A partnership approach for dramatically improving instruction.* Thousand Oaks, CA: Corwin.

Knight, J., Bradley, B., Hock, M., Skirtic, T., Knight, D., Brasseur-Hock., I., & Hatton, C. (2012). Record, reply and reflect: Videotaped lessons accelerate learning for teachers and coaches. *JSD: The Learning Forward Journal, 11*(2).

Kounin, J. (1970). *Discipline and group management in classrooms.* New York: Holt, Rinehart and Winston.

Larmer, J., Ross, D., & Mergandollar, J. R. (2009). *PBL starter kit: To-the-point advice, tools and tips for your first project.* Buck Institute of Education.

Lawrence-Lightfoot, S. (2000). *Respect: An exploration.* Cambridge, MA: Perseus Books.

Lemov, D. (2010). *Teach like a champion: 49 techniques that put students on the path to college.* San Francisco: Jossey-Bass.

Lencioni, P. (2002). *The five dysfunctions of a team: An illustrated leadership fable.* Singapore: Jossey-Bass.

Lenz, B. K., & Deshler, D. D., with Kissam, B. R. (2004). *Teaching content to all: Evidence-based inclusive practices in middle and secondary schools.* Boston, MA: Pearson Education.

Lenz, B. K., Alley, G. R. Schumaker, J. B. (1987). Activating the inactive learner: Advance organizers in the secondary content classroom. *Learning Disability Quarterly, 10*(1), 53–67.

Lenz, B. K., Bulgren, J., Schumaker, J., Deshler, D. D., & Boudah, D. (1994). *The unit organizer routine.* Lawrence, KS: Edge Enterprises.

Lenz, B. K., Marrs, R. W., Schumaker, J., & Deshler, D. D. (1993). *Lesson organizer routine.* Lawrence, KS: Edge Enterprises.

Lenz, B. K., Schumaker, J., Deshler, D. D., & Bulgren, J. (1998). *Course organizer routine.* Lawrence, KS: Edge Enterprises.

Liu, E. (2004). *Guiding lights: How to mentor—and find life's purpose.* New York: Ballantine Books.

Livo, N., & Rietz, S. (1986). *Storytelling: Process and practice.* Littleton, CO: Libraries Unlimited.

Loehr, J. (2007). *The power of story.* New York: Free Press.

Loehr, J., & Schwartz, T. (2003). *The full power of full engagement.* New York: Free Press.

Looney, J. (Ed.). (2005). *Formative assessment: Improving learning in secondary classrooms.* Paris: Organisation for Economic Co-operation and Development.

Losada, M. (1999). The complex dynamics of high performance teams. *Mathematical and Computer Modelling, 30*(9–10), 179–192.

Losada, M., & Heaphy, E. (2004). The role of positivity and connectivity in the performance of business teams: A nonlinear dynamics model. *American Behavioral Scientist, 47*(6), 740–765.

Love, N. (2009). *Using data to improve learning for all: A collaborative inquiry approach.* Thousand Oaks, CA: Corwin.

Luntz, F. (2007). *Words that work: It's not what you say, it's what people hear.* New York: Hyperion.

Lyman, F. (1987). Think-Pair-Share: An expanding technique. *MAA-CIE Cooperative News, 1,* 1–2.

Maslow, A. (1954). *Motivation and personality.* New York: Harper & Row.

Margulies, N. (1991). *Mapping inner space.* Tucson, AZ: Zephyr Press.

Mariage, T. V. (2000). Constructing educational possibilities: A sociolinguistic examination of meaning-making in "sharing chair." *Learning Disability Quarterly, 23*(Spring 2000), 79–103.

Marzano, R. (2004). *Building background knowledge for academic research on what works in schools.* Alexandria, VA: Association for Supervision and Curriculum Development.

Marzano, R. (2007). *The art and science of teaching: A comprehensive framework for effective instruction.* Alexandria, VA: Association for Supervision and Curriculum Development.

Marzano, R. (2010). *Formative assessment and standards-based grading.* Bloomington, IN: Marzano Research Laboratory.

Marzano, R., & Kendall, J. S. (2007). *The new taxonomy of educational objectives.* Thousand Oaks, CA: Corwin.

Marzano, R., Pickering, D., & Pollock, J. (2001). *Classroom management that works: Research-based strategies for every teacher.* Alexandria, VA: Association for Supervision and Curriculum Development.

Mathews, R., & Wacher, W. (2008). *What's your story? Storytelling to move markets, audiences, people, and brands.* Upper Saddle River, NJ: Pearson Education.

Medina, J. (2008). *Brain rules: 12 principles for surviving and thriving at work, home, and school.* Seattle, WA: Pear Press.

Miller, D. (2009). *The book whisperer: Awakening the inner reader in every child.* San Francisco: Jossey-Bass.

Mintzberg, H. (2009). *Managing.* San Francisco: Berrett-Koehler.

Monroe, H., & Henderson, A. C. (Eds.). (1917). *The new poetry: An anthology.* New York: Macmillan.

Morgan, G. (1993). *Imaginization: New mindsets for seeing, organizing, and managing.* Thousand Oaks, CA: Sage.

Moss, C., & Brookhart, S. (2012). *Learning targets: Helping students aim for understanding today's lesson.* Alexandria, VA: Association for Supervision and Curriculum Development.

Murdock, B. B., Jr. (1962). The serial position effect of recall. *Journal of Experimental Psychology, 64*, 482–488.

Nagel, D. R., Schumaker, J., & Deshler, D. D. (1986). *The FIRST letter mnemonic strategy.* Lawrence, KS: Edge Enterprises.

Naisbitt, J. (2006). *Mind set: Eleven ways to change the way you see—and create—the future.* New York: HarperCollins.

Novak, J. (1998). *Learning, creating, and using knowledge: Concept maps as facilitative tools in schools and corporations.* New York: Lawrence Erlbaum Associates.

Osborn, A. F. (1953). *Applied imagination: Principles and procedures of creative-problem solving.* New York: C. Scribner's Sons.

Owen, H. (2008). *Open space technology: A user's guide.* San Francisco: Berrett-Koehler Publishers.

Palmer, P. J. (2009). *A hidden wholeness: The journey toward an undivided life.* San Francisco: Jossey-Bass.

Patterson, K., Grenny, J., Maxfield, D., McMillan, R., & Switzler, A. (2008). *Influencer: The power to change anything.* New York: McGraw-Hill.

Piaget, J. (1954). *The construction of reality in the child.* New York: Ballantine Books.

Peirce, L. (2010). *Big Nate: In a class by himself.* New York: HarperCollins Childrens' Books.

Pink, D. H. (2009). *Drive: The surprising truth about what motivates us.* New York: Penguin.

Popham, J. W. (2008). *Transformative assessment.* Alexandria, VA: Association for Supervision and Curriculum Development.

Pressfield, S. (2002). *The war of art: Breakthrough the blocks and win your inner creative battles.* New York: Warner Books.

Pressfield, S. (2012a). *Turning pro: Tap your inner power and create your life's work.* New York: Black Irish Entertainment.

Pressfield, S. (2012b). *The war of art: Break through the blocks and win your inner creative battles.* New

York: Black Irish Entertainment.

Ralston, W. R. S. (1873). *Russian folk tales.* Whitefish, MT: Kessinger Publishing.

Reeves, A. (2011). *Where great teaching begins: Planning for student thinking and learning.* Alexandria, VA: Association for Supervision and Curriculum Development.

Reinke, W. M., Lewis-Palmer, T., & Merrell, K. (2008). The classroom check-up: A classwide teacher consultation model for increasing praise and decreasing disruptive behavior. *School Psychology Review, 37*(3), 315–332.

Reynolds, G. (2008). *Presentation Zen: Simple ideas on presentation design and delivery.* Berkeley, CA: New Riders.

Rico, G. (2000). *Writing the natural way: Using right-brain techniques to release your expressive powers.* New York: St. Martin's Press.

Rifkin, J. (2009). *The empathic civilization: The race to global consciousness in a world crisis.* New York: Penguin Group.

Roam, D. (2008). *The back of the napkin: Solving problems and selling ideas with pictures.* New York: Penguin Group.

Roehler, L. R., & Duffy, G. G. (1984). Direct explanation of comprehension processes. In G. G. Duffy, L. R. Roehler, & J. Mason (Eds.), *Comprehension instruction: Perspectives and sugges-tions* (pp. 265–280). New York: Longman.

Rothstein, D., & Santana, L. (2011). *Make just one change: Teach students to ask their own questions.* Cambridge, MA: Harvard Education Press.

Rowshan, A. (1997). *Telling tales: How to use stories to help your children overcome their problems.* Oxford, England; Rockport, MA: Oneworld.

Rubenstein, S. (2005). *Raymond Carver in the classroom: A small good thing.* Urbana, IL: National Council of Teachers of English.

Ryan, R., & Deci, E. L. (2000). Self-determination theory and the facilitation of intrinsic motiva-tion, social development, and well-being. *American Psychologist, 55*(1), 68–78.

Sachs, J. (2012). *Winning the story wars: Why those who tell (and live) the best stories will rule the future.* Boston, MA: Harvard Business School Publishing.

Sailor, W., Dunlap, G., Sugai, G., & Horner, R. (2010). *Handbook of positive behavior supports.* New York: Springer Science + Business Media, LLC.

Saphier, J., Haley-Speca, M., & Gower, R. (2008). *The skillful teacher: Building your teaching skill.* Acton, MA: Research for Better Teaching.

Sawyer, K. (2007). *Group genius: The creative power of collaboration.* New York: Basic Books.

Scanlon, D., Schumaker, J., & Deshler, D. (2004). *The order routine.* Lawrence, KS: Edge Enterprises.

Schein, E. (2009). *Helping: How to offer, give, and receive help.* San Francisco: Berrett-Koehler Publishers.

Schlechty, P. (2011). *Engaging students: The next level of working on work.* San Francisco: Jossey-Bass.

Schomoker, M. (2011). *Focus: Elevating the essentials to radically improve student learning.* Alexandria, VA: Association for Supervision and Curriculum Development.

Schumaker, J., Denton, P. H., & Deshler, D. D. (1984). *The paraphrasing strategy.* Lawrence, KS: Edge Enterprises.

Schumaker, J., with Sheldon, J. (1985). *Proficiency in the sentence writing strategy: Instructor's manual.* Lawrence, University of Kansas Center for Research on Learning.

Schwartz, B. (2004). *The paradox of choice: Why more is less.* New York: HarperCollins.

Scott, S. (2002). *Fierce conversations: Achieving success at work and in life one conversation at a time.* New York: Berkley Publishing Group.

Seligman, M. (2006). *Learned optimism: How to change your mind and your life.* New York: Simon & Schuster.

Seligman, M. (2011). *Flourish: A visionary new understanding of happiness and well-being.* New York:

Free Press.

Senge, P. (1990). *The fifth discipline: The art and practice of the learning organization.* London: Random House.

Sharan, S., & Sharan, Y. (1976). *Small-group teaching.* Englewood Cliffs, NJ: Educational Technology Publications.

Sheehan, G. (1989). *Personal best: The foremost philosopher of fitness shares techniques and tactics for success and self-liberation.* Emmaus, PA: Rodale Press.

Sheldon, J., Schumaker, J., Sheldon-Sherman, J., Schumaker, J., Sheldon-Sherman, B., & Schumaker, S. (1985). *Fundamentals in the sentence writing strategy.* Lawrence, KS: Edge Enterprises.

Sims, P. (2011). *Little bets: How breakthrough ideas emerge from small discoveries.* New York: Free Press.

Slavin, R. E. (1978). Student teams and achievement divisions. *Journal of Research and Development in Education, 12*(1), 39–49.

Slavin, R. E. (1983). When does cooperative learning increase student achievement? *Psychological Bulletin, 94,* 429–445.

Slavin, R. E. (1990). *Cooperative learning: Theory, research, and practice.* Englewood Cliffs, NJ: Prentice Hall.

Sparks, D. (1999). Assessment without victims: An interview with Rick Stiggins. *Journal of Staff Development, 20*(2).

Sprick, R. S. (2006). *Discipline in the secondary classroom: A positive approach to behavior management* (2nd ed.). San Francisco: Jossey-Bass.

Sprick, R. S. (2009). *CHAMPs: A proactive and positive approach to classroom management* (2nd ed.). Eugene, OR: Pacific Northwest Press.

Sprick, R. S. (2010). *Teacher planner for the secondary classroom: A companion to discipline in the secondary classroom.* San Francisco: Jossey-Bass.

Sprick, R. S., Booher, M., & Garrison, M. (2009). *Behavioral response to intervention: Creating a continuum of problem-solving and support.* Eugene, OR: Pacific Northwest Publishing.

Sprick, R. S., & Howard, L. M. (1995). *The teacher's encyclopedia of behavior management: 100 problems, 500 plans.* Eugene, OR: Pacific Northwest Publishing.

Sprick, R. S., & Howard, L. (2009). *Stepping in: A substitute's guide to behavior and instruction.* Eugene, OR: Pacific Northwest Publishing.

Sprick, R. S., Knight, J., Reinke, W., Skyles, T., & Barnes, I. (2010). *Coaching classroom management: Strategies and tools for administrators and coaches* (2nd ed.) *with DVD.* Eugene, OR: Pacific Northwest Press.

Sprick, R. S., Knight, J., Reinke, W., Skyles, T., & Barnes, L. (2010). *Coaching classroom management: Strategies and tools for administrators and coaches.* Eugene, OR: Pacific Northwest Publishing.

Sprick, R. S., Sprick, M. S., & Garrison, M. (1992). *Foundations: Developing positive school discipline policies.* Longmont, CO: Sopris West.

Stevens, R. J., Madden, N. A., Slavin, R. E., & Farnish, A. M. (1987). Cooperative integrated reading and composition. *Reading Research Quarterly, 22*(4), 433–454.

Stiggins, R. (2001). *Student-involved classroom assessment* (3rd ed.). Upper Saddle River, NJ: Prentice Hall.

Stiggins, R. J. (2005). *Student-involved assessment for learning* (4th ed.). Upper Saddle River, NJ: Pearson.

Stiggins, R. J., Arter, J. A., Chappuis, J., & Chappuis, S. (2004). *Classroom assessment for student learning: Doing it right—using it well.* Portland, OR: Assessment Training Institute.

Stiggins, R. J., & Chappuis, J. (2011). *An introduction to student-involved assessment for learning* (6th ed.). Upper Saddle River, NJ: Assessment Training Institute.

Stone, D., Patton, B., Heen, S., & Fisher, R. (2000). *Difficult conversations: How to discuss what mat-*

ters most. New York: Penguin.

Stone, R. (1996). *The healing art of storytelling: A sacred journey of personal discovery.* Lincoln, NE: iUniverse.

Straker, D. (1997). *Rapid problem solving with Post-it notes.* Great Britain: Gower Publishing.

Strickland, B. (2007). *Make the impossible possible: One man's crusade to inspire others to dream bigger and achieve the extraordinary.* New York: Random House.

Strong, R., Silver, H. R., & Robinson, A. (1995). What do students want? *Educational Leadership, 53(1),* 8–12.

Sutton, R. I. (2010). *Good boss, bad boss: How to be the best and learn from the worst.* New York: Hachettt Book Group.

Swanson, J., Elliott, K., & Harmon, J. (2011). *Teacher leader stories: The power of case methods.* Thousand Oaks, CA: Corwin.

Syed, M. (2010). *Bounce: Mozart, Federer, Picasso, Beckham, and the science of success.* New York: HarperCollins.

Terry, S. (2005). Serial position effects in recall of television commercials. *Journal of General Psychology, 132(2),* 151–164.

Tharp, T. (2005). *The creative habit.* New York: Simon & Schuster.

Thomas, J. W. (2000). *A review of research on project-based learning.* Retrieved from http://www .bobpearlman.org/BestPractices/PBL_Research.pdf.

Todorov, T. (1977). *The poetics of prose.* Ithaca, NY: Cornell University Press.

Tomlinson, C. (1999). *A differentiated classroom: Responding to the needs of all learners.* Alexandria, VA: Association for Supervision and Curriculum Development.

Tomlinson, C. A., & McTighe, J. (2006). *Integrating differentiated instruction and understanding by design: Connecting content and kids.* Alexandria, VA: Association for Supervision and Curriculum Development.

Tovani, C. (2000). *I read it, but I don't get it: Comprehension strategies for adolescent readers.* Portland, ME: Stenhouse Publishers.

Ury, W. (1993). *Getting past no: Negotiating in difficult situations.* New York: Bantam Books.

Ury, W. (1999). *Getting to peace: Transforming conflict at home, at work, and in the world.* New York: Viking.

Vernon, S. (2000). *Talking together.* Lawrence, KS: Edge Enterprises.

Vernon, S. D., Schumaker, J. B., & Deshler, D. D. (2001). *Following instruction together.* Lawrence, KS: Edge Enterprises.

Vernon, S. D., Schumaker, J.B., & Deshler, D. D. (2002). *Taking notes together.* Lawrence, KS: Edge Enterprises.

Vernon, S., Schumaker, J. B., & Deshler, D. D. (1996). *The score skills: Social skills for cooperative groups.* Lawrence, KS: Edge Enterprises.

Vygotsky, L. (1978). *Mind in society: The development of higher psychological processes.* Cambridge, MA: Harvard University Press.

Walsh, J., & Sattes, E. (2005). *Quality questioning: Research-based practice to engage every learner.* Thousand Oaks, CA: Corwin.

West, L., & Staub, F. (2003). *Content-focused coaching: A foundation for renaissance schools.* Norwood, MA: Christopher-Gordon Publishers.

Wiggins, G., & McTighe, J. (2005). *Understanding by design.* Alexandria, VA: Association for Supervision and Curriculum Development.

Wiliam, D. (2011). *Embedded formative assessment.* Bloomington, IN: Solution Tree Press.

Williams, W. C. (2004). *Poetry for young people.* New York: Sterling Publishing.

Wong, H. K., & Wong, R. T. (1998). *The first days of school: How to be an effective teacher.* Mountain View, CA: Harry K. Wong Publications.

Wood, D., Bruner, J., & Ross, G. (1976). The role of tutoring in problem solving. *Journal of Child Psychology and Psychiatry, 17,* 89–100.